Axel Viertlböck und Susanne Schneider

Ein Jahr ist viel zu kurz!
Mit Motorrädern durch Südamerika

Bibliografische Informationen der Deutschen Nationalbibliothek:

Die Deutsche Nationalbibliothek verzeichnet diese Publikation in der Deutschen Nationalbibliografie; detaillierte bibliografische Informationen sind im Internet über http://dnb.d-nb.de abrufbar.

Impressum:

Lektorat: Janine Linke, Peter Schmid-Meil

Copyright © 2015 GRIN & Travel

Ein Imprint des GRIN Verlags / Open Publishing GmbH

www.grin.com

Besuchen Sie die Autoren auch auf ihrer Website: http://www.durch-die-welt.de

Facebook: https://www.facebook.com/Durch.die.Welt

Twitter: @durchdiewelt

Vorwort

Hallo! Schön, dass Du Dich für unser Südamerika-Motorrad-Abenteuer interessierst! Egal, ob einfach nur so, oder weil Du vielleicht denselben Traum hast.

Für uns war's die erste wirklich lange Reise, Südamerika war da auf jeden Fall der richtige Kontinent. Der Süden ist recht europäisch und daher gut zum eingewöhnen, weiter im Norden wird's dann exotischer. Du hast fast überall ausreichende Infrastruktur, wenn Du sie mal brauchst und trotzdem findet man auch so richtig menschenleere Gegenden, wo man tagelang niemandem begegnet und das alles immer in einer phänomenalen Natur – egal ob in der Pampa, den Anden, dem Urwald oder der Karibik.

Dieses Buch ist ein Reisebericht, langweilige Tipps zu Koordinaten, Karten, Routen und Übernachtungsplätzen findest Du nicht hier, sondern auf unserem Reiseblog unter: http://www.durch-die-welt.de.

Jetzt wünschen wir Dir viel Spaß beim Schmökern!

Suse & Axel

Inhalt

Reiseroute

Wie alles begann

von Suse

Ich bin grundsätzlich ein fauler Mensch. Deshalb konnte ich mir schon während der Schulzeit einfach nicht vorstellen, mein ganzes Leben nur mit Arbeit zu verbringen. Zuerst hatte ich die Idee, allein mit meinem Rucksack und einem Round-The-World-Ticket ein Jahr lang durch die schönsten Gegenden der Erde zu tingeln. Zwischen Schule und Studium fehlte aber leider das Geld und nach dem Studium hatte ich ein gutes Jobangebot, das ich nicht einfach ausschlagen konnte. Hinzu kam, dass ich immer noch keine Millionen auf dem Konto hatte. So dauerte es noch ein Weilchen, bis der Plan wieder aktuell wurde. In der Zwischenzeit hatte sich das „Alleine-Reisen" ohnehin erledigt, denn Axel war auf der Bildfläche erschienen.

Auch das Round-The-World-Ticket wurde mir immer unsympathischer, da das Preis-Leistungs-Verhältnis einfach nicht stimmte. Da wir nun zu zweit waren, war es kostenmäßig sinnvoller, auf ein eigenes Fahrzeug umzusteigen. Fahrräder wären zwar die günstigste Variante gewesen, aber wie eingangs bereits erwähnt: Ich bin faul. Ein Camping-Bus wäre schön gewesen, aber letzten Endes entschied ich mich für das Motorrad, da es das größte Abenteuer zu werden versprach.

Und ein Abenteuer sollte es tatsächlich werden: Vor der Abreise war ich mit dem Motorrad höchstens 1000 Meter abseits geteerter Straßen unterwegs gewesen. In vielen interessanten Ländern sind Schotter- oder Erdstraßen aber eher die Regel als die Ausnahme. Axel jedenfalls hatte lediglich eine Bedingung für die Reise: Wir beschränken uns auf „nur" einen Kontinent, um dort möglichst viel Zeit zu haben. Und so entschieden wir uns für das Abenteuer „Mit Motorrädern durch Südamerika"!

Ein Jahr vor dem geplanten Beginn der Reise waren noch gefühlt eine Million Dinge zu erledigen. Visa brauchten wir für Südamerika zum Glück nicht, so fiel zumindest diese bürokratische Herausforderung weg. Ich musste bei meinem Arbeitgeber ein Sabbatjahr beantragen, was erstaunlich gut aufgenommen und sofort genehmigt wurde. Dann ging es an die Planung der Route: Sollten wir eher im Norden oder im Süden anfangen? Wie konnten wir am besten die diversen Regenzeiten vermeiden? Und wie sollten wir fahren, damit wir ohne viele Umwege alles besuchen konnten, was wir wollten?

Nach vielem Hin und Her beschlossen wir schließlich, in Buenos Aires zu beginnen. Von dort sollte es zunächst nordwärts durch Uruguay und Südbrasilien zu den Wasserfällen von Iguazú gehen, bevor wir nach Süden abdrehen wollten, um uns entlang der Anden bis Ushuaia, der südlichsten Stadt Argentiniens, durchzuschlagen.

Anschließend sollte (und musste) es wieder nach Norden gehen – aber für eine genaue Route konnten wir uns noch nicht entscheiden. Das war zunächst aber auch egal, es würde sich schon etwas ergeben.

Auch die Motorräder mussten noch nach Südamerika: Sie mit dem Flugzeug zu schicken, wäre zu teuer geworden, aber auch bei der Verschiffung war genug zu beachten. Außerdem brauchten wir so einiges an Ausrüstung wie z. B. Zelt, Kocher, Taschen und Koffer. So schrieb Axel einige mehr oder weniger bekannte Reiseausrüster an, ob sie uns nicht unterstützen wollten. Ich war überrascht, wie gut das funktionierte: Es gab zwar nicht überall etwas geschenkt, aber einen kleinen Rabatt haben wir fast immer bekommen.

Schließlich rückte unsere Abreise immer näher. Wir besuchten die Familie und Freunde noch einmal und nach hektischen letzten Tagen ist es dann soweit: Wir sitzen im Flieger gen Südamerika!!

Buenos Aires

von Axel

Wir fühlen uns frei! Unser geordnetes Leben liegt in weiter Ferne und auf uns wartet ein Jahr voller Abenteuer. Auf zwei Motorrädern wollen wir Südamerika erkunden, einen uns gänzlich unbekannten Kontinent.

Im letzten halben Jahr haben wir unsere Jobs und unsere Wohnung gekündigt, unsere Motorräder, zwei alte Suzuki DR650, für die Reise vorbereitet und im Container nach Argentinien verschiffen lassen. Unser bisheriges Leben haben wir bei Freunden und Familie eingekellert; unser neues Zuhause ist jetzt unser Zelt. Alles was wir brauchen, ist sicher in Alu-Kisten verpackt an den Motorrädern befestigt.

Nach 27 Stunden Flugmarathon landen wir in Buenos Aires. Beim Umsteigen in Panama habe ich beobachtet, wie mein Packsack beim Beladen des Flugzeugs wieder vom Förderband genommen wurde. Umso größer ist die Überraschung als bei der Ankunft nicht meine, sondern Suses Tasche fehlt. Am allgemeinen Gepäck Service-Schalter erfahren wir, dass sie bereits beim Umsteigen in Frankfurt liegengeblieben ist und in einer Woche da sein soll. Als wir nach dem Condor-Schalter fragen , ernten wir nur irritierte Blicke. Vögel gleichen Namens gäbe es in den Anden reichlich, aber von einer Fluglinie, die so heißt, hat hier noch niemand gehört. Da es jeden Tag mehrere Verbindungen von Frankfurt nach Buenos Aires gibt, können wir nicht glauben, dass Suses Gepäck eine ganze Woche für die Strecke brauchen soll und melden den Verlust noch am selben Abend zusätzlich auch noch über das dafür vorgesehene Internet-Formular.

Am Flughafen müssen wir eine ganze Weile auf ein offizielles Ruftaxi warten. Da jedoch einige Geschichten von entführten Taxigästen im Umlauf sind, wollen wir vorsichtig sein. Suse nutzt die Wartezeit, um nach dem langen Flug ihren Nikotinspiegel wieder anzuheben. Dann geht es los Richtung Unterkunft: In unserer Pension werden wir inzwischen schon mit Sorge erwartet. Unsere Wirtin hat uns extra etwas Pizza aufgehoben, aber noch mehr erfreut uns das eisgekühlte Bier, das uns in ebenfalls eisgekühlten Krügen serviert wird.

Da Wochenende ist, können wir erst am Montag mit der Zollabwicklung beginnen. Wir freuen uns daher sehr, dass uns mein Arbeitskollege Alberto, den ich bisher nur per E-Mail kenne, für den Sonntag zum Asado (spanisch für „Gegrilltes") einlädt. Alberto, eigentlich Anwalt, veranstaltet nebenbei Harley-Touren durch Argentinien. Wir sind für mittags eingeladen und wollen vorher noch eine Flasche Wein und Ersatzkleidung für Suse besorgen. Wer glaubt, er würde schon in Deutschland an so mancher Supermarktkasse lange warten, der möge mal einen der Märkte in Argentinien besuchen: Lediglich zwei Einkaufswägen trennen uns von der Kasse. Weder die anderen Kunden noch die Kassiererinnen scheinen es eilig zu haben und nach über einer halben Stunde dürfen wir endlich bezahlen. Hier ist selbst im größten Supermarkt Zeit für ein kleines Schwätzchen und der Einkauf wird aufgeteilt und ordentlich in hunderte von Tüten verpackt. Hier gehen die Uhren eben anders.

Wir sind hungrig und befürchten schon, zu spät zum Asado zu kommen. Als wir schließlich mit einer Stunde Verspätung eintrudeln, ist der Grill schon angeheizt und eine ganze Horde Harley-Fahrer bereits eingetroffen. Zu essen gibt es leider erst einmal nichts, dafür ein Begrüßungsbier und einen ungewohnten Longdrink, der uns in der kommenden Zeit durch ganz Argentinien verfolgt wird: Fernet-Cola, natürlich mit reichlich Eis.

Mittlerweile liegt immerhin das erste Fleisch auf dem Grill. Ganze Rinderfilets, ungewohnt große Spareribs und einige andere Fleischbrocken – alles vom Rind, wir sind ja schließlich in Argentinien. Auch beim Asado herrscht Gemütlichkeit, kein deutsches High-Speed-Grillen, wie wir es kennen. Die Temperatur am Grillrost ist nicht besonders hoch und ich kann die Hand problemlos eine Weile sogar unter dem Rost lassen. Ein dünnes Steak würde einfach nur vertrocknen, aber die großen Fleischstücke werden auf diese Weise perfekt. Stunden später stellen wir schließlich fest, wie genial knuspriges Rinderfett schmeckt. „Die Kruste von einem Schweinebraten kannst du dagegen glatt vergessen!", denke ich mir, während ich hungrig das zarte Fleisch genieße.

Zum Abschied bekommen wir für den nächsten Tag noch eine Harley geliehen. Ablehnen können wir das natürlich nicht und so blobbern wir leicht angetrunken spät abends in unsere Unterkunft zurück.

Am Sonntag cruisen wir dann mit der Sportster nach Downtown. Der Verkehr ist zum Glück moderat und nachdem ich mich in den riesigen Kreisverkehren erstmal daran gewöhnt habe, dass sich niemand an die Fahrbahnmarkierungen hält, kommt Fahrspaß auf. Wir absolvieren das touristische Pflichtprogramm, wie den Straßenmarkt in San Telmo, besuchen Evitas Grab und trinken noch eine Tasse Kaffee. Buenos Aires kann uns jedoch nicht allzu sehr begeistern. Wir haben uns etwas mehr das Flair von Barcelona, gewürzt mit Tango, erwartet; vielleicht haben wir die richtigen Ecken aber auch einfach nicht gefunden. Die Stadt war für unseren Geschmack schlicht eine Nummer zu groß.

Unsere Motorräder nach der Ankunft

In nur zwei Tagen haben wir es geschafft, unsere Motorräder aus dem Zoll zu holen – und das ohne einen einzigen Dollar Schmiergeld zu bezahlen. Die Hafengebühren sind zwar fast genauso teuer wie der Transport von Stuttgart nach Buenos Aires, aber für alle Zahlungen bekommen wir eine offizielle Quittung. An die Gemütlichkeit der arbeitenden Bevölkerung haben wir uns immer noch nicht gewöhnt, und ohne die lange Siesta hätten wir das Zollprozedere sicher auch an einem Tag schaffen können. Alberto ist so nett und begleitet uns den kompletten Montag auf unserer Behördenrallye. Suses Schulspanisch ist nämlich etwas eingerostet. Davon mal abgesehen ist der argentinische Akzent gewöhnungsbedürftig und die Behördensprache ohnehin nur schwer verständlich. Wir haben im Vorfeld bereits viel über die horrenden Hafengebühren und korrupten Vorgänge in Buenos Aires gehört und sind froh, die erste große Hürde unserer Reise so schnell gemeistert zu haben.

Die Batterien der Motorräder sind nach der fünfwöchigen Seereise leider leer. Suses Motorrad können wir mit Hilfe der Hafenarbeiter anschieben, meines mit unserem Starthilfekabel überbrücken. An der Hafenausfahrt höre ich erst ein kurzes Klack, dann ein Klonk! Suse ist umgefallen. Ihre DR650 ist wieder ausgegangen und ihre Beine sind an dieser Stelle einfach zu kurz, um das Motorrad zu halten. Bei fast leerem Tank kein Wunder.

Wenn unser Gepäck endlich da wäre, wären wir abfahrtbereit. Aber bis jetzt haben wir auf keine unserer Mailanfragen eine Antwort erhalten, an Feiertagen arbeitet der Gepäcktransport in Deutschland scheinbar nicht. Telefonisch werden wir auch nur auf das Kontaktformular verwiesen. Wir haben zwar keine große Lust mehr auf Buenos Aires, aber was haben wir für eine Wahl? Immerhin können wir unsere Zimmerbuchung verlängern und am Freitagmorgen kommt tatsächlich der rettende Anruf, dass unser Gepäck da und auf dem Weg zu uns sei. Allerdings dauert es noch bis zum Abend, bis der Taxifahrer die 25 km dann auch tatsächlich geschafft hat.

Durch diese erneute Verzögerung können wir uns an diesem Abend mit Panny und Simon treffen, die wir die wir bislang nur über das Internet kennen. Die beiden sind vor über einem Jahr mit ihren Motorrädern in Kanada aufgebrochen und gerade an diesem Tag in Buenos Aires eingetroffen. Nach längerer Suche finden wir eine Kneipe, die bereits am frühen Abend geöffnet hat, und bekommen bei einigen Bieren viele Tipps für unseren weiteren Weg.

Als wir am nächsten Morgen endlich losfahren, ist vom Frühling nichts mehr zu spüren. Die Wolken hängen dunkel über der Stadt und ich stelle fest, dass mein Visier bei diesem Wetter nahezu undurchsichtig wird. Da mir mein offener Cross-Helm zum Reisen zu unpraktisch erschien, habe ich meinen alten Integral-Helm mitgenommen. Allerdings haben das Alter und eine übertriebene Reinigung dazu geführt, dass nun die Anti-Beschlag-Beschichtung abblättert. Trotz unseres GPS-Geräts, das leider keine Einbahnstraßen kennt, finden wir schließlich die richtige Ausfallstraße nach Westen.

Wir wollen nach Uruguay. Dazu könnten wir die Fähre über den Rio de la Plata nehmen, aber erstens würde die über 100 $ kosten und zweitens haben wir nicht schon wieder Lust auf eine Zollabfertigung am Hafen. Außerdem sind wir ja zum Motorradfahren hier und wollen etwas vom Land sehen. Durch den Regen und Nebel beschränkt sich die Sicht allerdings erst einmal auf den dichten Verkehr vor uns.

Kurz nach der Überquerung des Parana-Deltas teilt sich plötzlich die Straße und fast verpasse ich die richtige Autobahnabfahrt. Als ich mich nach Suse umdrehe, erschrecke ich: Sie ist geradeaus weitergefahren. Hat sie gesehen, dass ich abgebogen bin? Wann wird sie merken, dass ich nicht mehr vor ihr fahre? Als ich eine Stelle zum Umdrehen finde und versuche, sie wieder einzuholen, sehe ich gerade noch, wie sie mir auf der anderen Seite bereits entgegenkommt. Hoffentlich hat sie mich auch gesehen! Also kehre ich schnell wieder um und nehme die Verfolgung auf – und hoffe, dass sie nicht auch noch einmal umdreht. Wir haben noch keine Routine beim Konvoi-Fahren und nichts für den Fall vereinbart, dass wir uns verlieren. Aber zum Glück wartet sie an der nächsten Haltebucht auf mich.

Von der ersten Brücke nach Uruguay trennt uns mit 250 km mehr als eine Tagesetappe und so machen wir uns schließlich in Gualeguaychú, kurz vor der Grenze, auf die Suche nach einem Schlafplatz. Etwas außerhalb soll es einige Campingplätze geben. Die Zufahrtstraße gleicht allerdings eher einer aufgeweichten Motocross-Strecke und so lasse ich Suse warten und klappere die einzelnen Plätze nacheinander erfolglos ab. Es ist noch vor der Saison und fast alle Tore zu den Zeltplätzen sind verrammelt. Ein einziges steht offen, aber nirgends ist jemand zu finden.

Ein vorbeikommender Nachbar meint, wir sollen warten, er würde den Chef anrufen und eine halbe Stunde später können wir zum ersten Mal unser Zelt aufbauen. Wir sind allein auf dem Platz und können dank einer kleinen Strohhütte im Trockenen kochen und essen. Da das Wetter am nächsten Tag besser wird und uns der Platz am Fluss gefällt, hängen wir noch eine zweite Nacht dran und sortieren unser Gepäck. Bisher fehlt uns dabei noch die Routine und die Sachen haben ihren optimalen Platz noch nicht gefunden.

Wir bummeln ein wenig durch die Stadt und decken uns mit Chorizos, dicken Bratwürsten, für das Abendessen ein. Wieder zurück am Platz sind wir nicht mehr die einzigen Gäste. Eine Gruppe Argentinier hat neben uns einen der Grillplätze bezogen, mit denen jeder Stellplatz an argentinischen Campingplätzen ausgestattet ist. Da es kaum Holz gibt und wir keine Kohle gekauft haben, schnorren wir uns einfach ein Stück Platz auf dem benachbarten Grillrost und bekommen so unsere Chorizos perfekt gegrillt. Als unsere Nachbarn sehen, dass wir nur die Würste haben, bringen sie uns mit der Frage: „Esst ihr kein Fleisch?" noch etwas von ihrem reichhaltigen Asado.

Unsere erste Bekanntschaft mit den Tücken des argentinischen Flaschen-Pfand-Systems machen wir am nächsten Tag: Als wir unser Leergut im Supermarkt zurückbringen wollen, heißt es an der Kasse lapidar: „Wir nehmen die Flaschen nur zurück, wenn ihr wieder neue Flaschen kauft". Wir diskutieren bis der Geschäftsführer kommt, aber auch unser Kassenbon vom Vortag hilft uns nicht weiter. Da wir nach Uruguay keine argentinischen Flaschen mitnehmen wollen, lassen wir sie schließlich am Parkplatz stehen. Eigentlich hätten sie mir aus Versehen an der Kasse aus der Hand fallen sollen, denke ich mir später. Für die tags zuvor am Kiosk gekauften Flaschen haben wir eine Pfand-Quittung bekommen und können diese Flaschen damit problemlos zurückgeben.

Uruguay

von Axel

Typische Landstraße in Uruguay

An der Grenze bei Gualeguaychú teilen sich argentinische und uruguayische Beamte eine gemeinsame Grenzstation, die wie eine Mautstation wirkt und bereits nach wenigen Minuten sind wir eingereist. Die Brücke vor der Grenze hält allerdings eine Überraschung für uns bereit: Wir müssen Maut zahlen. Zum Glück haben wir von Simon und Panny bereits ihre restlichen Uruguay-Pesos erhalten, sonst hätten wir hier Schwierigkeiten bekommen.

Um nicht länger ohne Geld dazustehen, fahren wir gleich in den nächsten Ort. Das Städtchen Fray Bentos ist sehr nett und ruhig und erinnert mich mit seinen einstöckigen Kolonialhäuschen ein wenig an mexikanische Western. Unser GPS lotst uns von einem angeblichen Geldautomaten zum nächsten, aber erst nach einiger Sucherei finden wir tatsächlich einen, der auch existiert. Wir haben zwar bereits in Buenos Aires nach dem Wechselkurs geschaut, aber ich vertue mich dann trotzdem und hebe viel zu viel ab. Gut dass das Automatenlimit nicht all zu hoch ist.

Als Nächstes wollen wir einen Geocache suchen. Diese „Schatzsuche" mit GPS ist in Südamerika noch lange nicht so verbreitet wie in Deutschland. Aber auch hier gibt es einige Verstecke und bei der Suche entdecken wir oft interessante Plätze, an denen wir sonst achtlos vorbeifahren würden. Unser Ziel ist es, in jedem Land in Südamerika einen Geocache zu finden. Allerdings ist unsere heutige Suche nicht von Erfolg gekrönt, obwohl uns ein paar neugierige Mädchen begeistert helfen.

Zumindest eine schöne Stelle für unser Mittags-Picknick haben wir zur Entschädigung gefunden und nach einer Pause mit Meerblick geht es weiter. Eigentlich ist das „Meer" hier die Flussmündung des Rio de la Plata und auf der anderen Buchtseite liegt Buenos Aires. Aber ein Fluss der so breit ist, dass man das andere Ufer nicht mehr sieht, geht meiner Meinung nach als Meer durch.

Da wir von Städten nach unserer Zwangsverlängerung in Buenos Aires die Nase voll haben, beschließen wir, Montevideo – die Hauptstadt Uruguays – großräumig zu umfahren. Eigentlich wollen wir möglichst häufig „wild zelten", aber schnell stellen wir fest, dass das nicht so einfach ist. Platz wäre zwar genug, aber alles ist eingezäunt. Nicht nur die großen Straßen, selbst die kleinsten Schotterwege sind von Zäunen begrenzt. Immer gibt es einen breiten Seitenstreifen, oft einen Wassergraben und dann neben dem Zaun noch einen kleinen Reitpfad, an dem die Gauchos auf ihren Pferden die Zäune kontrollieren. Ab und zu gibt es Tore im Zaun, aber meistens sind diese durch dicke Ketten gesichert.

Die Strände von Uruguay sind zwar bei Urlaubern sehr beliebt, aber im Hinterland hält sich die touristische Infrastruktur so sehr in Grenzen, dass wir froh sind, als wir kurz vor der Dämmerung an einem Stausee einen Campingplatz entdecken. Die Sanitäranlagen sind zwar grenzwertig, aber Platz für unser Zelt haben wir genug. Mit reichlich Abstand zu den einheimischen Campern, die sich windgeschützt hinter den Gebäuden im Müll verschanzt haben, suchen wir uns in Vertrauen auf unser Zelt eine windige Stelle mit Aussicht am Seeufer. Da wir uns extra ein geodätisches Expeditionszelt für das stürmische Patagonien zugelegt haben, können wir so gleich den Aufbau bei Wind üben.

Suse hat vor der Reise, abgesehen von einem kurzen Endurotraining, noch keinerlei Schotter- und Offroad-Erfahrung auf dem Motorrad gesammelt. Da uns aber in Patagonien die stürmische und weitgehend ungeteerte Ruta 40 bevorsteht, fahren wir zum Üben über einige kleine Schottersträßchen. Dementsprechend langsam kommen wir voran. Aber wir haben es ja nicht eilig und so sehen wir mehr von der Landschaft als auf den großen Überlandstraßen, wo wir uns auf den Verkehr konzentrieren müssten.

Mitten im Nirgendwo treffen wir auf einen alten Mann, der an seinem Mofa herumwerkelt. Offensichtlich hat er einen platten Reifen, aber keine Luftpumpe und unsere ist leider tief im Gepäck versteckt. Anspringen will sein Mofa auch nicht mehr und er hat noch einige Kilometer vor sich. Einen Zündkerzenstecker besitzt sein Gefährt erst gar nicht und der alternativ um die Kerze gewickelte rostige Draht verursacht dementsprechend kleine Kontaktprobleme. Nach langem Rumkramen fördern wir unsere Luftpumpe ans Tageslicht; mit ein wenig Hilfe und Improvisation läuft auch sein Mofa wieder und wir verabschieden uns schnell, da wir nicht mit ansehen wollen, wie sein wackeliges Gefährt ganz auseinanderfällt.

Unser nächstes Ziel ist die kleine Reiterlodge mit Hostel El Galope von Monica und Miguel. Die beiden lebten zuvor einige Jahre in Tübingen, genau wie ich, und gemeinsame Freunde haben uns den Besuch empfohlen. Wir haben uns zwar per E-Mail angekündigt, aber die letzten Tage kein Internet mehr gehabt. Gerade als wir ankommen, wollen die beiden übers Wochenende wegfahren. Freundlicherweise dürfen wir aber trotzdem eines ihrer Gästezimmer beziehen und müssen als Ausgleich nur ihren Hund TuPac hüten.

Die Lodge liegt inmitten von Wiesen in der Nähe des Ortes Nueva Helvecia in der Colonia Suiza und direkt in der Nachbarschaft gibt es sogar eine Käserei. Da die Sonne sich endlich mal wieder sehen lässt, holen wir uns beim Wäschewaschen in unserem Faltwaschbecken gleich unseren ersten Sonnenbrand. Suse schicke mich außerdem alleine zum Einkaufen, da sie fürs Erste genug von Schotterpisten hat. Unterhalten kann ich mich im kleinen Supermarkt zwar nicht, da ich auf Spanisch nicht viel mehr als „Hallo", „Danke" und „Wo geht es nach...?" verstehe, aber ein bisschen Gemüse und Brot bekomme ich auch so. Trotz Freundschaftspreis leisten wir uns das für unser Budget luxuriöse Hostel nur zwei Nächte bevor wir weiter nach Osten fahren.

Die nächsten Tage tuckern wir auf kleinen Wegen durchs Hinterland, wo die Landschaft nicht mehr ganz so monoton ist. Die zunächst flachen Kuhweiden werden hügeliger und näher an der Ostküste stehen die Kühe schließlich im knietiefen Wasser unter Palmen. Auf einmal erinnert uns Uruguay nicht mehr an Norddeutschland, sondern eher an Thailand.

Die Feriendörfer an der Küste liegen noch im Winterschlaf. Die Bretterbuden sind vernagelt und wir müssen oft lange suchen, bis wir einen geöffneten Supermarkt finden. Unser Tagesablauf pendelt sich langsam ein: Aufstehen, Kaffee kochen, Zelt abbauen, Motorräder packen, losfahren, Supermarkt suchen, Mittagessen, weiterfahren, Schlafplatz suchen, Abendessen und ab ins Zelt. Sobald die Sonne untergegangen ist, wird es leider schnell ziemlich kalt. Langsam realisieren wir, dass unsere Reise so richtig begonnen hat und wir nicht wie bei einem „normalen" Urlaub nach drei Wochen schon wieder zurück müssen.

Seit zwei Nächten sind wir nun die einzigen Gäste auf einem riesigen Campingplatz am Meer. Bei stürmischem Schmuddelwetter haben wir unser Zelt neben einer unbewohnten Cabaña, einer kleinen Ferienhütte, aufgebaut und nutzen die überdachte Veranda, um wenigstens im Trockenen zu sitzen. Praktischerweise gibt es unter dem Vordach einen offenen Kamin, so dass wir mit dem reichlich herumliegenden Holz abends am Feuer sitzen können und nicht sofort bei Einbruch der Dämmerung vor der Kälte ins Zelt fliehen müssen.

Wir nutzen den Ruhetag und reparieren Suses Kofferträger, den ich im Vorfeld der Tour selbst gebastelt habe. Sie hat die hintere Querverstrebung nicht ordentlich verschraubt und gleich am zweiten oder dritten Tag verloren. Nach einigem Stöbern entdecke ich auf einem der vielen Schrotthaufen eine passende Metallstrebe, die wir nur noch kürzen müssen. Für meine altbewährte Metallsäge habe ich nagelneue Sägeblätter dabei, allerdings taugen diese bestenfalls für Laubsägearbeiten und kratzen lediglich den Rost von der Strebe.

Wie es der Zufall will, hören wir nicht weit entfernt das Kreischen eines Winkelschleifers. Kurzerhand schlüpfen wir durch ein Loch im Zaun und finden ein paar Straßen weiter einen alten Mann, der vor seinem Schuppen arbeitet. Er versteht von Suses Spanisch zwar kein Wort und redet selbst auch nicht viel, aber wir können uns irgendwie verständigen. Sein von außen halb verfallener Schuppen entpuppt sich im Inneren als perfekt ausgestattete Werkstatt und in wenigen Sekunden habe er die Strebe passend gekürzt und auch noch mit zwei Löchern versehen.

Als das Wetter wieder etwas besser ist, fahren wir weiter Richtung Norden, denn wir wollen ans Cabo Polonio. Die Wege ans Meer sind aber extrem tiefsandig und mit ihrem voll beladenen Motorrad hat Suse keine Chance. Selbst ich tue mich trotz reichlich Saharaerfahrung schwer und kehre schnell um. Wir haben gehofft, ein paar Tage in dem naturbelassenen Reservat zelten zu können, aber an der nächsten Zufahrt stellen wir fest, dass der Zutritt nur im Rahmen von geführten Tagesausflügen möglich ist. Da wir unsere Mopeds nicht unbewacht am Parkplatz zurücklassen wollen, verschieben wir Natur, Meer, Robben und Wale auf später und fahren weiter.

Der nächste Nationalpark Santa Teresa ist uns freundlicher gesonnen. Wir müssen uns an der Einfahrt registrieren und finden schnell eine abgelegene Wiese im Wald, die wir uns nur mit einem Schwarm lärmender Papageien teilen müssen. Am nächsten Tag staunen wir nicht schlecht, als sich der komplette Park rund um die alte portugiesische Festung Santa Teresa immer weiter mit Menschenmassen füllt. Auf der Zufahrtsstraße stauen sich die Autos und überall tummeln sich Mate-trinkende Uruguayer. Zufällig sind wir zur 200-Jahr-Feier der Unabhängigkeit hier gelandet und so bleiben wir noch einen Tag länger und stürzen uns ins Gewühl.

Für die Weiterfahrt nach Brasilien weichen wir schnell wieder auf die kleinen Nebenstraßen aus. Auf dem Weg zur Quebrada de los Cuervos, der Geierschlucht, kommt für Suse die nächste Schwierigkeit dazu. Sie bekommt es nicht nur mit einer kurvigen Schotterpiste zu tun, sondern heftiger Wind verdirbt ihr gehörig die Laune und wir kommen nicht so schnell voran wie geplant. Da auch hier wieder alles eingezäunt ist, schlagen wir erschöpft unser Zelt knapp neben dem Feldweg auf.

Für die Wanderung in der Geierschlucht am nächsten Tag ist es in unserer Motorradkluft bei strahlendem Sonnenschein viel zu heiß. Auf einem einsamen Parkplatz verstauen wir die Klamotten auf den Mopeds. Nur ein anderes Auto parkt noch hier und wir hoffen, dass bei unserer Rückkehr noch alles da sein wird. Eigentlich sind wir unsportlich und fußfaul, aber nach fast drei Wochen im Sattel brauchen wir etwas Bewegung. So stapfen wir einige Stunden auf kleinen steilen Pfaden bergauf und bergab schwitzend durch die nahezu unberührte Landschaft.

Danach geht es weiter und für den Grenzübergang nach Brasilien haben wir einen kleinen Posten im Gebirge angepeilt. Als wir abends in Treinta y Tres vor der Tankstelle im Straßengraben sitzen und uns am offenen Wi-Fi bedienen, kommen uns allerdings arge Zweifel, ob es den auf unserer Landkarte eingezeichneten Übergang überhaupt gibt. Wir finden im Internet keine Informationen dazu und entscheiden uns dann doch für einen größeren Grenzposten, auch wenn wir dafür ein ganzes Stück zurückfahren müssen.

Brasilien

Motorradtreffen in „Neu Hamburg"

von Axel

Schwedisch anmutende Landstraße im Süden der Halbinsel bei São José do Norte

Ein neues Land liegt vor uns. Bei Brasilien denke ich an Fußball, Bikini-Schönheiten an der Copacabana und den Karneval in Rio, an Favelas (Armenviertel) und Kriminalität in den Großstädten – aber auch an die Urwälder des Amazonas. Von all dem ist erst einmal nichts zu sehen. Der brasilianische Süden gleicht der Landschaft in Uruguay: sanfte grüne Hügel und viel Landwirtschaft. Eigentlich sieht es hier aus wie in Deutschland. Kein Wunder, dass gerade im Süden Brasiliens in den letzten Jahrhunderten viele deutsche Auswanderer eine neue Heimat gefunden haben.

Unsere Einreise in den südlichsten brasilianischen Bundesstaat Rio Grande do Sul gestaltet sich nicht ganz so einfach wie die nach Uruguay. Am Ortseingang der kleinen Grenzstadt Rio Branco bekommen wir schnell den Ausreisestempel in unseren Pass. Die Zollpapiere für unsere Motorräder können wir allerdings nirgends abgeben. Das ist uns aber egal, denn so schnell wollen wir nicht mehr nach Uruguay zurück. Die Grenzbrücke nach Jaguarão finden wir ein paar Kilometer weiter am Ortsende. Die uniformierten Beamten pfeifen uns schnell durch, aber wir sehen nirgends eine Grenzstation. Um den Verkehr auf der engen Brücke nicht zu lange zu blockieren, fährt Suse zurück, um nach dem Grenzposten zu fragen.

Die Wegbeschreibung fällt ziemlich kompliziert aus. Nachdem wir durch den halben Ort geirrt sind, erhalten wir schließlich unsere Einreisestempel. Als wir nach einem Zollformular für unsere Motorräder fragen, heißt es nur: „Braucht ihr nicht!" Dumm wie wir sind, glauben wir den Beamten und machen uns auf die Suche nach einem Geldautomaten.

An der nächsten Tankstelle werden wir begeistert empfangen und müssen viele Fragen nach dem Woher und Wohin beantworten. Da wir kein Wort Portugiesisch sprechen, verständigen wir uns mit Händen und Füßen. Uns fällt sofort auf, wie offen und freundlich die Brasilianer im Vergleich zu den höflich-zurückhaltenden Uruguayern sind. Wir fragen also gleich nach dem Weg ins nächste Dorf und ernten nur verständnislose Blicke. „Was wollt ihr denn da? Da gibt's ja nichts!" Die Einheimischen können nicht verstehen, dass wir die holprige Piste durch die Hügel der mautpflichtigen Autobahn durch die Ebene vorziehen.

Da auch im Süden Brasiliens alles Land eingezäunt ist, bleibt uns abends nichts anderes übrig, als unser Zelt wieder direkt am Rande eines kleinen Feldwegs aufzuschlagen. Um ungestört zu bleiben suchen wir normalerweise möglichst versteckte Plätze beim Wildzelten. Aber die wenigen Vorbeikommenden an diesem Abend interessieren sich weder für uns noch für unser Lagerfeuer.

Suse hat sich immer noch nicht so recht mit den Schottersträßchen angefreundet. Als unsere nächste Abkürzung an einem Fluss ohne Brücke und Fähre plötzlich endet und wir auf der ungeliebten Schotterstraße wieder 30 km zurück müssen, entwickelt sie einen leichten Hass auf unsere Karte, auf der hier eine Brücke eingezeichnet war.

In Mostardes finden wir eher zufällig einen kleinen Campingplatz. Nur ein winziges Schild am Straßenrand hat den Platz angekündigt und wir sind zunächst nicht sicher, ob es sich bei der Hütte mit kleiner Wiese um einen Campingplatz, ein Jugendhaus oder um das Vereinsheim zu dem angrenzenden Fussballplatz handelt. Wir sind die einzigen Gäste und als wir dann auch noch kaltes Bier im Kühlschrank der Küche finden, wird es ein gemütlicher Feierabend. Zum Abendessen lassen wir uns von unserer Wirtin in eine „super Pizzeria" begleiten und staunen nicht schlecht, als uns zur Pizza eine große Schale Mayonnaise serviert wird. Den Brasilianern graut scheinbar vor gar nichts!

Da es uns auf dem Campingplatz ganz gut gefällt und es auch brauchbares Internet gibt, wollen wir es uns noch einen Tag gemütlich machen. Im Laufe des Vormittags bringt das Internet jedoch unsere Pläne durcheinander. Wir erfahren von einem Motorradtreffen, das an diesem Wochenende nur 230 km nördlich in der Nähe von Novo Hamburgo stattfinden soll. Panny hatte uns bereits von den brasilianischen Bikertreffen vorgeschwärmt und so brechen wir spontan unser Zelt ab und machen bei größter Hitze ordentlich Etappe.

So lange wir fahren, fällt uns gar nicht auf, wie heiß es ist. Aber als wir in São Sebastião do Caí ankommen und im Getümmel einen freien Parkplatz für unsere Mopeds suchen, halten wir es in unserer Motorradkluft kaum noch aus. Als Erstes brauchen wir etwas Kaltes zu trinken und dann müssen wir den Zeltplatz finden. Bei mehrtägigen Motorradtreffen sollte es ja einen Platz zum Übernachten geben, denken wir – nicht so bei diesem speziellen Treffen. Wir können es kaum glauben und machen uns auf die Suche nach den Veranstaltern. Unser Portugiesisch ist nach wie vor eher mager und so bin ich überrascht, als ich deutsche Sprachfetzen aus dem Stimmengewirr heraushöre. Wir sind in einer „deutschen Gegend" gelandet und lernen Diego kennen, der etwas mehr „Deitsch" als seine Freunde versteht. Als wir nach einen Platz zum „schlafen" fragen, versteht er „schaffen". Im hiesigen Dialekt spricht man „schlafen" nämlich „schlofn" aus.

Eine Lösung ist schnell gefunden: Wir sollen unser Zelt im Stadtpark neben dem Polizeiposten aufbauen – da wäre unser Zelt bewacht und sicher. Und wir könnten uns unbesorgt auf dem Treffen amüsieren. Leider ist der Polizeiposten umgezogen und steht leer. Plötzlich sei es viel zu gefährlich hier zu zelten. Also fahren wir unverrichteter Dinge zum Treffen zurück und bekommen erst einmal ein weiteres Bier ausgegeben. Da wir aber aus der alten Heimat kommen, so versichern uns Diego und seine Freunde, sollen wir unbesorgt sein, sie würden uns schon irgendwo unterbringen.

Eine Frage brennt den Jungs besonders auf dem Herzen. Sie drucksen erst herum und trauen sich dann doch: „Stimmt es eigentlich, dass in Deutschland das Bier warm getrunken wird?" Wir sind überrascht und müssen zugeben, dass Bier bei uns zuhause tatsächlich wärmer als in Brasilien getrunken wird. Hier sind wir hier schon froh, wenn die Flasche nicht komplett gefroren ist! Als wir auch noch von Bierwärmern erzählen, verstehen sie die Welt nicht mehr. Als es sich herumspricht, dass Deutsche anwesend sind, tauchen ein paar Leute aus der Eltern-Generation auf. Wir erfahren, dass die meisten der Großeltern noch ausschließlich deutsch gesprochen haben und kein brasilianisch konnten.

Je später es wird, umso nervöser werden wir: Es ist bereits dunkel und wir werden nicht nüchterner. Unsere Mopeds sind zwar mittlerweile in einer Werkstatt weggesperrt, aber einen Schlafplatz haben wir noch immer nicht. Schließlich läd uns Fabio ein, bei einer der ortsansässigen Familien zu übernachten. Dummerweise müssen wir mit dem Motorrad noch etliche Kilometer im Dunkel über kleine staubige Feldwege zurücklegen, bis wir unser Nachtquartier erreichen. Ganz nüchtern sind wir nicht mehr, aber was bleibt uns anderes übrig? Suse bewältigt die Holperstrecke überraschend gut, vermutlich weil sie bei Dunkelheit und Staub gar nicht so recht sieht, wie schlecht die Straße wirklich ist.

Wir wachen in Fabios Zimmer auf, der sich dafür bei seiner Freundin einquartiert hat. Fabios Eltern haben mit dem Frühstück auf uns gewartet und sind super nett. Trotzdem fühle ich mich merkwürdig, so bei wildfremden Leuten am Frühstückstisch zu sitzen. Nicht ganz ohne Stolz führt uns der Hausherr nach dem Frühstück über seinen Besitz: Die Erdbeerfelder sind verpachtet, drei Kälber und ein Schwein stehen noch im Stall, aber Geld verdient wird mit der Produktion von Alu-, Kunststoff- und Holzfenstern.

Als wir in der nahegelegenen Scheune eine Werkstatt mit einem Schweißgerät entdecken kürzen wir Suses Seitenständer noch ein wenig. Durch das tiefergelegte Fahrwerk und das viele Gepäck konnte sie bislang nur hangabwärts parken.

Als nächster Programmpunkt steht eine Motorradausfahrt an und wir haben Mühe, unseren neuen Freunden auf ihren flotten kleinen Mopeds zu folgen. Unser Führer Geferson ist Mitglied in einer deutschen Volkstanzgruppe, die in Tegernseer Tracht auftritt und schon lange davon träumt irgendwann einmal in die alte Heimat ihrer deutschen Vorfahren zu reisen. Schuhplattler hatten wir hier nun wirklich nicht erwartet!

Unser erstes Ziel ist ein Fluss. Zu Fuß laufen wir mitten durch den Urwald und klettern einen kleinen Pfad über Felsen hinab. Unten scheint der Treffpunkt der Dorfjugend zu sein, die sich auf der gegenüberliegenden Kiesbank mit dem Sound ihrer getunten Autos gegenseitig überbietet. Aufgereiht stehen sie mit riesigen Boxen auf den Dächern nebeneinander und jeder ist bestrebt, der lauteste zu sein. Auch in den umliegenden Orten sind uns diese Disko-Karren aufgefallen, die an jeder Ecke zu hören sind und offensichtlich geduldet werden. In Deutschland würde bei diesem Lärm sofort die Polizei kommen und für Ruhe sorgen, aber hier sieht man das deutlich entspannter. Überhaupt spielt sich ein Großteil des Lebens auf den Straßen und in den Stadtparks ab, wie wir auf der nächsten Station unseres Sightseeing-Programms erleben.

In Feliz parken wir unsere Motorräder mitten im Park direkt an der Feuerwehrwache, dort werden sie gut bewacht. Die meisten der Sonntagsspaziergänger haben ihre Klappstühle dabei und sitzen in kleinen Gruppen beisammen. Vom wachhabenden Feuerwehrmann wird mir Matetee angeboten. In Uruguay hat fast jeder auf der Straße eine Kalebasse – einen ausgehöhlten und getrockneten Flaschenkürbis – in der Hand und eine Thermoskanne unter dem Arm, auch im Süden Brasiliens ist das Matetrinken weit verbreitet. Der mit Teepulver randvolle Kürbis wird mit heißem Wasser gefüllt und reihum weitergereicht. Als er mir angeboten wird, probiere ich natürlich davon. Geschmacklich erinnert mich das Gebräu an extrem grasigen grünen Tee. Gewöhnungsbedürftig, aber nicht schlecht.

Abends gibt es dann extra für uns noch ein Churrasco. Im Gegensatz zu den argentinischen Asados, hängt hier das Fleisch in großen Brocken an Spießen über extrem heißer Glut und wird portionsweise direkt am Tisch abgesäbelt. Wir fühlen uns zwar herzlich aufgenommen, aber auch ein wenig als Schmarotzer. Um die Gastfreundschaft nicht über Gebühr zu strapazieren, verabschieden wir uns am nächsten Tag und fahren weiter nach Norden.

Durch die Sierra do Rio do Rastro nach Florianopolis

von Axel

Das Wetter ist mäßig, aber immerhin trocken. Die kleinen Nebenstraßen, die wir uns mal wieder ausgesucht haben, befinden sich diesmal in einem hervorragenden Zustand. Aber das schönste: Wir sind fast allein unterwegs und müssen nicht auf den Verkehr achten. Auf der Rota Romântica, der „Romantischen Straße", geht es durch hügelige Wälder – fast wie im Schwarzwald. Auch die Namen an den Autohäusern und Handwerksbetrieben sind oft deutsch. Viele Häuser sind im alpenländischen Stil gebaut und der ein oder andere Ort wirkt wie ein deutsches Disneyland mit einem Hauch Weihnachtswunderland. Vor lauter Staunen vergessen wir glatt, Fotos zu machen.

So haben wir uns Brasilien wirklich nicht vorgestellt! Panny und Simon hatten uns erzählt, dass Südbrasilien langweiliges Agrarland mit gebührenpflichtigen Autobahnen sei. Und tatsächlich entspricht Brasilien bisher nicht im Mindesten dem Klischee von Samba, Copacabana, Amazonas und Fußball, sondern ist bislang unerwartet europäisch und ungeheuer gastfreundlich.

Da das Wetter mitspielt, beschließen wir, weiter auf kleinen Nebenstrecken zu bleiben und durch die noch sehr ursprüngliche Landschaft der Serra do Rio do Rastro zu fahren, einem alles andere als langweiligen Gebirge.

Der erste Abstecher zum Canyon de Itaimbezinoho dauert etwas länger als erwartet, da die Gebirgspiste arg holprig ist. Kurz vor dem Ziel kommen wir nicht weiter: Geöffnet nur von Mittwoch bis Sonntag und Campen ist auch verboten – dummerweise ist heute Montag. Aber 30 km weiter, im angrenzenden Nationalpark, soll der Canyon Fortaleza heute geöffnet haben. Also geht es die schlechte Piste wieder zurück und plötzlich befinden wir uns auf einer frisch geteerten Straße. Leider etwas zu frisch: Nach nur 2 km beginnt die Baustelle! Erst tief geschotterter, weicher Kies, dann holpriger Lehm. Suse ist fix und fertig und auch mir ist der Fahrspaß längst vergangen.

Canyon Fortaleza

Es beginnt zu dämmern und wir finden mit Müh' und Not ein ebenes Plätzchen am Hang, leider direkt neben der Piste. Als wir gerade genügend Feuerholz beisammen haben, setzt auch noch ein Gewitter ein und wir müssen zum Kochen ins Zelt flüchten. Die Apsis, also der überdachte Raum außerhalb unseres eigentlichen Innenzelts, in dem man auch kochen kann, ist leider recht eng. Die dicken Tropfen, die außen auf das Zelt prasseln, lassen innen das Kondenswasser von der Plane spritzen. Abgesehen davon, werden wir von winzigen Mini-Fliegen angegriffen, die sich natürlich ebenfalls zu uns ins Trockene geflüchtet haben und ganz schön zustechen. Nun wissen wir, warum bei Skandinavien-Fahrern Tunnelzelte mit großen Apsiden so beliebt sind.

Am nächsten Morgen ist der Regen erfreulicher Weise vorbei. Mit der Wahl unseres Schlafplatzes haben wir einen guten Riecher bewiesen: Die wenige Schritte entfernte Senke, die wir als sichtgeschützte Alternative erwogen hatten, steht fast einen halben Meter unter Wasser.

Nun heißt es: Schnell noch die restlichen 6 km zum Canyon zurückgelegt und ein paar Fotos gemacht. Der Blick ins nebelverhangene Tal ist fantastisch und auch die fast 800 m tiefe Schlucht bietet spektakuläre Einblicke. Die Strapazen haben sich gelohnt.

Bis nach Florianópolis, der Hauptstadt des Bundesstaats Santa Catarina, haben wir noch ein ganzes Stück vor uns. Wir werden mindestens einen Tag länger brauchen als geplant. Wir haben ein schlechtes Gewissen, da wir uns erst selbst bei Cicero eingeladen haben, den wir auch über ein Motorradreise-Forum kennen, und nun zu spät kommen. Aber ändern können wir das nicht, denn Telefon und Internet gibt es hier weit und breit nicht.

Die Piste ist vom Regen aufgeweicht und teilweise recht schlammig. So werden die restlichen 15 km „Baustelle" zur sportlichen Herausforderung. Suse lässt sich nur an zwei kniffligen Schlammstellen von mir helfen, ansonsten kommt sie erstaunlich gut zurecht.

Das schlechte Stück zurück zum ersten Canyon wollen wir nicht nochmal fahren und so bleibt uns nur die Flucht nach vorn. Nach einem Mittagssnack fahren wir auf ungeteerten Pisten weiter nach Norden. Zuerst geht es ganz gut vorwärts und die Landschaft wird immer interessanter. Kurz vor São Joaquim halten uns ein paar Bauern an, da die Brücke über den Fluss 20 km weiter nicht passierbar ist. Wir kehren also um und versuchen einen anderen Weg, der aber nach 25 km an einem verschlossenen Gatter endet. Wir müssen wieder ein Stück zurück und probieren eine weitere Abzweigung, die zu einigen steilen Serpentinen führt. Der Fluss kann nicht mehr weit sein, aber ob es dort unten auch eine Brücke gibt?

Vermutlich befinden wir uns bereits auf Privatgrund, da die Zäune verschwunden sind. Ein Haus, um nach dem Weg zu fragen, ist weit und breit nicht zu sehen und deutsch verstünde hier ohnehin schon lange niemand mehr. Da es bald dunkel wird, suchen wir abseits des Weges, mitten in einem Kiefernwald, ein geschütztes Plätzchen für die Nacht. Die Serpentinen verschieben wir auf den nächsten Tag.

In der Nacht geht dann das nächste Unwetter auf uns herab und leider hört der Regen auch in der Früh nicht auf. Suse streikt! Die steilen und engen Schotter-Kehren bergab sind bei Nässe zu viel. Da wir nicht wissen, ob wir am Ende nicht alles wieder hoch müssen, kehren wir lieber gleich um. In den darauffolgenden zwei Stunden schaffen wir fast 40 km. Der Untergrund ist rutschig und schmierig und wir trauen uns oft nur im Schritttempo vorwärts. Nachmittags erreichen wir schließlich Bom Jardim da Serra. Nach drei Tagen haben wir gerade mal die Hälfte einer „normalen" Tagestour geschafft!

Bis zum Abend wollen wir bei Cicero sein. Deshalb brechen wir unseren Gebirgstrip ab und fahren im Nebel die Serpentinen des Steilabbruchs hinunter ins Küsten-Tiefland. Plötzlich stecken wir mitten im Verkehr. Nach den vergangenen Tagen in fast völliger Abgeschiedenheit ist das ein kleiner Schock für uns. So viele Autos wie hier in einer halben Stunde, haben wir auf den letzten 300 km nicht gesehen. Schließlich legen wir bis zum Einbruch der Dunkelheit noch einen Mammut-Trip von 250 km hin. Eine Baustelle nach der anderen, unzählige LKWs und rücksichtslose Mopedfahrer machen uns die Fahrt zur Hölle.

Aber wir schaffen es: Noch am selben Tag kommen wir in Florianópolis an und finden überraschend schnell zum Haus unserer Internet-Bekanntschaft. Cicero ist selbst begeisterter Motorradreisender, der gemeinsam mit seiner Frau Lourdes schon fast ganz Südamerika und auch mehrfach Europa bereist hat. In seinem Haus hat er speziell für Motorradreisende ein kleines Zimmerchen eingerichtet, das „La Toca". Zur Begrüßung bestellt Cicero Pizza für uns. Zum Nachtisch gibt es eine Schoko-Pizza, die zwar interessant und besser als erwartet schmeckt, aber nicht wirklich lecker ist. Am nächsten Abend revanchieren wir uns dann für die Gastfreundschaft: Suse bringt Lourdes bei, wie man Schwäbische Käsespätzle schabt.

Städte gefallen uns einfach nicht und Florianópolis ist riesig. Wir übernachten zum Glück im kleineren Teil der Stadt, auf der gleichnamigen Halbinsel. Tagsüber macht uns die schwüle Hitze arg zu schaffen, sodass wir bei unserem Stadtbummel am nächsten Tag nicht allzu weit kommen. Auch eine kleine Mopedrunde durch den Süden der Insel kann uns nicht von „Floripa", so der Spitzname der Stadt, überzeugen – obwohl sie in Brasilien als Urlaubsparadies beliebt ist. Die verstopften Straßen sind nicht einmal mit Motorrädern befahrbar und zum Rumstehen ist es einfach zu warm. Schöne Strände mag es hier ja geben, aber wir suchen lieber wieder das Weite.

Camping mit Hindernissen

von Axel

Sanfte Hügel zwischen Florianópolis und Iguazú

Nachdem uns Cicero noch die beste Strecke zu unserem Ziel empfohlen hat, geht es an einem regnerischen Tag wieder auf die Straße. Tausend Kilometer trennen uns von den Cataratas, den Wasserfällen von Iguazú oder auf Guarany, dem „Großen Wasser".

Die Straße ist gut, aber durch den Regen kommt kein rechter Fahrspaß auf. Je höher wir kommen, desto kälter wird es. Unsere Motorradkombis sind zwar wasserdicht, aber irgendwo findet das Wasser immer einen Weg ins Innere. Nach einem Mittagsstopp ziehen wir noch unsere Regenkombis drüber – viel zu spät, denn wir sind längst durchnässt und durchfroren. So gern wir auch wild zelten, als ein Werbeschild am Straßenrand eine Cabaña ankündigt, zögern wir nicht lange und gönnen uns den Luxus einer warmen Dusche und eines trockenen Betts. So haben auch unsere nassen Klamotten die Gelegenheit, über Nacht etwas zu trocknen und dank WLAN können wir sogar unseren Reiseblog aktualisieren und nach Hause skypen.

Am nächsten Abend suchen wir dagegen lange nach einer Übernachtungsmöglichkeit. Alle Felder und Wiesen sind hinter Zäunen, Hecken oder Mauern gut vor Wildcampern geschützt und nirgends findet sich ein Campingplatz oder ein Zimmer für die Nacht. Einerseits bevorzugen wir gerade Gegenden, die touristisch nicht erschlossen sind, andererseits hat das auch Nachteile. Andere Reisende hätten sicher längst an irgendeiner der kleinen Hütten in den Dörfern gefragt, aber uns liegt es nicht, so offensiv auf Fremde zuzugehen. Inzwischen sind wir im Paraná, dem nächsten Bundesstaat und die ganze Gegend erscheint uns nicht besonders vertrauenserweckend zu sein. So fallen auch noch die wenigen Plätze weg, die nicht komplett sichtgeschützt sind.

Wir suchen nun schon über zwei Stunden. Bei einem meiner Abstecher in einen Feldweg habe ich mich zu allem Überfluss total festgefahren: Vorder- und Hinterrad stecken in zwei tiefen, schlammigen Traktorfurchen fest. Der Motor liegt auf und alles ist rutschig. Alleine kann ich das voll beladene Motorrad keinen Meter vor oder zurück bewegen. Plötzlich höre ich, wie auch noch ein paar wild kläffende Hunde angelaufen kommen. Suse wartet so weit weg auf der Straße, dass sie mein „Hilfe-Hupen" nicht hört. Glücklicherweise überlegen es sich die Hunde schließlich anders und trauen sich doch nicht ganz heran. Immerhin etwas.

Nach diesem Schreck gelingt es mir irgendwann doch noch, das Moped freizukämpfen. Die einzige fahrbare Richtung führe in einen steilen Hohlweg, in dem ich in 20 Zügen wenden kann. Nach einer gefühlten Ewigkeit tauche ich total abgekämpft wieder bei Suse auf, die während meiner abendlichen Such-Abstecher meistens warten und eine rauchen darf.

Bei der nächsten Einmündung in einen Feldweg haben wir mehr Glück. Hinter einer Bushaltestelle geht ein kleiner überwucherter Weg den Hang hoch. An dessen Ende finden wir diesmal kein verschlossenes Tor, sondern ein abgeerntetes Stoppelfeld. Einmal quer über den Acker finde ich sogar eine fast ebene Stelle am Waldrand. Jetzt muss ich nur nochmal zurücklaufen um Suses Motorrad zu holen. Die Zufahrt ist ihr zu dieser fortgeschrittenen Stunde dann doch zu anspruchsvoll. „Hier sollte uns niemanden stören", denken wir noch während wir einschlafen.

Zum Kaffeekochen am nächsten Morgen überrascht uns dann nicht nur die Sonne. Wir sind noch nicht ganz wach, als ein Traktor aufs Feld tuckert. Der Fahrer scheint ebenfalls ein Morgenmuffel zu sein, jedenfalls ist er alles andere als erfreut, uns samt Zelt und Mopeds auf seinem Acker vorzufinden. Er gibt uns deutlich zu verstehen, dass wir umgehend verschwinden sollen und ist immerhin so nett, am anderen Ende des Feldes mit dem Giftspritzen zu beginnen. Giftig muss es wohl sein, was er da in seinem Tank hat. Denn er ist in einen Schutzanzug gehüllt und hat sogar eine Gasmaske auf – und das in Brasilien!

Wir raffen unser Zelt so schnell wir können zusammen, binden alles irgendwie auf die Mopeds und flüchten. Suse zu Fuß, und ich erst mit dem einen Motorrad und dann mit dem anderen. An der Bushaltestelle müssen wir dann erst nochmal alles abpacken, uns umziehen und das Gepäck ordentlich verzurren, bevor wir ohne Frühstück in den Tag starten können. So rigoros wurde ich noch selten von einem Schlafplatz vertrieben.

Nur wenige Kilometer später legen wir einen kurzen Stopp ein, um schnell die Ketten zu schmieren, als der nächste Traktor auf uns zugerast kommt. Ich denke nur: Was haben wir jetzt schon wieder angestellt? Aber diesmal steigt ein besser gelaunter Brasilianer ab. Er ist ein großer Motorrad-Fan und nötigt uns, auf eine Tasse Kaffee mit zu ihm zu kommen.

Sein Hof befindet sich gleich um die Ecke. Dort angekommen serviert uns seine Frau Kaffee und Kekse in der Wohngarage im Erdgeschoss – im Sommer ist es oben im Haus zu warm. So können wir gleich noch unser Frühstück nachholen. Unser Gastgeber ist Rollrasen-Produzent und selbst begeisterter Motorradfahrer. Er würde am liebsten alles stehen und liegen lassen, um wenigstens ein paar Tage mit uns mitzufahren. Aber das geht leider nicht und so ziehen wir alleine weiter.

Die Iguazú-Wasserfälle

von Suse

Im Dreiländereck Brasilien-Argentinien-Paraguay liegen die angeblich größten Wasserfälle der Welt: Iguazú. Diese Wasserfälle sind der eigentliche Grund, warum wir die Nordschleife über Uruguay und Brasilien eingelegt haben – das eine oder andere touristische Highlight wollen wir uns auf unserer Reise natürlich nicht entgehen lassen. Logischerweise fangen wir erst einmal mit der brasilianischen Seite der Fälle an.

Die Iguazú-Wasserfälle von der argentinischen Seite aus gesehen

Hier können wir uns einen guten Überblick über die gigantischen Wassermassen verschaffen, die über eine 2.700 m breite Abbruchkante um die 60–70 m in die Tiefe stürzen. Auf die gleiche Idee kommen an diesem Tag noch geschätzte 100.000 andere Besucher, die sich auf den rund 2.000 m langen Besichtigungswegen und Aussichtsplattformen drängeln. Trotzdem könnte man ein paar Spitzen-Fotos von dem eindrucksvollen Panorama machen.

Ja, könnte: Nach dem dritten Foto gibt der Akku meiner Knipse auf und nur kurz darauf schreit Axel, weil das Objektiv seiner Spiegelreflex kaputt gegangen ist. Aber mit ein wenig Fummeln kann er wenigstens den Zoom noch manuell bedienen – auch wenn der Autofokus nicht mehr funktioniert – und ein paar gute Bilder kommen doch noch dabei heraus.

Als Ergänzung zur Wasserfall-Besichtigung wurde uns ein Besuch des benachbarten Vogelparks empfohlen. Zunächst sind wir ein bisschen enttäuscht: doch wieder nur Vögel in kleinen Käfigen. Aber dann kommen wir in den eigentlichen „Park". Dort schwirren die buntesten Exoten, wie zum Beispiel der Tukan, der unser „Wappenvogel" werden soll, in großen Volieren mehr oder weniger frei herum und picken Touristen an. Schade ist nur, dass Axel immer noch Schwierigkeiten hat, Fotos zu machen.

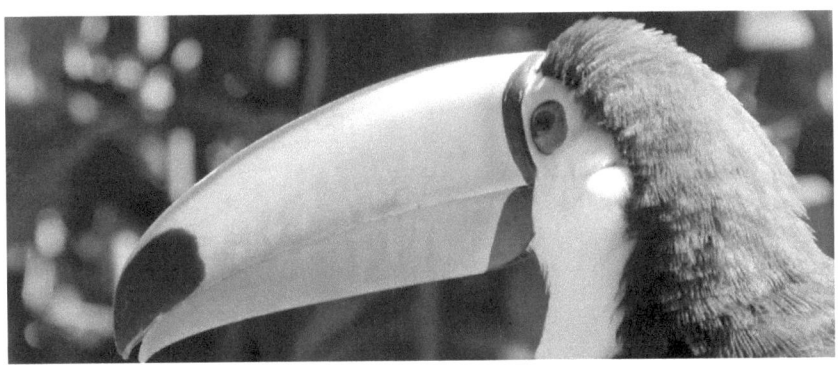

Ein Riesentukan im Vogelpark von Iguazú

Nachmittags googeln wir, was wir jetzt mit dem kaputten Objektiv machen können. Und siehe da: Zwei der drei Vertretungen des Herstellers in Südamerika befinden sich im Umkreis von nur 10 km um unseren Campingplatz herum – eine in Brasilien und eine in Paraguay! Den nächsten Tag nutzen wir dann natürlich für einen Ausflug zur brasilianischen Niederlassung. Das Problem dabei: An der angegebenen Adresse finden wir nur ein ganz normales Wohnhaus. Egal, wir klingeln trotzdem, vielleicht kann uns der Bewohner dennoch helfen.

Und tatsächlich verspricht uns Hussein, so sein Name, das Objektiv noch am selben Tag auf Garantie zu reparieren – und das ohne jeglichen Kaufbeleg. Ein bisschen skeptisch sind wir dann doch, als wir das Teil dalassen und wieder auf den Campingplatz zurückkehren. Aber nur 1 Stunde nach der versprochenen Zeit kommt der Anruf, wir könnten vorbeikommen und es abholen. Und da sag nochmal einer, in Südamerika läuft alles viel langsamer. Übrigens: Die Antwort vom deutschen Hersteller, den wir auch angeschrieben haben, kam ganze drei Wochen später!

Argentinien

Die Sierras de Córdoba

von Suse

Die Ausreise aus Brasilien gestaltet sich dann nochmal spannend: Bei der Einreise haben die Grenzer ja fälschlicherweise behauptet, dass wir keine extra Einreisepapiere für die Mopeds bräuchten. Inzwischen wissen wir aber, dass es ohne diese Papiere bei der Ausreise zu einigem Ärger samt Erleichterung der Reisekasse kommen kann. Da ist es praktisch, dass wir an dieser sehr belebten Grenze nach Argentinien überwechseln, an der es auch üblich ist, dass Tagesausflügler hin und her fahren. Und so übersieht der Grenzbeamte zum Glück, dass bei uns etwas fehlt.

Die argentinische Seite der Iguazú-Wasserfälle ist ganz anders als die brasilianische: Es gibt einige längere Wanderwege über- und unterhalb der einzelnen, größeren und kleineren Fälle zu erkunden und die Besucher verteilen sich auch viel mehr. Dank des reparierten Objektivs und zwei frisch geladenen Akkus gelingen uns auch endlich ein paar sehr schöne Schnappschüsse der gewaltigen Wassermassen.

Unser nächstes größeres Ziel ist Córdoba, die Hauptstadt der gleichnamigen Provinz. Auf dem Weg dorthin liegen außer viel Sumpf nur noch einige verfallene Ruinen von Jesuiten-Missionen, die der Provinz Misiones ihren Namen gaben. Für die gelegentliche Portion Kultur schauen wir an zwei der teilweise verfallenen, im Urwald liegenden Missionen vorbei. Die Jesuiten hatten für ihre damalige Zeit einen recht modernen Ansatz: Statt die indigene Bevölkerung einfach nur gnadenlos auszubeuten, bauten sie mit ihnen zusammen funktionierende Gemeinschaften auf – mit der Bedingung, dass sie zum Christentum überwechselten. Vielleicht war dieser offene Umgang mit den Indios ein Grund dafür, dass die Spanier im 17. Jahrhundert die Jesuiten gewaltsam aus dem Land vertrieben.

In der nordargentinischen Pampa wird es inzwischen unbeschreiblich heiß. In unseren Mopedklamotten ist es kaum auszuhalten, nur der Fahrtwind hilft ein wenig. So lassen wir alle sonstigen Attraktionen, wie kleinere Nationalparks, links liegen und geben Gas. Die Strecke nach Córdoba schaffen wir so in Rekordzeit – wobei mir unterwegs vor lauter Fahren noch fast der Sprit ausgeht und das trotz 25-Liter-Tank. Ich bin es immer noch nicht gewohnt, dass nicht spätestens alle 20 km eine Tankstelle steht.

In der Nähe von Córdoba verbringen wir den nächsten Morgen hauptsächlich mit Graben schaufeln: Es schüttet wie aus Kübeln und unser Vorzelt gleicht einer riesigen Pfütze. Leider haben wir als einziges Werkzeug nur einen Esslöffel, also dauert das Ganze etwas länger. Auf unserem Campingplatz sollte eigentlich ein Paintball-„Kampf" stattfinden. Stattdessen sitzen die Jungs mit uns im zum Glück vorhandenen Aufenthaltsraum und kochen lieber erst einmal. Als sie unseren Gemüseeintopf sehen, bekommen sie Mitleid mit uns und geben uns reichlich von Ihrem Asado ab. Nachmittags hört der Regen endlich auf und Axel wird eingeladen, eine kleine Runde Paintball mitzuspielen.

Unser Campingplatzwirt ist selbst begeisterter Motorradfahrer und so empfiehlt er uns eine ganze Reihe schöner Strecken in der Sierra rund um Córdoba. Die nächsten Tage bringen uns in traumhafte Berggegenden mit perfekten Ausblicken. In der Nähe der Gigantes, der zweithöchsten Gipfelkette der Sierra, sehen wir unsere ersten Kondore. Es scheint, als würden an die 15 Jungtiere gerade das Fliegen lernen. Bestimmt eine Stunde stehen wir am Straßenrand und versuchen, die Flugmanöver auf digitales Celluloid zu bannen. Leider sind die Vögel ein bisschen weit weg, sodass auch mit vollem Zoom keine Spitzenfotos entstehen.

Wir fahren weiter und sind eigentlich gar nicht mehr so weit von Córdoba, der zweitgrößten Stadt Argentiniens, entfernt. Trotzdem ist die Gegend fast menschenleer, wir begegnen auf den kleinen Sträßchen höchstens drei bis vier Autos am Tag. So kann es gern bleiben! In einem der kleinen Dörfer decken wir uns noch mit Brot und Wasser ein, bevor es wieder zurück in die Wildnis geht.

Ganz plötzlich endet die gebirgige Sierra mit einem Steilabbruch, an dem uns ein hübsches Sträßchen entlangführt. Beim Blick über die angrenzende Ebene glaubt man sich am Meer, so blaugrün und flach sieht es dort aus. Hinter uns die schroffe, zerklüftete Sierra, vor uns bis zum Horizont nicht eine kleine Erhebung – beeindruckend.

Leider gibt es als Abschluss auch noch eine fiese Wellblech-Sand-Strecke und damit die nächsten Herzinfarkte meinerseits. Es geht aber erstaunlicherweise alles gut und ich bin heilfroh, als wir wieder Teer sehen.

Gartenzwerg in La Cumbrecita

In Villa General Belgrano – einem deutschen Auswandererdorf in der Provinz Córdoba, wo auch ein paar überlebende Besatzungsmitglieder des Kriegsschiffs Admiral Graf Spee unterkamen – legen wir den nächsten Halt ein. Außer endlich einmal wieder Zigarettenfilter, finden wir hier nichts, was uns zum Bleiben animiert. Es ist alles auf Touristen ausgerichtet, die sich ein Bild von Deutschland machen wollen – welches aber reichlich kitschig gerät.

Die Innenstadt besteht fast nur aus nachgebildeten Alpenhäusern, in denen es entweder Bier oder Bierkrüge zu kaufen gibt. Angeblich ist das hiesige Bier gar nicht schlecht. Außerdem sammele ich ja eigentlich Kronkorken, aber die 3–4 Euro für ein 0,25l-Fläschchen widersprechen einfach meinem schwäbischen Geiz.

In der Nähe gibt es noch ein weiteres typisches Alpendorf, La Cumbrecita, wo wir uns mehr Glück für die Schlafplatzsuche erhoffen. Das Dorf selbst ist autofreie Zone, für das Parken will man uns erst einmal reichlich Pesos berechnen. Als wir aber sagen, dass wir uns nur kurz ein paar Minuten umschauen wollen, erlässt man uns das netterweise. Auch hier ist die Innen-„Stadt" so aufgebaut, wie man sich ein Alpendörfchen aus dem 19. Jahrhundert vorstellen würde, wenn man einmal Heidi gesehen hat. Es handelt sich hier aber nur um ein gutes Dutzend Häuser und so haben wir nach den versprochenen „paar Minuten" alles gesehen und gehen zurück zu den Mopeds.

Wenige hundert Meter hinter dem Dorf entdecken wir eine hügelige Wiese, die eigenartigerweise nicht eingezäunt ist. Also fahren wir ein bisschen den Berg hinunter und finden tatsächlich einen der genialsten Wildzeltplätze der ganzen Reise. Axel holt aus dem Supermarkt im Ort noch eine Batterie Bier – damit genießen wir noch die Nachmittagssonne und den anschließenden romantischen Sonnenuntergang. Wir haben einen idyllischen Blick ins Tal und zwischendurch kommen sogar ein paar Gauchos vorbei galoppiert, die gerade eine Pferdeherde zusammentreiben. So habe ich mir das vorgestellt!

Wildzelten vom Feinsten mit herrlichem Blick ins Tal

Tags drauf fahren wir noch einmal nach Belgrano, um einzukaufen. Auf dem Supermarktparkplatz dann die Überraschung: Dort steht der Laster von Willi und Marga! Die zwei haben wir vor einigen Tagen in einem gottverlassenen Dorf am „Mar Chiquita" schon einmal zufällig getroffen und einen netten Abend mit Bratkartoffeln, gerösteten Chili-Heuschrecken (Marga hatte sich diese Spezialität aus ihrer Heimat Mexiko mitgebracht), Wein und Bier verbracht.

Willi ist seit acht Jahren Frührentner und wollte ursprünglich nur noch die von seinem Kardiologen vorhergesagte Restlebenszeit von ein bis zwei Jahren möglichst angenehm verbringen. Seitdem er aber den Stress aus seinem Leben verbannt hat und seinen Speiseplan Knoblauch-lastiger gestaltet, geht es ihm wieder hervorragend. Seit fünf Jahren ist er nun mit Marga, die er unterwegs kennengelernt hat, verheiratet und tingelt mit ihr und seinem alten 710er Mercedes-LKW durch die Amerikas.

Jetzt stehen wir jedenfalls auf dem Parkplatz und diskutieren, wo und wie wir abends Käsespätzle kochen wollen (die haben wir Marga beim letzten Mal versprochen), als Peter uns anspricht. Er ist Deutscher, wohnt aber seit gut 25 Jahren in Buenos Aires und baut sich in

Belgrano gerade seinen Alterswohnsitz. Auf sein Angebot, bei ihm noch ein Bierchen zu trinken bevor wir weiterfahren, gehen wir vier natürlich gerne ein.

Das Wetter ist spitzenmäßig, das Bier und die Gläser eisgekühlt und so werden aus dem einen Bier viele. Axel muss zwischendurch sogar nochmal los zum nächsten Kiosk, um die erschöpften Vorräte aufzustocken. Ans Weiterfahren ist nicht mehr zu denken. Wir schlagen das Zelt im Garten auf und kochen die Käsespätzle – leicht betrunken – in Peters Küche.

Am nächsten Morgen befragen wir unseren Gastgeber noch zu unserer geplanten Route, einem kleinen Schottersträßchen quer durch die Sierra nach Merlo . Er rät uns dringend ab und versucht, uns zu einem 250 km-Umweg zu überreden, da er nicht glaubt, dass diese Straße existiert bzw. befahrbar ist. Auch ein telefonisch konsultierter ortsansässiger Freund kennt die Straße nicht. Sollen wir oder sollen wir nicht?

Auf dem Weg raus aus der Stadt erwischt uns ein heftiger Platzregen und in Richtung von Peters Umweg hängen noch mehr dunkelgraue Wolken. In Richtung der kleinen Straße, unserer ursprünglichen Route, scheint es hingegen aufzuklaren. Da fällt uns die Entscheidung doch leicht: Ab in den Schotter. Ganz einfach zu fahren ist der Weg nicht immer, aber ich komme zurecht. Uns kommen außerdem ein Haufen Motocross Fahrer entgegen. Offensichtlich ist das die inoffizielle Rallye-Strecke der ortsansässigen Jugend.

Merlo, eine der vielen „Städte des ewigen Frühlings" in Südamerika, ist wirklich hübsch gelegen und so genießen wir das angenehme Mikroklima. Wir gönnen uns den bisher teuersten, aber auch luxuriösesten Campingplatz mit Stellplatz direkt am Pool und einer Dusche, aus der wirklich warmes Wasser und davon mehr als nur ein paar Tropfen herauskommen. Weil es so schön ist, bleiben wir den nächsten Tag auch noch, waschen unsere stinkenden Mopedklamotten und nutzen das erstaunlicherweise kabelgebundene „Wi-Fi" aus.

Da es in der Stadt ein kleines Kunsthandwerkerviertel gibt, nehmen wir uns die Zeit, endlich nach einer Kalebasse samt Bombilla und Thermoskanne zu suchen – den drei unerlässlichen Utensilien für den Mate-Genuss. Naja, Genuss ist relativ, aber Axel will sich das unbedingt angewöhnen. So kommen wir auch mal wieder recht spät los, aber die Straßen gen Süden sind gut und wir schaffen noch einiges an Strecke.

In der Nähe eines kleinen Stausees nördlich von San Luis wollen wir uns einen Camping Municipal anschauen, um zu sehen, ob wir dort bleiben möchten. Schließlich sind wir in der Hinsicht recht wählerisch. Nur 200 m vor dem Campingplatz reißt mir der Kupplungszug, aber zum Glück geht es bis zum Platz nur noch bergab. In dem Fall ist es mir ziemlich egal, wie schön oder hässlich der Campingplatz ist. Das größere Glück ist aber, dass wir als eines der wenigen Ersatzteile einen neuen Zug dabei haben. So darf ich endlich einmal meine beschränkten Schrauberkünste ausprobieren, während Axel unser Abendessen kocht.

Abkürzung durch die Sandhölle

von Suse

Der nächste Morgen beschert uns Motorradfahrers Paradies: eine frisch geteerte Straße mit traumhaften Kurven durch ein kleines Gebirge. Nur warum diese Straße gebaut wurde, bleibt mir ein Rätsel, denn es kommt uns auf der ganzen Strecke kein einziges Auto entgegen. Vermutlich wurde die Straße von einem Politiker genehmigt, dessen Cousin rein zufällig ein Straßenbauunternehmen besitzt.

Die Fahrt läuft super, vielleicht schon ein wenig zu gut. Um unser nächstes Ziel – den Nationalpark Sierra de las Quijadas mit angeblich schönem Canyon – zu erreichen, haben wir die Wahl zwischen 150 km Umweg nach Norden, 150 km Umweg nach Süden oder der direkten 50 km langen Strecke, die zwar auf der Landkarte nicht eingezeichnet ist, aber dafür auf unserem GPS-Gerät existiert. Beim letzten Mal hat das ja auch schon gut geklappt mit der Abkürzung. Diesmal bereue ich die Entscheidung aber schon nach der Hälfte der Strecke. Bis dorthin wird der Zustand der Erdstraße schon schleichend immer schlechter, nachdem wir aber ein kleines Dorf passiert haben, wird es erst richtig schlimm. Die letzten Reste Erde werden von Sand abgelöst, der sich für meine Verhältnisse fürchterlich tief anfühlt.

Zurück will ich aber eigentlich auch nicht mehr. Nach einer kurzen Wiederholung der Sand-Grundregel seitens Axel („Wenn's schlingert, Gas geben und nicht versuchen anzuhalten, das geht nicht!"), geht es weiter. Der Ratschlag ist gut gemeint, aber ich kann mich einfach nicht überwinden, mich längere Zeit daran zu halten. Wenn mein Moped das Schlingern anfängt, bringe ich es einfach nicht über mich, auch noch schneller zu fahren. Im Gegenteil: Irgendwann wird der Drang anzuhalten übermächtig und fast jedes Mal stürze ich bei dem Versuch auch tatsächlich. Ist das frustrierend! Und der Sand liegt hier auch nicht ganz ohne Grund: Es ist gefühlt heißer als in der Sahara und am Straßenrand liegen immer wieder Skelette und stinkende Kadaver von verendeten Kühen.

Suses persönliche Sandhölle: Auf dem Weg zum Nationalpark Sierra de las Quijadas

Nach dem vierten oder fünften Umfaller auf gerade einmal 5 km gebe ich auf und brauche erst einmal eine längere Pause. Anschließend fußel ich mich durch die restlichen tiefen Sandstellen nur noch durch, auch wenn es Axel nicht gerne sieht. Ein paar hundert Meter versuchen wir uns durch das Gebüsch zu schlagen, da der Boden dort viel fester ist. Als wir aber sehen, wie dornig die Büsche hier sind, lassen wir das lieber wieder bleiben.

Nach weiteren, schier endlosen 15 km kommt die ersehnte Hauptstraße wieder in Sicht – endlich! Ich habe nicht mehr daran geglaubt, dass ich es bis hierher schaffen würde. Hätten wir einen der Umwege genommen, wären wir wahrscheinlich längst angekommen. Zur Belohnung kaufen wir uns im Kiosk am Straßenrand etwas zu essen und zwei große Bier und dann geht es weiter Richtung Nationalpark.

Apropos Bier kaufen: In Argentinien läuft das Pfandsystem ganz anders, das haben wir schon in Buenos Aires festgestellt. Als wir den Mann im hiesigen Kiosk fragen, ob er Bier verkauft, sieht er, dass wir keine Flaschen in den Händen halten. Kurzer Hand will er das frisch erworbene Gebräu in Plastikflaschen umfüllen, statt uns die Flaschen gleich mit zu verkaufen. Zum Glück können wir ihn noch rechtzeitig davon abhalten – wir haben schließlich dazu gelernt und inzwischen fast immer zwei leere Pfandflaschen zum Tauschen dabei.

Am Eingang zum Sierra de las Quijadas-Nationalpark angekommen, stellen wir erfreut fest, dass der Einlassposten nicht mehr besetzt, die Schranke aber offen ist – zum Glück, denn die Eintrittspreise haben sich seit Erscheinen unseres Reiseführers verdoppelt. Das letzte Stückchen bis zum Canyon ist kaum geschafft, da macht sich Enttäuschung in mir breit: Es ist ja ganz nett hier, aber begeistern kann mich die Landschaft nicht. Ich frage mich, ob der Autor des Reiseführers, der diesen Nationalpark ganz besonders gelobt hat, wirklich hier war. Und dafür bin ich DIESE Strecke gefahren?

Hinzu kommt, dass es inzwischen so windig geworden ist, dass wir nicht einmal vorne an der Schlucht den Sonnenuntergang genießen können, sondern gleich zurück zu unserem annähernd windgeschützt stehenden Zelt marschieren. Es steht zwischen einem Felsen und einem kleinen Dach mit Bänken darunter. Dort machen wir es uns für den Abend so gemütlich, wie es eben geht.

Die Anden

Mendoza – Wein und Thermen

von Axel

Die Andenkordilleren am Horizont

Nach den letzten landschaftlich recht eintönigen Kilometern tauchen am Horizont endlich die ersten Anden-Kordilleren auf. Noch befinden wir uns in einer monotonen steppen- und wüstenartigen Landschaft. Nun kommt Vorfreude auf, besonders nach der Langeweile, die auf die Strapazen und Enttäuschungen der letzten Tage folgte. An die Anden habe ich ganz besondere Erwartungen, werden sie doch einen Großteil unserer Reise dominieren. Aber noch verstecken sich die Berge hinter Wolken am Horizont.

Es ist heiß, als wir in die Vororte von Mendoza einfahren. Der Verkehr nimmt zu und die Orientierung wird komplizierter. Es ist Zeit etwas zu essen, aber zuvor müssen wir einen Bankautomaten finden, da uns mal wieder das Geld ausgegangen ist. Während ich am Straßenrand die Motorräder bewache, und mich nach Schatten, einer kühlen Brise oder wenigstens etwas Kaltem zu trinken sehne, holt Suse Geld.

Jetzt könnten wir endlich etwas essen, aber es ist wie verhext. Plötzlich sehen wir keine Imbissbuden und Restaurants mehr. Erst einige Orte später finden wir hinter ein paar Lastern ein Restaurant am Straßenrand. LKW-Fahrer wissen einfach überall auf der Welt, wo gutes und günstiges Essen zu finden ist. Und so brechen wir wenig später deutlich zufriedener wieder auf. Hunger allein verdirbt mir schon die Laune, aber in Kombination mit Hitze werde ich unerträglich.

Auf Städte haben wir immer noch keine rechte Lust. Uns stören die vielen Menschen, der Verkehr, die Hitze und der Gestank. Wo wir eine günstige Übernachtungsmöglichkeit mit sicherem Motorradparkplatz finden sollen, wissen wir auch nicht. An Mendoza interessiert mich auch viel mehr der Wein. Daher nehmen wir die Umfahrung durch die hässlichen und staubigen Industriegebiete und fahren weiter.

Wir wollen nach Cacheuta zu einem Thermalbad, das südlich von Mendoza in einem kleinen Kordillerental liegt. Ein Campingplatz ist schnell gefunden und im zugehörigen Restaurant lasse ich mir auf dem Weg noch schnell meine Thermoskanne mit heißem Wasser füllen. Ich will mich ja weiter an den Mate „heran"trinken. Den Kilometer zum Bad laufen wir zu Fuß. Es ist bereits später Nachmittag, aber wir müssen leider trotzdem den kompletten Tagespreis zahlen. Wenig später dann die Überraschung: Wir werden aus den Becken vertrieben und das

Wasser abgelassen. Am Eingang steht zwar „bis 19 Uhr geöffnet", aber das gilt nur für das Gelände. Baden ist bloß bis 18 Uhr gestattet!

Am nächsten Tag möchte ich mir wenigstens bei einer Weinprobe etwas Trost holen, aber ganz so einfach wie ich mir das vorstelle, wird es nicht. Zunächst müssen wir die Straße nach Süden finden, doch dazu müssen wir leider erst einmal wieder in die Stadt zurück. Unser Navi hilft uns bei den zahlreichen unbeschilderten Umleitungen auch nur bedingt weiter und so verbringen wir inmitten rußender LKWs mehr Zeit im Stau als uns lieb ist. An der letzten Tankstelle vor der Autobahn müssen wir dann noch eine halbe Stunde warten, bis wir tanken dürfen.

Völlig entnervt bleiben wir gleich noch ein bisschen länger und nutzen das hier kostenlos erhältliche Wi-Fi. Mit der Autobahn haben wir auch erstmals die legendäre Ruta 40 erreicht, die Argentinien von Nord nach Süd fast komplett durchzieht. Mit ihren über 5000 km gehört sie zu den längsten Straßen der Welt. Nach wenigen Kilometern verlassen wir die „Quarenta", wie die 40 auf Spanisch genannt wird, allerdings schon wieder und folgen lieber der „Weinroute".

Weinreben finden wir in der Mittagshitze zwar reichlich und hin und wieder auch einen Wegweiser zu einer Bodega, aber nichts, was auf einen Weinverkauf ab Hof hindeutet. Meine Laune wird zunehmend schlechter. Als wir weder Wein noch Schatten finden, gebe ich entnervt mitten in einem Ort auf und wir halten mitten auf dem Gehweg eine kurze Siesta. Wieder zurück auf der Ruta 40 folgen wir noch ein paar Hinweisschildern zu Weinkellern, finden aber keinen einzigen. Auch die GPS-Koordinaten zu den „Points of Interest" in der Nähe führen entweder ins Nichts oder zu längst verlassenen Weingütern. Aus meiner Weinverkostung in einer gemütlichen kleinen Familien-Bodega scheint nichts zu werden.

Einem letzten Hinweisschild fahren wir noch nach und landen in einer hochmodernen Kellerei O. Fournier. Der Besucherpark ist eher auf Busladungen angelegt aber der Pförtner lässt uns nach telefonischer Rücksprache passieren. Urig und familiär ist hier nichts. Der futuristische Sichtbeton-Bau steht im starken Kontrast zu der dahinter liegenden Andenkette und in der Kellerei hängen neben riesigen Fässern auch zahlreiche moderne Kunstwerke. Schließlich findet eine der Hostessen auch Zeit für mich und so kann ich doch noch ein paar Weine probieren. Viel Platz habe ich auf dem Motorrad ja eh nicht und so muss ich mich mit 3 Flaschen begnügen. Suse interessiert sich weder für den Wein noch die Bilder, genießt die kühlen Kellerräume aber trotzdem.

Da die Ruta 40 hier wenig Interessantes zu bieten hat, fahren wir lieber über San Rafael. Kurz vor der Stadt lernen wir am Straßenrand Matt kennen, einen jungen Kanadier, der schon seit fast einem Jahr mit dem Fahrrad auf der Panamericana unterwegs ist. Wir beschließen den Abend gemeinsam zu verbringen und fahren voraus um einen Zeltplatz zu suchen. Die Plätze unseres Reiseführers und GPS existieren aber entweder nicht mehr, sind unauffindbar, geschlossen oder nicht für Zelte geeignet. Mit den Motorrädern könnten wir problemlos zum nächsten Stausee fahren, an dem noch weitere Campingplätze liegen sollen, aber für unseren Fahrradfahrer wäre das zu weit.

Gegenüber einem der geschlossenen Campingplätze scheint jedoch ein verlassenes Anwesen zu sein. Das Tor ist offen, und wir finden schöne, sichtgeschützte Schlafplätze. Allerdings müssen wir feststellen, dass das Gelände doch nicht ganz so verlassen ist: Es scheint sich um eine Art Jugendcamp zu handeln. Der Verwalter erlaubt uns glücklicherweise für eine Nacht zu bleiben. Wir bekommen Wasser und dürfen auch Holz für ein Lagerfeuer sammeln. Seine zahlreichen Kinder sind im ersten Moment zwar von uns und unseren Motorrädern fasziniert, verlieren dann aber schnell das Interesse und so bleiben wir den restlichen Abend unbehelligt. Wie anders bin ich das aus Nordafrika gewohnt! Egal wo man dort stehen bleibt, sofort tauchen Dutzende von aufdringlichen Kindern auf, die sich nicht vertreiben lassen. Einzig Matt hat in dieser Nacht einen ungebetenen Besucher. Kurz nachdem er in sein Zelt verschwunden ist, hören wir einen Schrei. Schlaftrunken nach seinem Nickerchen am Lagerfeuer, erschrickt er furchtbar, als er in seinem Schlafsack ein kleines Mäuschen entdeckt und ist heilfroh, als Suse ihn vor der Bestie rettet. Schon fällt mir wieder ein, warum ich mein Zelt nie lange offen lasse.

Am nächsten Tag wollen wir durch den Canyon de Nihuil fahren. Wir finden schnell durch San Rafael hindurch. Die Stadt ist nach den Halbwüsten der vergangenen Tage angenehm grün. Die Vororte gehen in Felder über, danach wird es gebirgig. Wir folgen einem kleinen Fluss durch ein grünes Tal. Hier finden wir überall die Campingplätze, die wir gestern gesucht hatten und eine Ausflugsgaststätte reiht sich an die nächste. Ein Glück, dass wir nicht in der Hauptsaison unterwegs sind!

Das Tal wird zum Canyon und die Straße wird zur Schotterpiste, die sich immer höher ins Gebirge hinaufzieht. War es am Talgrund noch grün und angenehm kühl, fahren wir bald durch eine wüstenhafte Landschaft. Die Felsformationen rechts und links der Piste leuchten in den schönsten Farben und so lassen wir uns Zeit. Da ich vor lauter Schauen gar nicht schnell fahren will, ist mir Suse heute auch nicht zu langsam. Vielleicht hat sie sich an das Fahren auf Schotter gewöhnt und wird schneller.

Die Piste führt wieder in die jetzt enge Schlucht hinab und hin und wieder kommen uns Gruppen einheimischer Motorradfahrer entgegen, die eine kleine Wochenendausfahrt unternehmen. Eine Staumauer folgt der nächsten und ich wundere mich, wie viele Wasserkraftwerke hier in Reihe gebaut wurden. Die Piste wird breiter und ich lasse mich vom Fahrspaß überwältigen. Um Suse mache ich mir keine Sorgen, da sie ja heute blendend mit der Piste zurechtkommt.

Auf dem nächsten Berg warte ich eine Zeit lang, aber als Suse nicht nachkommt, kehre ich wieder um. Sie steht neben ihrem Motorrad am Straßenrand und wartet auf mich. Ihr Vorderrad ist platt. Da es nur noch wenige Kilometer zum nächsten Dorf sind, versuchen wir erstmal den Reifen wieder aufzupumpen – vielleicht hält er das Stückchen ja noch. Mit unserer kleinen Fahrradluftpumpe ergeben hundertmal Pumpen etwa ein Bar, und so wechseln wir uns ab bis der Schlauch wieder voll ist. Leider ist der Schaden zu groß und nach wenigen hundert Metern ist der Reifen wieder platt.

Da es schon fast 17 Uhr ist, bauen wir das Rad aus und ich fahre damit schnell ins Dorf. Eine Gomeria, wie die Reifenwerkstätten hier heißen, kann den Schlauch sicher schneller und besser flicken als wir am Straßenrand. Normalerweise befindet sich an jedem Ortseingang und -ausgang solch eine Werkstatt, aber in Nihuil muss ich mich einige Male bei Einheimischen erkundigen bis ich schließlich fündig werde. Wie sich herausstellt, ist nicht nur ein Loch im Reifen, sondern der Spezialist popelt mehr als 5 Dornen aus dem Mantel. Die Umfahrungen der Sandetappe vor einigen Tagen hatten es in sich.

Suse mit Axels Motorrad vor der Gomeria in El Nihuil

Die Campingplätze haben mal wieder geschlossen und so suchen wir uns am Seeufer einen windigen Platz für unser Zelt – alles andere als sichtgeschützt, direkt neben einem Pier voller Angler. Am nächsten Morgen lasse ich vorsorglich auch mein Vorderrad noch checken und ebenfalls ein paar Dornen aus meinem Mantel operieren, bevor wir unsere Reise auf der eintönigen Quarenta fortsetzen.

Die Ruta 40

von Axel

Kurz nach Malargüe ist es vorbei mit langweilig. Die „40" hat hier ihren ursprünglichen Charakter bewahrt. Die Nationalstraße ist noch ungeteert und wird vom Fernverkehr weiträumig umfahren. Von den Anden ist allerdings auch nicht mehr viel zu sehen. Die Landschaft ist zwar immer noch karg und wüstenhaft, aber trotzdem abwechslungsreich. Mir gefällt die Gegend und auch die Schotterpiste macht mir Spaß.

Ganz anders schaut es bei Suse aus: Sie hat heute keinen guten Tag. Die dünne Schotterschicht auf der hartgefahrenen Piste macht ihr zu schaffen und das dadurch entstehende schwammige Fahrgefühl behagt ihr gar nicht. Ich bin heute nicht sehr geduldig und habe kein Verständnis dafür, dass sie mit 30 km/h dahin zuckelt, während ich problemlos 100 km/h fahren könnte. Ganz besonders deswegen nicht, da sie in den letzten Tagen schon so viel besser unterwegs war. So vergeht uns beiden die Lust und ich mache kaum Fotos von der bizarren Lavalandschaft, die wir durchfahren.

Besonders weit kommen wir so nicht. Abends finden wir nach kurzer Suche am Ufer des Rio Grande ein sandiges Plätzchen für die Nacht. In kürzester Zeit überzieht der aufkommende Wind uns und unser Zelt mit einer feinen Staubschicht. Prompt geben die Zeltreißverschlüsse auf und wir können die Eingänge nur noch mit Mühe schließen.

Die Wüstensonne in Verbindung mit fehlendem Schatten veranlasst uns am nächsten Morgen, das Zelt frühzeitig zu räumen und den ungastlichen Platz zu verlassen. Ein paar Schlaglöcher und Baustellen später wird die Straße zunehmend besser, womit auch Suses Laune wieder steigt. Ein verspäteter Frühstückskaffee bringt ihre Welt vollends in Ordnung.

Die nächste Nacht verbringen wir mal wieder auf einem Camping Municipal. Diese günstigen Campingmöglichkeiten gibt es hier in vielen Ortschaften. Meist werden sie am Wochenende von den Einheimischen überschwemmt, die dann auf den obligatorischen Grillstellen Asado-Gelage abhalten. Oft sind die Campingplätze sehr günstig, manchmal sogar gratis. In Las Lajas erwischen wir einen der besseren Sorte: etwas verwildert, nahe am Fluss, windgeschützt und, das Beste, mit nagelneuen Duschen. Diese nutzen wir natürlich ausgiebig, um den Staub der letzten Tage wegzuspülen, und das Bier vom nahegelegenen Kiosk hilft ebenfalls bei der „Rehydration".

Beim Tanken an der nächstgrößeren Überlandkreuzung tags darauf, treffen wir unerwartet auf mehrere Gruppen von Motorradfahrern. In den letzten Wochen haben wir kaum andere Reisende getroffen, aber hier, an der beliebten Ruta 40, ändert sich das schlagartig. Eine 1200er BMW und eine LC8 erkenne ich wieder: Die beiden Tölzer kamen uns schon vor ein paar Wochen, kurz hinter Iguazú, entgegen, haben aber nicht angehalten. Die restlichen Mopeds haben argentinische Nummernschilder.

Die Argentinier sind an uns und unseren Mopeds sehr interessiert. Sie wollen ebenfalls nach Ushuaia, allerdings in nur zwei bis drei Wochen. Länger Urlaub haben sie leider nicht und von hier aus sind es ja nur noch 3000 km. Das Grüppchen hat sich sogar Aufkleber drucken lassen, und verteilt gleich ein paar an uns, um unsere Alu-Gepäckkisten zu verschönern. Im weiteren Verlauf der Reise werden wir noch öfter solche Andenken bekommen.

Viele Argentinier und Chilenen sind begeisterte Motorradfahrer. Die meisten fahren nur kleine chinesische 250er oder 350er, und so sind unsere – für europäische Verhältnisse kleinen – 650er plötzlich dicke Maschinen. Gerade in Argentinien gibt es unzählige kleine Motorradclubs mit oft nur drei bis vier Mitgliedern. Alle haben eigene Clubaufkleber und unternehmen Ausfahrten zu benachbarten Clubs und Motorradtreffen, die in der Einsamkeit der Pampa auch gerne mal ein paar hundert Kilometer entfernt sind. Ein gemeinsames Ziel haben sie aber alle: Machu Picchu oder Ushuaia.

Nach dem Tanken verlassen wir die Ruta 40 und fahren nach Westen. Zur Abwechslung führt diese Strecke mal wieder Richtung Anden, anstatt immer nur an langweiligen Vorkordilleren entlang. Unser Ziel ist der argentinische Lake District und am Lago Aluminé hoffen wir, etwas für die Nacht zu finden. Zunächst aber geht es durch hübsche Blumenwiesen auf die Anden zu.

Der Lake District – Siete Lagos

von Axel

Es ist jetzt Anfang Dezember und wir sind bereits seit zwei Monaten unterwegs. Doch da wir immer weiter in den Süden fahren, befinden wir uns nach wie vor im Frühling und die Natur zeigt sich von ihrer schönsten Seite. Auf leichte Hügel folgen erste Felsen, aber von richtigen Bergen ist noch nicht viel zu sehen. Als wir bereits nach kurzer Fahrzeit eine kleine Passhöhe erreichen, bin ich doch überrascht: Die Anden hatte ich mir höher vorgestellt.

Bei Mendoza waren wir zwar in Sichtweite des höchsten Andengipfels, aber der war von Wolken verdeckt. Hier sind die Anden bessere Hügel, auf denen zwar hin und wieder noch letzte Schneereste liegen, aber Gebirge habe ich auch schon anders gesehen. Dafür ist es wildromantisch. Die staubige Piste schlängelt sich durch grüne Täler in denen Bäche plätschern und gesäumt wird das Ganze von bizarren Nadelbäumen, den Araukarien, die seit Urzeiten nur hier überdauert haben.

Araukarien am Rande der Anden

Schöne Zeltplätze gäbe es hier ausnahmsweise reichlich. Vermutlich durchfahren wir gerade einen Nationalpark, da weit und breit keine Zäune zu sehen sind, aber zum Anhalten ist es noch zu früh. Nach einer Weile gehen die Araukarienwälder in eingezäunte Kieferplantagen über, das Tal öffnet sich und gibt den Blick auf den Lago Aluminé frei, der umgeben von schneebedeckten Gipfeln inmitten von bewaldeten Hügeln am Horizont liegt: So ähnlich habe ich mir Kanada immer vorgestellt. Als wir näher kommen, ist es mit der Idylle aber leider vorbei. Wir befinden uns mitten in einem beliebten Urlaubsgebiet und das Ufer ist mit Feriendörfern zugebaut, die allerdings noch im Winterschlaf liegen.

Bei einer der Kontrollen unweit der chilenischen Grenze können es die Polizeibeamten kaum glauben, dass wir nicht über die Grenze fahren, sondern auf die kleine Schotterpiste nach Süden abbiegen wollen.

Blick auf den Lago Aluminé

Es ist bereits früher Nachmittag, als wir nach einer Nacht am Lago Moquehue die Hauptstraße und damit den nächsten Ort erreichen. Unsere Vorräte gehen zur Neige, aber die wenigen Geschäfte haben geschlossen. Vor einem Restaurant sehen wir zwei F 650 mit deutschen Nummernschildern und treffen auf Ute und Norbert, die auf ihrer Essenssuche erfolgreicher waren. Dummerweise sind wir zu spät fürs Mittagessen, aber der Laden wäre uns ohnehin zu teuer gewesen. Wir kommen ins Gespräch und die beiden überlassen uns netterweise die Hälfte Ihrer Brotvorräte.

Ute ist von Suse begeistert: Sie sei das erste andere motorradfahrende Mädel, das sie auf ihrer Reise getroffen hat. Nachdem wir uns nett unterhalten haben, ziehen wir gemeinsam los zum Lago Quillén. Auf der Campingwiese direkt am Seeufer sind außer uns nur wenige Einheimische. Die Sanitäranlagen sind noch gesperrt, aber dafür fehlt auch der Kassierer. Bei unserem abendlichen Lagerfeuer haben wir einen herrlichen Blick auf den Vulkan Lanin und sind überrascht, was Ute und Norbert so alles aus ihren Tupperdosen zu Tage fördern. Die beiden haben ihre bisherigen Reisen mit Fahrrädern unternommen und sind von den Transportkapazitäten begeistert, die ihnen die Motorradkoffer bieten. Überhaupt bewundern wir den Mut der beiden, die sich mit Anfang fünfzig und als Führerscheinneulinge gleich auf so eine große Reise trauen.

Idyllisches Campen am Ufer des Lago Quillén

Gerne wären wir noch länger geblieben, aber unsere Vorräte gehen nun definitiv zu Ende und so geben wir die Brotreste zurück, damit wenigstens die beiden noch eine Nacht bleiben können. Die nächsten Tage verbringen wir bei Ingo und Melli in San Martín de los Andes, die nach einer mehrjährigen Fahrrad-Weltreise hier ein kleines Gästehaus eröffnet haben. Die beiden kommen ursprünglich wie wir aus Sindelfingen, und da wir zahlreiche gemeinsame Freunde haben, gibt es viel zu erzählen.

Bereits vor ein paar Wochen hatten wir für unseren defekten Benzinkocher eine neue Düse hierher bestellt und sind enttäuscht, dass diese noch immer nicht angekommen ist. Aber wie es der Zufall so will, hatten die beiden exakt denselben Kocher auf Ihrer Reise dabei und finden, trotz zwischenzeitlicher Auswanderung, schnell das passende Reparaturkit.

Vor dem weiteren Streckenabschnitt nach San Carlos de Bariloche sind wir mehrfach gewarnt worden. Erst vor einem halben Jahr ist ganz in der Nähe der Vulkan Puyehue ausgebrochen und spuckt seitdem riesige Mengen an Asche. Der direkte Weg ist teilweise noch meterhoch verschüttet und auch die Umfahrung, die uns empfohlen wird, hat ihre Tücken.

Durch die weiße Ascheschicht wirken die Berge um uns herum wie schneebedeckt. Auch die Schotterstraße ist von Asche überzogen, was eigentlich kein Problem wäre, da das Zeug die Konsistenz von lockerem Puder hat. Allerdings verstecken sich unter diese Puderschicht auch alle Schlaglöcher, Spurrillen sowie Sand- und Schotterstellen. Da die Asche vom Motorrad aus kaum von Sand zu unterscheiden ist, fährt Suse dementsprechend vorsichtig. Besonders erschwert wird die Fahrt noch von Windböen und auch der gelegentliche Gegenverkehr wirbelt Asche-Staubwolken auf, die uns schlagartig die Sicht nehmen.

Ausnahmsweise bin ich etwas vorausgefahren, da die Strecke an sich unproblematisch ist. Aber als Suse einfach nicht mehr in meinem Rückspiegel auftaucht, kehre ich um und finde eine ziemlich verärgerte Freundin vor. Eine der Staubwolken ist ihr in Kombination mit einer sandigen Stelle zum Verhängnis geworden. Alleine konnte sie das voll beladene Motorrad unmöglich wieder aufrichten. Verzweifelt versucht sie, es wenigstens so weit hochzustemmen, dass der Tank nicht weiter ausläuft und ist reichlich ungehalten, dass ich so lange auf mich warten ließ.

In Bariloche bleiben wir nicht lang. Dieses Touristenzentrum erinnert uns mit seinen, zwar etwas kleineren Bettenburgen trotzdem an französische Skizentren. Nach nur einem Ruhetag fahren wir weiter nach El Bolsón, wo wir bereits von Frank „Don Francho" Krämer erwartet werden. Die Strecke schlängelt sich in weiten Kurven auf einer guten Straße 120 km durchs Gebirge. So macht das Motorradfahren mal wieder richtig Spaß! Optisch veredelt wird das Ganze noch durch blaue Seen, gelben Ginster und massenhaft violette Lupinen. Wir fühlen uns wie im Paradies, und in einem solchen scheinen wir in Bolsón auch gelandet zu sein.

Zwischen den Anden und den Wüstensteppen Patagoniens liegt dieser ehemalige Hippieort in einem fruchtbaren grünen Tal, in dem sich zahlreiche deutsche und österreichische Auswanderer niedergelassen haben. Wir verbringen die folgende Woche auf dem Campo von Don Francho und Marie, die sich hier in den letzten Jahrzehnten mit ihrer Familie einen kleinen Garten Eden erschaffen haben und heute weitgehend als Selbstversorger leben. Ihr Gästehaus ist zurzeit leer und so richten wir uns in dieser urgemütlichen Cabana ein, von deren Wohnzimmer aus wir einen fantastischen Blick über das ganze Tal haben.

Zum ersten Mal seit zwei Monaten kommen wir etwas zur Ruhe. Bisher sind wir fast jeden Tag gefahren, haben uns abends einen Zeltplatz gesucht und sind am nächsten Tag weitergefahren. Durch die andauernden Vibrationen habe ich in meinen Fingerspitzen schon gar kein Gefühl mehr. Daher verzichten wir ausnahmsweise für ein paar Tage auf unsere Motorräder. Stattdessen lassen wir uns von Franz durch die Gegend chauffieren, erkunden die Umgebung zur Abwechslung zu Fuß oder auf Pferden und lassen uns von Maries Kochkünsten verwöhnen. Besonders begeistert bin ich vom selbst gekelterten und im Eichenfass gereiften Apfelmost, den ich zum Abendessen sogar Bier und Wein vorziehe.

Ganz in der Nähe haben auch zwei der bekanntesten Motorradreisenden nach 16 Jahren Weltreise ihr neues Zuhause gefunden. Claudia und Klaus haben sich hier in einem kleinen Seiental niedergelassen und die Gelegenheit, die beiden persönlich kennenzulernen, wollen wir uns nicht entgehen lassen. Da es uns aber nach nur einer halben Stunde Fahrt für eine weitere Übernachtung einfach noch zu früh ist, und wir nach einem kurzen Schwätzchen merken, dass wir nicht auf der selben Wellenlänge liegen, fahren wir bald weiter nach Süden.

Patagonien

Die Carretera Austral

von Axel

Die Ruta 40 in Patagonien

Bei bestem Motorradwetter verlassen wir Bolsón. Vor uns liegt Patagonien. Ursprünglich wollten wir den Weg nach Feuerland an der Ostküste zurücklegen und dann durch die Anden zurück nach Norden fahren. Da die Wetterprognose für die nächsten Tage aber Sonne verspricht, drehen wir die Runde kurzerhand um und beschließen, die ansonsten häufig verregnete chilenische Carretera Austral nach Süden zu fahren.

Kurz nach der Einfahrt in den Los Alerces Nationalpark kommt uns ein Reiter entgegen. Diesmal ist es kein Gaucho, sondern Heikes Mann Jan. Heike hatten wir schon wenige Tage zuvor bei Franz in Bolsón kennengelernt. Die beiden haben sich gemeinsam mit ihren Kindern ebenfalls ein Jahr Auszeit genommen. Mit in Argentinien gekauften Pferden wollen sie den Sommer über durch Patagonien reiten. Die unendlich wirkenden Pampaebenen scheinen dafür auf den ersten Blick perfekt zu sein. In der Praxis stellen die allgegenwärtigen Zäune allerdings ein ernstes Hindernis dar. Immer nur auf dem Seitenstreifen am Zaun entlang reiten – so haben sie sich das wirklich nicht vorgestellt. Da sie am Tag nur 10–15 km schaffen, ist es zudem jeden Abend schwierig einen Platz für die Nacht zu finden, der auch noch genug Futter für die Pferde bietet.

Seit einer Woche hat sich die Familie auf einer Wiese am Rande des Parks eingemietet, auf der wir ihnen diese Nacht Gesellschaft leisten. Die argentinische Bürokratie lässt sie langsam verzweifeln. Impfpässe und beglaubigte Besitzurkunden der Pferde haben sie mittlerweile, aber jetzt sollen sie Futterdepots im Park anlegen lassen. Sie kommen mit ihren Pferden ansonsten nicht in den Park rein und schmieden deshalb am Plan B, mit einem Pferdetransporter in eine andere Gegend umzuziehen.

Während am nächsten Morgen der Hufschmied wenig zimperlich zur Sache geht, ziehen wir wieder weiter. Den Los Alerces durchfahren wir recht flott. Ferienhäuser nagen überall am Ufer der Seen. Dieser Park wird in der Saison offenbar stark frequentiert, aber noch geht es hier ruhig zu. Nur ab und zu kommt uns ein Geländewagen mit Motorboot auf dem Hänger entgegen.

Zwischen Futaleufu und der Carretera Austral

Nicht nur das schöne Wetter war ein Grund, sofort auf die Carretera zu fahren, denn noch sind wir vor den Weihnachtsferien unterwegs. Später, so haben wir gehört, würde die meist einspurige Straße im Verkehr ersticken. Auf dem Weg zur Grenze bekommen wir eine erste Vorahnung davon, was der Wind in Patagonien alles kann und so sind wir froh, unser Zelt inmitten eines kleinen Waldes am Fluss aufschlagen zu können – nur wenige 100 m vom Grenzposten entfernt. Trotz des Sturmes gelingt es uns, ein Lagerfeuer zum Kochen anzuzünden und uns wieder aufzuwärmen.

In Futaleufú herrscht am nächsten Morgen nur wenig Verkehr und so kommen wir zügig über die Grenze – und das obwohl der deutschstämmige Zollchef seine träge Truppe aus dem Nebenraum immer wieder antreiben muss. Weiter im Ort zeigt sich der chilenische Geldautomat wenig kooperativ, denn keine unserer Kreditkarten sagt ihm zu und wir stehen ohne Geld da. Noch haben wir Sprit im Tank und unterwegs können wir einen Bauern überreden, uns Brot gegen argentinische Pesos zu tauschen, aber eine Dauerlösung ist das nicht.

Die Anden sind hier unten ein nettes kleines Küstengebirge. Die Zäune bestehen plötzlich nicht mehr aus Draht, sondern aus gefällten Urwaldriesen. Wir sind erstaunt über die Holzmassen, die wahrscheinlich seit der Besiedelung und Rodung der Gegend vor über 100 Jahren ungenutzt vor sich hin verrotten. Auf der argentinischen Seite wurden die meisten Wälder bereits früh abgeholzt und heute ist Holz dort selten und begehrt. Hier in Chile stehen dagegen noch viele der ursprünglichen Nebel-Regenwälder der Küste.

Erst der Diktator Augusto Pinochet hat den Süden Chiles in den 1970er Jahren durch die Carretera Austral, die „Südliche Straße", erschließen lassen. Zuvor war das Gebiet nur vom Meer aus erreichbar und dementsprechend wenig besiedelt ist hier das Hinterland selbst heute noch.

Ich bin begeistert, schöner hätte ich es mir hier nicht vorstellen können. Alle paar Kurven ändert sich die Szenerie. Der Urwald reicht bis an die schmale, gut zu befahrende Schotterpiste heran, es herrscht strahlender Sonnenschein und kilometerlang begegnen uns kein anderen Fahrzeuge. Alles passt, auch wenn es erneut schwierig wird, in der schroffen und entweder eingezäunten oder unberührten Wildnis, einen Platz für die Nacht zu finden. Letztendlich landen wir wieder im erweiterten Straßengraben und staunen morgens nicht schlecht, als über mehrere Stunden immer wieder große Wohnmobile an uns vorbei nach Norden ziehen. Wir sind auf eine der seltenen Herden organisierter Touristen gestoßen, die sich ein Leittier mieten, um dann in wenigen Wochen die gesamte Panamericana nach Norden zu hetzen. Das wäre nichts für uns, dann doch lieber ohne Geld im Zelt im Straßengraben.

An der nächsten Tankstelle können wir mit Karte zahlen und auch gleich unsere Essensvorräte aufstocken, doch der nächste Geldautomat kommt wohl erst zwei bis drei Tage weiter in Coyhaique. Die Infrastruktur ist bescheiden, aber gerade das gefällt uns. Bisher waren wir beim Trinkwasser vorsichtig und haben nur Flaschenwasser getrunken. Das ist uns in der Tankstelle aber deutlich zu teuer und so steigen wir zuerst auf Leitungswasser, und in den nächsten Tagen komplett auf Quell- und Flusswasser um.

Wir haben Glück: Südchile, das angeblich zu den regenreichsten Regionen der Welt zählt, verwöhnt uns mit einer Woche Sonne am Stück. Einzig die vielen Pferdebremsen vermiesen uns die Laune. Die lästigen Viecher, die sich bei jedem Stopp sofort zu hunderten auf uns stürzen, sind wahnsinnig nervig und bringen mich einige Male zur Raserei. Zum Stechen sind sie zwar zu träge, aber die schiere Masse der Angreifer vertreibt uns von so manchem schönen Platz.

Die Carretera Austral

In Coyhaique hoffen wir dann, außer auf Geld, auch noch auf eine neue Starterbatterie für meine DR. Vor der Reise hab ich natürlich eine neue, aber wie sich herausstellt nicht ganz dichte „wartungsfreie" Batterie eingebaut, die leider ausgelaufen ist. Destilliertes Wasser nachfüllen funktioniert mittlerweile nicht mehr und so brauche ich seit einigen Tagen jeden Morgen Starthilfe. Fast einen halben Tag verbringen wir auf der vergeblichen Suche nach einer neuen Batterie. Die ungewohnte Hektik der Kleinstadt überfordert mich und auch der Campingplatz, den wir finden, ist wenig einladend. Unzufrieden flüchten wir noch am späten Nachmittag wieder zurück in die Natur.

Abends bleibt es hier im Süden jetzt immer länger hell. Als wir die Hoffnung schon fast aufgegeben haben, finden wir im letzten Licht des Tages dann doch noch einen hübschen Campingplatz. Nach Einbruch der Nacht verziehen sich auch die lästigen Bremsen. Stattdessen bekommen wir Gesellschaft von ein paar Fahrradfahrern und trinken gemeinsam am Lagerfeuer noch lange Mate. Die Carretera ist eine der Traumstraßen für Fahrradfahrer. Hatten wir in Argentinien noch bei jedem Reisenden kurz auf ein Schwätzchen gestoppt, sind es hier einfach viel zu viele Radfahrer, die alle nur ein Ziel haben: Ushuaia.

Die Carretera bildet ganz im Süden eine Sackgasse, deshalb biegen wir bereits am Lago General Carrera wieder Richtung Argentinien ab. Da unsere Vorräte mal wieder erschöpft sind und uns die Fliegenschwärme das Kochen vor dem Zelt nahezu unmöglich machen, gönnen wir uns etwas Luxus und lassen uns in einer schicken Lodge bekochen, die am anderen Ende der Hängebrücke liegt, unter der wir unser Nachtlager aufgeschlagen haben.

Bei der Vorspeise überlege ich noch unschlüssig, ob es sich um ein nobles Kräutersüppchen handelt, oder ob lediglich der Rasenmäher mit heißem Wasser ausgespült wurde. Beim Hauptgericht bin ich mir dann aber sicher: Die Köchin sammelt vermutlich in Argentinien das übriggebliebene Grillfleisch, das nicht mal mehr die Straßenköter wollten, ein, um es dann – Pling! – mikrowellenerhitzt an ahnungslose Motorradfahrer zu verfüttern. Durch die halbe Beilagenkartoffel nicht wirklich gesättigt, verziehen wir uns irgendwann in unser Zelt. Die Aussicht war das Geld zwar fast schon wert, und auch unser Laptop ist wieder aufgeladen, aber etwas zu Essen wäre uns eigentlich lieber gewesen.

Gut dass wir wieder nach Argentinien kommen. Zuvor müssen wir uns allerdings noch über eine üble Wellblechpiste das Steilufer entlang kämpfen, wobei eine vibrationsarme Geschwindigkeit nicht zu finden ist. Vielleicht wäre es hilfreich, noch schneller zu fahren, aber durch die Kurven, Steigungen, Serpentinen und die anderen Verkehrsteilnehmer ist „noch schneller" schwer zu realisieren.

An der Grenze dann die nächste Überraschung: Wir werden doch tatsächlich auf unsere Motorradversicherung kontrolliert. Bei uns passt alles, aber zwei andere Motorradfahrer werden in der Mittagshitze zu Fuß ins nächste Kaff geschickt, wo sie nach der Siesta erst mal ein Versicherungsbüro finden müssen. Wie aus dem Nichts, taucht auch noch eine Ladung Busreisende auf und so werden wir wieder einmal Zeugen der argentinischen Gemütlichkeit. Gut, dass wir es nicht eilig haben.

Bevor wir auf die Ruta 40 zurückfahren, folgen wir noch einem Geheimtipp: Direkt an der Grenze entlang windet sich eine Schotterpiste über Berge, durch Wälder und Wiesen, durch nahezu unbesiedeltes Gebiet. Suse flucht zwar zu Anfang mal wieder gewaltig über den losen Schotter auf der frisch geschobenen Piste, aber dem Reiz der Landschaft kann sie sich auf Dauer doch nicht ganz entziehen. Um die Sonne und die Aussicht zu genießen, schlagen wir unser Zelt heute ausnahmsweise bereits am frühen Nachmittag auf. Die baustellenverseuchte, windige Ruta 40 kann bis morgen warten.

Frühabendlicher Zeltplatz in Patagonien

Der Kontrast könnte nicht größer sein. Kaum haben wir das Gebirge verlassen, erreichen wir den flachen und stürmischen Teil Patagoniens. Schier endlos reicht die karge Steppenlandschaft weit über den Horizont. Keine Bäume, keine Büsche, nur Steine und hin und wieder ein trockenes Grasbüschel. So niedrig die Anden hier auch sind, die Regenwolken vom Pazifik schaffen es nicht herüber. Bis zum Atlantik gibt es keine natürliche Barriere und so prescht der Wind unbarmherzig über die Ebene und bläst noch das letzte bisschen Humus weg.

Die Ruta 40 ist auf weiten Teilen noch eine holprige Schotterstrecke. Allerdings wird fleißig an der Infrastruktur gebaut und immer mehr der einst abenteuerlichen Straße ist bereits geteert. Neben den zahlreichen Baustellen gibt es kilometerweise Umleitungen durch den Straßengraben. Oben auf dem frisch aufgeschütteten Fahrdamm ist die leider noch gesperrte Straße zwar teilweise schon geteert, aber da wir vor horrenden Strafen gewarnt wurden, bleiben wir brav auf der zum Glück frisch gewalzten und daher gut befahrbaren Umleitung im Graben. Der Baustellenverkehr ist so kurz vor Weihnachten recht ruhig und sogar das Wetter spielt mit, vorerst verschont uns sogar der berüchtigte patagonische Wind.

Die letzte Tankstelle liegt zwei Tage zurück und so steuern wir Bajo Caracoles an. Der Sprit in Patagonien ist staatlich subventioniert und kostet nur halb so viel wie im Rest des Landes. Alle Subvention hilft aber nichts, wenn kein Benzin geliefert wird. An der kleinen Tanke ist der Treibstoff gerade rationiert und so bekommen wir pro Motorrad nur 10 Liter. Würden wir eine Nacht im teuren Hotel übernachten, hätten wir voll tanken dürfen!

Wenige Kilometer später ist dann immerhin die Straße frisch geteert. Nach den letzten Tagen auf Schotter mal wieder eine angenehme Abwechslung. Auch wenn mir die Pisten nach wie vor großen Spaß machen, freut sich Suse doch immer wieder über entspannende Teerpassagen und so kommen wir zügig voran. Die Landschaft ist über hunderte von Kilometern monoton und langweilig. Von entgegenkommenden Motorradfahrern erfahren wir, dass die nächste Tankstelle in Tres Lagos seit Wochen auf dem Trockenen sitzt. Jetzt wird es trotz unseren großen Tanks langsam kritisch. Wir haben zwar eine theoretische Reichweite von knapp 500 km, aber bei dem auffrischenden Wind und den losen Schotterpisten wissen wir nicht, wie viel die Motorräder verbrauchen.

Da auch in Patagonien bisher alles Land eingezäunt war und der Wind sich zu einem kleinen Sturm gesteigert hat, mieten wir uns für die Nacht auf einer Estancia ein. Hier können wir unser Zelt zwar halbwegs windgeschützt aufbauen, aber über unseren Köpfen tobt sich der Sturm so richtig aus. Zuerst meine ich, dass im Schuppen nebenan mit einer Flex oder einer Kreissäge gearbeitet wird. Aber als der Lärm auch nachts nicht aufhört, merke ich erst, dass das schrille Geräusch vom viel zu schnell laufenden Windrad kommt, das über dem Wohnhaus dem Sturm ungeschützt ausgesetzt ist.

Am nächsten Morgen hat der Wind etwas nachgelassen. Und wir haben mal wieder Glück, denn obwohl wir bei den Besitzern der Estancia nur nach 5 Litern Benzin gefragt haben, bekommt sogar jeder von uns 5 Liter verkauft. Jetzt haben wir wenigstens die theoretische Chance, die Tankstelle in El Chaltén zu erreichen. Der starke Gegenwind arbeitet allerdings gegen uns und so zuckeln wir mit knapp 60 km/h dahin, um Sprit zu sparen. An der trockenen Tankstelle in Tres Lagos bekommen wir immerhin ein leckeres Mittagssandwich und Windschutz.

Von der „40" biegen wir nach Westen ab. Das Gebirge ist längst wieder in Sicht, aber es kommt und kommt nicht näher. Die Entfernung wirkt durch die weiten Ebenen viel kürzer und so ziehen sich die letzten 100 km bis zur Tankstelle noch ganz schön in die Länge. Dort haben wir keine Wahl und füllen zu einem Wucherpreis unsere Tanks, bevor wir uns bei dem bisher teuersten Kaffee aufwärmen. Immerhin, das Internet ist gratis.

Weihnachten zwischen Feuer, Eis und Guanakos

von Axel

El Chaltén ist ein hässliches kleines reines Touristenstädtchen, in dem außerhalb der Saison nur ein paar dutzend Einheimische überwintern. Als teure Campingplätze dienen ungeschützte Grasflächen zwischen den Häusern. Unser GPS leitet uns zu einem anderen, angeblich freien Campingplatz. Ein paar Wohnmobile stehen hier zwar auf einem Wanderparkplatz, aber auch unmissverständliche Schilder, dass übernachten verboten ist.

Hier lernen wir Uwe kennen. Er war zuerst als Backpacker unterwegs und hat sich dann vor über einem halben Jahr in Kolumbien eine LC8 gekauft. Er ist bereits seit ein paar Tagen in Chaltén, hat aber sein Hostel wieder verlassen, da ihm die Gruppe israelischer Backpacker, die hier ausgelassen das Ende Ihres Wehrdienstes feiert, nachts zu laut war. Gemeinsam mit einem Schweizer Campingbus schlagen wir unser Nachtlager kurz hinter dem Dorf am Flussufer auf. Uwe findet einen Platz im Windschatten des Campers. Wir versuchen, uns mit unserem Zelt in einer kleinen Mulde zu verstecken und stellen die Motorräder noch als Schutz in den Wind.

Für die Reise haben wir uns ein besonders sturmstabiles geodätisches Expeditionszelt angeschafft, das heute seine erste echte Bewährungsprobe überstehen muss. Die Böen blasen so heftig, dass ich sogar mein Motorrad am Boden abspannen muss, damit es nicht umgeblasen wird. Große Flusskiesel hindern die Apsiden am flattern, und Suse darf ausnahmsweise im Vorzelt rauchen. Draußen wäre ihre Zigarette in Sekunden verglüht.

Als wir am nächsten Morgen von den Parkrangern vertrieben werden, ziehen wir mit Uwe um. Weiter flussaufwärts kennt er außerhalb des Nationalparks Los Glaciares einen wind- und sichtgeschützten Platz direkt am Ufer eines Flusses. Gekrönt wird die Stelle noch von reichlich trockenem Brennholz und einem traumhaften Blick direkt auf den Berg Fitz Roy, der sich allerdings die meiste Zeit hinter dichten Wolken versteckt.

Hier bleiben wir ein paar Tage. Am Feuer lässt es sich bei dem eisigen Wind, der vom Inlandeis zu uns herüber bläst, gut aushalten und wir können uns sogar aufraffen, ein paar der zahlreichen Wanderwege zu erkunden.

Malerischer Blick auf Cerro Torre und Fitz Roy

Erst als wir aus El Chaltén abfahren, zeigt sich die Sonne wieder und der Wind vertreibt für kurze Zeit die Wolken. Wir nutzen die Gunst der Stunde und erklimmen noch den Mirador de los Cóndores, um das Panorama zu genießen. Nachmittags um vier Uhr fahren wir schließlich

48

los. Vor uns liegt die 220 km lange Strecke nach El Calafate, dem Ausgangsort zum Perito Moreno-Gletscher.

Als wir zwei Tage später Calafate verlassen, haben wir zahlreiche Tipps von Uwe im Gepäck – und wieder etwas dazugelernt: Eine der beiden Tankstellen hat keinen Sprit und so stehen wir an der einzig anderen Tankstelle der Stadt fast zwei Stunden an. Hätten wir doch gleich bei unserer Ankunft getankt – in Patagonien muss man echt jede Tankstelle sofort nutzen!

Für die Weihnachtstage haben wir uns mit Vorräten eingedeckt. An der Zufahrtskontrolle zum Gletscher fragen wir extra noch, wo wir unser Zelt aufstellen dürfen und sind nicht wenig überrascht, als wir erfahren, dass auf den vorhandenen Campingplätzen übernachten verboten ist. Dass in Argentinien manche Dinge anders laufen, wissen wir ja mittlerweile, aber der Sinn von Tages-Campingplätzen erschließt sich uns nicht wirklich – und da Suses Spanisch mittlerweile ziemlich gut ist, können wir auch ein Verständigungsproblem ausschließen. Wir kehren also um und finden 50 km weiter in einem Seitental tatsächlich einen offiziellen Gratis-Campingplatz am Ufer des Lago Roca. Außer uns sind kaum andere Camper hier und so können wir uns ein hübsches windgeschütztes Plätzchen mit Aussicht suchen, und finden nach langer Suche auch genügend Holz für die nächsten Tage.

Heute ist Weihnachten. Ursprünglich wollten wir jetzt in Ushuaia sein, da sich dort jetzt immer viele Motorradreisende treffen, aber diesen Plan haben wir längst aufgegeben. Geschafft hätten wir das zwar mühelos, aber dafür hätten wir uns hetzen müssen und die schöne Strecke nicht genießen können. Wozu haben wir denn ein ganzes Jahr Zeit? Vielleicht schaffen wir es ja noch bis Silvester.

So beginnen wir den Weihnachtstag mit Spiegelei und Speck – in unserer dünnen Blechpfanne bei dem ständigen Wind eine echte Herausforderung. Bei schönstem Sonnenschein nehmen wir nochmal den Perito Moreno in Angriff, wandern alle Wege ab und beobachten stundenlang aus nächster Nähe, wie immer wieder Eisbrocken vom Gletscher in den See stürzen.

Der Perito Moreno am Lago Argentino

Nach einem tollen Tag am Gletscher dann am Abend die herbe Überraschung: Der morgens noch ruhige Campingplatz ist überfüllt mit feiernden Argentiniern. Die meisten waren nur für den Weihnachtsnachmittag zum Grillen dort und kommen uns nun in einer endlosen Autokarawane entgegen, die eine dementsprechende Staubwolke hinter sich herzieht. Mir schwant Übles.

Unser Zelt steht noch und auch die Küchenausrüstung, die wir morgens einfach auf dem extra hergeschleppten Tisch gelassen haben, ist komplett. Aber von unserem mühsam gesammelten Feuerholz und unserer gemütlichen kleinen Feuerstelle, ist nur noch ein riesiger, schwelender Haufen Asche übrig. Bereits am Tag zuvor mussten wir uns vom Ranger ermahnen lassen, da Holz sammeln hier untersagt ist. Er hatte aber Verständnis dafür, dass wir auf den Motorrädern schlecht auch noch Brennholz mitnehmen können und drückte ein Auge zu.

Die grillwütigen Argentinier hatten auf ihren Pickups reichlich Holz dabei. Umso verständnisloser ist mir der Vandalismus und ich bin stinksauer auf die Holzdiebe, die alles verwüstet haben. Dabei hatte der Tag so gut angefangen. Diesmal breche ich auch trockene Äste von den Bäumen und gemeinsam mit den bereits gestern gesammelten, verschont gebliebenen getrockneten Kuhfladen bekommen wir dann doch noch ein schönes Weihnachtsfeuer zustande.

Für die Weiterreise nach Chile haben wir uns den kleinen Grenzübergang in Cerro Castillio ausgesucht. Dort angekommen bläst der Wind jetzt schon so stark, dass ich mein Moped an einen Zaun lehnen muss, damit es nicht umgeweht wird.

Am Grenzposten sind wir dann wieder mit den strengen chilenischen Einreisebestimmungen konfrontiert: Es dürfen keine frischen Nahrungsmittel eingeführt werden. Da wir die nächsten Tage aber in den Torres del Paine Nationalpark wollen und keine Orte mehr auf dem Weg liegen, sind wir gezwungen, unser Essen zu schmuggeln. Am vorherigen Grenzübergang reichte den Zöllnern ein kurzer Blick in unsere Alukisten. Dementsprechend überrascht sind wir jetzt, als wir unser Gepäck nach drinnen zum Röntgen bringen sollen. Bei dem eisigen Wind können wir aber alle unsere frischen Lebensmittel in den am Lenker hängenden Helmen unterbringen und die Taschen dann getrost durchleuchten lassen. Die Alukisten bleiben diesmal verschont, da wir die Kontrolleure überzeugen können, dass sie unlösbar mit den Motorrädern verbunden sind.

Das Ab- und Aufpacken ist schon nervig genug und da ich zwischen den beiden Grenzposten nur wenige Meter gefahren bin, brauche ich wieder Starthilfe. Für zweimal Starten in kurzer Folge ist meine Batterie einfach nicht mehr stark genug.

Von ein paar Engländern hatten wir tags zuvor einen Tipp bekommen, wo am Rande des Nationalparks Zelten möglich ist, ohne den teuren Eintritt zahlen zu müssen – und so fahren wir auf der chilenischen Seite wieder ein Stück nach Norden. Der Wind hat deutlich aufgefrischt und die Luft, die jeder entgegenkommende Lastwagen vor sich herschiebt, fühlt sich an wie eine Ganzkörperohrfeige. Trotz der Berge wird der Wind nicht weniger und die Leitplanken, die hin und wieder die Straße begrenzen, sorgen ebenfalls für heftige Verwirbelungen die uns hin und herwerfen.

Nachdem wir noch keine „Camping verboten"-Schilder und auch keine offizielle Nationalpark Grenze gesehen haben, schlagen wir unser Zelt an der Cascada del Paine mit Blick auf die Torres auf. Der Wind bläst unbarmherzig über das kurze Gras und nur ein dürrer Busch bietet uns ein wenig Windschutz. Trockenes Feuerholz wäre zwar genügend da, aber der Wind bläst zu stark und viele schwarz verkohlte Baumreste mahnen eindrücklich vor der potenziellen Brandgefahr.

Der Wind wütet derartig heftig, dass es uns auf den vielleicht hundert Metern vom Fluss zum Zelt die Hälfte des Wassers aus dem Kochtopf bläst! Wir verziehen uns in unser laut flatterndes Zelt und bleiben auch den kompletten nächsten Tag drinnen liegen. Die Pläne, etwas spazieren zu gehen, sind im wahrsten Sinne des Wortes wie weggeblasen und auch wenn das Zelt gut abgespannt ist, befürchten wir, dass es ohne uns davonfliegen würde.

Guanakoherde im Nationalpark Torres del Paine

Vor dem Weg aus dem Park drehen wir am nächsten Tag erst noch eine Runde mit den Mopeds. Irgendwann ist aber der kleine Weg zu Ende und wir stehen an einem verschlossenen Tor und müssen umkehren. Entlang des Weges grasen große Herden wilder Guanakos, die aber an Touristen gewöhnt sind und geduldig als Fotomodels posieren, bis Suse irgendwann die Lust verliert. Das Wetter schlägt um und zum Wind gesellen sich noch Wolken und nebelige Rauchschwaden. Uns kommen auf dem Weg in die nächste Stadt zahlreiche leere Busse entgegen. Der Park wird evakuiert. Weiter südlich ist durch die Unachtsamkeit eines Wanderers ein Buschfeuer ausgebrochen, das in den nächsten Tagen 14.000 Hektar Wald zerstören wird.

Der Wind steigert sich ins Unerträgliche. Er ist jetzt so stark, dass wir zwar noch fahren, aber nicht mehr anhalten können und Suse verfehlt bei einer besonders starken Böe nur knapp den Straßengraben. Wir pendeln über die komplette Straßenbreite und können erst im Windschatten hinter einer Hütte anhalten, ohne sofort umzufallen. Auch das wieder anfahren wäre ohne den kurzen Windschutz nach unserer Brotzeitpause nicht möglich und so sind wir froh als wir wieder auf Teer stoßen.

Das Ende der Welt

von Axel

Als wir in Puerto Natales ankommen, sind wir reichlich durchgefroren aber immerhin bekomme ich hier endlich eine neue Motorradbatterie. In den letzten Tagen mussten wir mein Motorrad schon nach jedem kurzen Zwischenstopp fremdstarten und dazu lästigerweise auch noch jedes Mal das Gepäck, die Seitenverkleidung und die Sitzbänke beider Motorräder abschrauben.

Einen Zeltplatz soll es angeblich weit außerhalb geben, aber bei dem regnerischen, kalten und stürmischen Wetter suchen wir uns erstmals seit Monaten eine feste Unterkunft. Wir finden ein günstiges Zimmer, können im Hof parken und bekommen für unsere umgerechnet 7 Euro sogar noch ein Frühstück und schnelles Internet. Bei dem ekligen Wetter wollen wir nicht weiter und auch bis Silvester würden wir es nur noch mühsam nach Ushuaia schaffen. Also bleiben wir ein paar Tage, erholen uns und bringen unseren Reise-Blog auf den aktuellen Stand.

Anfang Januar erreichen wir den südlichsten Punkt des chilenischen Festlands – zumindest fast. Befahrbare Wege gehen hier jedenfalls keine mehr weiter, nur hin und wieder kommt ein Grüppchen Wanderer vorbei, das, aus dem Torres del Paine evakuiert, jetzt auf dem Weg zum Cabo San Isidro ist. Wir zelten direkt an der Magellanstraße, auf der anderen Uferseite ist Feuerland zu sehen und hinter uns liegt ein undurchdringlicher Küsten-Nebelwald. Das Wetter ist kühl und grau, hin und wieder ziehen Wale oder Delfine vorbei. Das wenige Schwemmholz ist nass und selbst das abgestorbene Unterholz vermodert noch am Baum. Irgendwann schaffen wir es aber dann doch noch, vor dem Nieselregen leidlich unter Bäumen geschützt, ein Feuer anzuzünden und uns etwas aufzuwärmen.

Da der nächste Tag sonnig beginnt, legen wir mal wieder einen Wandertag ein und lassen Motorräder und Zelt am Ufer zurück. In dieser einsamen Gegend machen wir uns keine Sorgen um unser Hab und Gut. Bei vorbeikommenden Wanderern haben wir uns eine detaillierte Karte angesehen und finden sogar den gut versteckten Aufstieg in ein märchenhaftes Hochmoor. So dicke, weiche und bunte Moose habe ich noch nie gesehen. Jetzt kommen auch Suses Wanderschuhe endlich mal zum Einsatz. Ich glaube ihr erst nicht, als sie trotz Gore-Membran bereits nach wenigen Schritten im feuchten Moos über klatschnasse Füße klagt. Als wir später die fast neuen Schuhe reklamieren wollen, lernen wir vom Hersteller, dass diese „Kinderschuhe" für derartige Strapazen nicht ausgelegt wären! Im weiteren Verlauf unserer Reise werden wir noch einige Ausrüstungsgegenstände verschleißen, aber diese Schuhe haben dann doch überraschend früh aufgegeben.

Feuerland

von Axel

Die Weite Feuerlands

An Feuerland habe ich keine besonderen Erwartungen und auch überhaupt keine Vorstellung, was auf uns zukommt. Wir haben lediglich ein paar Tipps bekommen und nach denen richten wir uns jetzt. Ursprünglich wollten wir über Punta Arenas auf die Inselgruppe gelangen, doch wir entscheiden wir uns gegen die teure Fährverbindung und wählen die günstigere Variante, die allerdings zwei langweilige Stunden weiter östlich am Atlantik liegt. In Cerro Sombrero verlassen wir dann die Hauptstraße, tanken nochmal voll und fahren auf kleinen, nur von wenigen LKWs frequentierten Feldwegen nach Süden.

Sanfte gelbe Grashügel dominieren die Landschaft. Auf über hundert Kilometern sehen wir kein einziges bewohntes Haus, aber die allgegenwärtigen Zäune haben auch vor Feuerland nicht halt gemacht. Wir haben Glück und finden ein unversperrtes Gatter, das uns durch eine Furt den Weg in ein kleines Seitental eröffnet. Hier müssen wir unser Zelt immerhin nicht direkt neben der „Hauptstraße" aufstellen und vielleicht ist es sogar weniger windig. Wir halten uns an die Regel: „Wenn ein Tor offen ist, lass es offen; wenn ein Tor zu ist, mach's wieder zu!" Wir hoffen nur, dass dieses Tor am nächsten Morgen nicht plötzlich abgesperrt ist.

Die nächsten Tage kommen wir an verlassenen Estancias und alten Friedhöfen vorbei. „Killed by Indians" steht auf vielen Grabsteinen, was uns ins Bewusstsein ruft, dass die Eroberung dieses Kontinents noch gar nicht allzu lange her ist. Die teilweise riesigen, verfallenden Farmanlagen zeugen von besseren Zeiten, als auf Feuerland noch im großen Stil Schafzucht betrieben wurde. Heute sehen wir nur hin und wieder ein paar Rinder, die von dem wenigen trockenen Gras nicht allzu fett werden dürften.

In der Bahía Inútil, der „nutzlosen Bucht", sehen wir aus der Ferne eine kleine Kolonie von Königspinguinen. Ich bin überrascht, dass diese Tierchen außerhalb der Antarktis brüten. Die Kolonie war von neugierigen Touristen in den letzten Jahren derart überrannt worden, dass die wenigen noch brütenden Tiere neuerdings vom Landbesitzer gründlich bewacht werden. Da der Wucher-Eintrittspreis fast unser Wochenbudget sprengen würde, lassen wir die Besichtigungstour bleiben und erschnuppern stattdessen einige Klippen weiter eine riesige Kormorankolonie. So komme ich doch noch zu ein paar Tierfotos.

Die Landschaft an der Küste erinnert mit den grünen Wiesen und Steinmäuerchen an England und im Süden erahnen wir das nächste Gebirge. In einem kleinen Kiosk frischen wir nochmal unsere Lebensmittelvorräte auf. Sogar frisch gebackenes Brot und Empanadas (gefüllte

Teigtaschen) bekommen wir hier, in einem ansonsten fast verlassen wirkenden Dorf. Wir fahren immer weiter in den Süden, das chilenische Militär ist hier gerade dabei, eine Straße zum Beagle Kanal zu bauen. Bisher musste ein Teil des Weges durch argentinisches Territorium zurückgelegt werden, um an den südlichsten, wieder chilenischen Teil Feuerlands zu gelangen. Auf diesem ganz neu angelegten Weg bleiben wir aber vorerst in Chile und fahren bis zum Lago Fagnano. Die Brücke über den Seeausfluss ist allerdings noch nicht fertiggestellt und die Militärfähre verkehrt am Wochenende auch nicht. Links und rechts des Weges gibt es nur dichtes Unterholz und steile Hänge. So müssen wir ein ganzes Stück zurück nach Norden fahren bis wir ein hübsches Plätzchen am Ufer des Lago Deseado erreichen.

Neben dem Schild „Feuer machen verboten" lagern wir an einer großen Feuerstelle und gerade als wir unser Zelt aufgestellt haben und etwas Holz im Wald sammeln, hält ein Truck. Wir befürchten schon Ärger zu bekommen, aber es sind nur drei Schwarz-Angler die ihren Fang am Ufer putzen. Wir wollen gerade fragen ob sie uns einen Fisch verkaufen, als sie auf uns zukommen und uns zwei Lachsforellen schenken. Es sind zwar die beiden kleinsten Fische in ihrem Fang, trotzdem passen die zwei riesigen Dinger kaum auf unseren Grillrost und wir schaffen es trotz großem Hunger nicht, sie komplett zu vertilgen. Das ist einer der Momente, der nicht besser sein könnte und wir fühlen uns in der Einsamkeit an unserem abendlichen Lagerfeuer rundum glücklich und zufrieden.

Nach den langweiligen, unendlichen Weiten Patagoniens werden wir hier für die mühselige Anfahrt voll und ganz entschädigt. Gern wären wir noch länger geblieben, aber nicht nur unsere Vorräte, sondern auch unser Sprit geht langsam zur Neige. Über den Grenzübergang am Paso Bella Vista verlassen wir Chile. Wasser ist Suse ähnlich suspekt wie Sand, also muss ich die Furt durch den Grenzfluss zweimal fahren. Die Grenzmannschaft staunt über den unerwarteten Besuch nicht schlecht. Der Chef muss erst gefunden werden und sich in seine Uniform zwängen, bevor wir die nötigen Stempel bekommen. Wir sind die ersten Motorradfahrer in diesem Jahr und, wie wir dem Grenzprotokoll entnehmen können, passieren ohnehin selten mehr als fünf Fahrzeuge pro Woche diesen einsamen Posten. Von der nächsten Tankstelle in Rio Grande trennt uns noch ein gutes Stück und wir kommen wieder mal ganz schön ins Zittern, ob der Sprit noch reicht. Seit der letzten Tankstelle haben wir immerhin bereits 550 km zurückgelegt.

Am Lago Deseado auf Feuerland

Alle Campingplätze an der einzigen, dicht befahrenen Straße nach Süden haben geschlossen, aber mit der richtigen Spürnase finden wir wieder ein unversperrtes Gatter. Gut versteckt haben wir unser Zelt aufgeschlagen, reichlich sonnengedörrtes Feuerholz gesammelt und sind gerade mit Kochen fertig, als ein nicht enden wollender Regen einsetzt. Es gießt die ganze Nacht und auch am nächsten Tag will es einfach nicht aufhören. Bei dem kalten Pisswetter haben wir absolut keine Lust zu fahren. Wir wurden bislang vom Wetter verwöhnt und haben uns zu Schön-Wetter-Fahrern entwickelt. Also verbringen wir den ganzen Tag im Zelt. Abends klart es dann tatsächlich noch auf, aber anstatt weiterzufahren, trocknen wir lieber das nasse Holz an einem immer größer werdenden Feuer und wärmen uns wieder auf.

Morgens im Zelt wird Suse plötzlich hektisch – Sie findet ihre Kreditkarte nicht mehr. Wahrscheinlich hat sie sie im letzten Geldautomaten stecken lassen, also vor etwa 700 km! Die Automaten hier sind heimtückisch: Man muss nicht, wie bei uns, zuerst die Karte entnehmen und danach kommt das Geld, sondern nach der Geldausgabe piepst es im besten Fall einmal und dann muss man auf „Aktion beenden" tippen, wodurch die Karte wieder rauskommt. Meine Karte ist seit Wochen gesperrt, vermutlich habe ich die Pin verkehrt eingegeben. Beim nächsten Kaffeestopp versucht es Suse also erstmal vergeblich bei der Hotline des Automatenaufstellers. Den Beleg hat sie ja brav mitgenommen. Die sind natürlich nicht zuständig, also bestellen wir bei unserer Bank eine neue Karte und lassen meine auch gleich entsperren.

Irgendwann brechen wir die Suche nach einem Übernachtungsplatz ab. Die gefundenen Plätze werden schlechter statt besser und zurückfahren kommt nicht in Frage. Ich hätte gern nochmal in der freien Natur übernachtet, aber Suse überredet mich, doch gleich noch das letzte Stück nach Ushuaia zu fahren. Abends ist es mittlerweile bis nach elf Uhr hell und so bleibt genug Licht für die Reststrecke. Das Weihnachts-Silvester-Motorradtreffen haben wir zwar verpasst, aber dafür treffen wir pünktlich zu meinem Geburtstag ein. Vergeblich versuche ich noch zu einer öffentlichen Facebook-Party einzuladen, aber offensichtlich ist meine Wegbeschreibung „Beim Campingplatz letztes Zelt, links am Feuer" doch zu ungenau und so feiern wir zu zweit bei einem köstlichen Asado.

Die Stimmung am Zeltplatz in Ushuaia ist merkwürdig. Für viele der anderen Camper ist es der Endpunkt ihrer oft langen Reise. Einige wenige starten hier; ein Pärchen halbblinder Tandemfahrer ist gestrandet und wartet seit 4 Wochen auf sein Fahrrad, das in Buenos Aires im Zoll hängengeblieben ist. Sie sieht extrem schlecht, er hat nur einen Tunnelblick und kein peripheres Sehen. Zu zweit auf dem Fahrrad ergänzen sie sich hervorragend und planen, die Panamericana entlang zu radeln.

Die Stadt gefällt uns überhaupt nicht, denn sie besteht weitgehend aus teuren Duty-free-Läden für Kreuzfahrtschiffs-Passagiere. Wir bleiben trotzdem eine ganze Woche. Das Wetter ist perfekt und im Nu hole ich mir bei über 24 Grad einen Sonnenbrand. So hohe Temperaturen werden hier nur selten gemessen. Wir haben einfach keine Energie mehr und wissen auch nicht, wie es weiter gehen soll. Das erste große Ziel haben wir erreicht. Weiter südlich geht es nicht, die windige und schlechte Ruta 40 zurück wollen wir nicht und die geteerte, angeblich langweilige und von LKWs überlaufene Ruta 3 entlang der Ostküste nach Norden lockt uns ebenfalls nicht so recht.

Durch die öde Pampa

von Axel

Zufällig finden wir im Internet die Ankündigung für ein Motorradtreffen in den nächsten Tagen. Nach Caleta Olivia wollen wir sowieso, da wir seit Iguazú eine Einladung von Oscar zum Empanadas essen haben. Damit wir die 1.200 km rechtzeitig zum Treffen schaffen, brechen wir gleich auf. Abends an der Grenze in San Sebastian sind wir fix und fertig. Hier erwartet uns mal wieder eine Überraschung: Bereits seit El Calafate treffen wir regelmäßig auf ein Pärchen auf Fahrrädern, wir kommen uns schon vor wie in der Fabel vom Hasen und Igel. Wo wir auch hinkommen, Melissa und Scott sind bereits da und wir fühlen uns reichlich langsam. Die beiden haben allerdings immer den direkten Weg, ohne Abstecher und längere Aufenthalte zurückgelegt. Nach einem kurzen Schwatz müssen wir weiter. Radfahrer können hier im Aufenthaltsraum der Grenzstation kostenlos übernachten, wir mit unseren Motorrädern leider nicht. Im zaunlosen Niemandsland zwischen den Grenzposten schlagen wir uns ungesehen zwischen die Hügel und verbringen etwas wehmütig unsere letzte Nacht auf Feuerland.

Auf der Ruta 3

Gleich nach der argentinischen Grenze suchen wir mal wieder vergeblich nach einer auf unserer Karte eingezeichneten Straße. Da wir sie nicht orten können, verzichten wir auf den Abstecher zur Pinguinkolonie am Cabo Virgenes. Weiter im Norden soll es ja noch andere Kolonien geben. Abends in Río Gallegos sitzen natürlich mal wieder Melissa und Scott mit ihren Fahrrädern vor dem Supermarkt. Diesmal haben sie allerdings geschummelt und den größten Teil der 250 km per Anhalter zurückgelegt.

Die nächsten Tage fressen wir Kilometer. Die 3 ist lange nicht so öde wie befürchtet. Der Wind hält sich in Grenzen. Der Verkehr ist auch nicht schlimm und hin und wieder gibt es tatsächlich eine Kurve oder einen Hügel. Vor lauter Fahrerei verpassen wir den Abstecher zum versteinerten Wald am Lago Grande. Macht nichts, wir haben es eh eilig, da wir rechtzeitig zu dem Treffen wollen.

Als wir in Caleta Olivia ankommen, sind wir bereits seit einigen Kilometern zu dritt. Wir haben am Straßenrand einen Ecuadorianer aufgelesen, der auf seiner 1200er GS gerade dabei ist Südamerika zu umrunden und ein kleines Mittagsschläfchen gehalten hat. Im Gegensatz zu uns fährt er aber mit durchschnittlich 700 bis 800 km pro Tag dreimal so weit. Kein Wunder, dass er müde ist. Abends in Caleta wollen wir schon frustriert die Suche aufgeben, als wir doch noch das Treffen finden.

Es ist kleiner als erwartet und findet auf Flacos Campo, in einer Art größerer Heimgartensiedlung statt. Noch sind kaum andere Motorradfahrer da und so haben wir die freie Platzwahl für unser Zelt. Kaum steht es, fängt es auch schon an zu regnen. Die Bar ist aber überdacht und so lernen wir bei reichlich Bier und Fernet Cola viele der anderen Besucher kennen. Zahlreiche Clubs aus den umliegenden Städten sind dabei, was nicht automatisch bedeutet, dass sie keine weite Anreise hatten. Die nächste größere Stadt ist immerhin 170 km entfernt und es ist durchaus üblich, mal zum Grillen den Nachbarclub zu besuchen. Erst als wir uns irgendwann erschöpft in unser Zelt verziehen, stellen wir fest, dass wir mitten unter einem Flutlichtscheinwerfer wohnen.

Weder der Regen noch die Musik lassen die nächsten drei Tage nach und einige der Rocker feiern nonstop durch. Als es uns zu viel wird, ziehen wir um. Mit knapp 1 km sollte dies unsere kürzeste Tagesetappe werden. Wir sind ja noch bei Oscar eingeladen, der schon beleidigt ist, weil wir nicht als erstes zu ihm gekommen sind. Also beziehen wir Quartier in seiner Gartenlaube. Das Haus nebenan dient Oscar nur zum Schlafen, hier im Hinterhof hat er ansonsten sein Männerrefugium, in dem sich aber auch seine Frau den Sommer über aufhält. Der Gasherd läuft durch, auch wenn gerade kein Matewasser erhitzt wird. Durch die staatlichen Subventionen kostet Gas hier in Patagonien offensichtlich zu wenig. Wir sind vom Regen in die Traufe gekommen. Zwar sitzen wir jetzt im Trockenen, aber weniger Bier trinken können wir hier auch nicht, falls wir nicht als völlige Luschen dastehen wollen. Dafür bekommen wir die „weltbesten Empanadas" und sind erstaunt, wie schnell die gemeinsam produzierten Berge dahinschwinden.

Endlich Robben!

Bereits am Ortseingang von Caleta Olivia hat es penetrant nach Fisch gestunken und bei einem kleinen Ausflug besuchen wir nun die Verursacher: Schuld daran ist eine Robbenkolonie, die hier weitab jeglichen Reservats am Kiesstrand lebt und sich durch die Schaulustigen nicht stören lässt. Nur wenn sich ein wagemutiger Besucher allzu nah herantraut, riskiert eines der Mähnenrobben-Männchen einen kurzen Angriff.

Als wir kein Bier mehr sehen können, ziehen wir weiter. Meine DR braucht einen neuen Gabelsimmerring und erst in Commodoro Rivadavia gibt es den nächsten Motorrad-Ersatzteil-Laden. Der Simmerring ist bald gefunden, jetzt brauchen wir nur noch eine Werkstatt. Conan, den wir auf dem Motorradtreffen kennengelernt haben, hat uns in die Motobar eingeladen. Hier werden wir sicher einen Tipp für eine Werkstatt bekommen, denke ich mir. Simmerringe am Straßenrand wechseln muss dann doch nicht sein.

Von Marcelino, dem Chef der Bar, werden wir erstmal zu sich nach Hause verfrachtet, wo wir unser Zelt aufschlagen und duschen können. Dann erst geht es zurück in die Bar. Ein Mitglied der Choikes, des lokalen Clubs, kommt gerade heute von seiner Tour nach Machu Picchu zurück und zu seinen Ehren gibt es natürlich ein Asado. Der Abend dauert wie üblich länger und ganz ohne Alkohol geht das Ganze auch nicht ab. Wir lernen noch einen ganz besonderen Bewohner der Bar kennen: Marc ist hier vor sechs Wochen mit einem Getriebeschaden an seiner XT550 gestrandet und wartet seitdem auf die nötigen Ersatzteile. Sein zerbrochenes Motorgehäuse ist mit Kaltmetall schon nachmodelliert und jetzt sucht er nur noch nach einem neuen Ölfilter. Aus unerklärlichen Gründen trinkt er zum Essen nur Wasser. Was ein paar Wochen Daueraufenthalt in einer Bar nicht aus einem Menschen machen können.

Wir nutzen Marcelinos Werkstatt noch für einen Ölwechsel und eine gründliche Kettenpflege. Als wir nach ein paar Tagen weiterziehen und nach unserer Kneipenrechnung fragen, bekommen wir zur Antwort: „Motorradreisende zahlen hier nicht, nicht für trinken, nicht für essen, nicht für schlafen!" Der mit gerade mal 38 Jahren schon zweifache Großvater hat seinen gut bezahlten Job in der Ölindustrie an den Nagel gehängt und träumt seither von einer Motorradreise nach Milwaukee, zu Harley Davidson. Bis es soweit ist, kümmert er sich um seine Bar und um Motorradreisende.

Die Walsaison haben wir verpasst, Robben hatten wir schon und wenn wir jetzt noch Pinguine finden, können wir uns einen Besuch der teuren und touristisch überlaufenen Halbinsel Valdez sparen. Den von Reiseveranstaltern überlaufenen Punta Tombo sparen wir uns und fahren lieber an das etwas südlicher gelegene Cabo Dos Bahías, wo es im Naturreservat die angeblich zweitgrößte Pinguinkolonie Argentiniens gibt.

Wir schlagen unser Zelt am Rand einer weiten Kiesbucht am Meer auf. Als ich am nächsten Morgen amStrand meinen Tee trinke staune nicht schlecht, als sich plötzlich, nur wenige Schritte von mir entfernt, einer der Steine erhebt und neugierig zu mir rüberblinzelt. Ein ganz junger Pinguin scheint hier auf seinem ersten Ausflug gestrandet zu sein. Nachdem ich mit meiner Kamera bewaffnet zurückkomme, posiert er noch eine ganze Weile, bevor es ihm zu viel wird und er sich ins Meer verzieht.

Obwohl ich mein persönliches Pinguinerlebnis jetzt schon hatte, fahren wir noch die paar Kilometer zum Naturpark und durchwandern ganz allein die Brutkolonie auf abgegrenzten Wegen. Die zweitgrößte Kolonie habe ich mir größer vorgestellt, aber wir sind schon etwas spät im Jahr und so haben die meisten Vögel ihre Nisthöhlen bereits verlassen. Erst als wir mit unserem Rundgang fertig sind, kommen noch zwei weitere Autos mit Besuchern. Wir wollen dieses einsame Eck niemandem empfehlen. Fahrt ruhig alle dahin, wo alle anderen schon sind, da stört ihr niemanden mehr!

Weiter nördlich in Trelew finden wir keinen Campingplatz. Wir wollen gerade an der Touristen-Info nachfragen, als wir mit einem einheimischen Motorradfahrer ins Gespräch kommen. Wie es der Zufall so will, kennt er die Jungs, die auf dem Motorradtreffen in Caleta waren und kurze Zeit später werden wir privat untergebracht und abends auf ein kleines Geburtstags-Asado mitgenommen.

Am nächsten Tag müssen wir mit unseren Gastgebern noch unbedingt nach Puerto Madryn an den Strand. Als Pablo sein Kanu mit zwei Gummispannern direkt aufs Autodach binden will, holen wir schnell unsere Spanngurte heraus und zurren das Ding durch die Türen fest. Am

Strand beziehen wir einen zumindest etwas windgeschützten „Strandkorb" und lassen uns von der Bar mit Getränken versorgen. Pablo hat außerdem seine Kühlbox mit Cola, Fernet und Eis mitgebracht, die Eiswürfel dienen sowohl zur Kühlung der Flaschen als auch der Getränke in den Gläsern. Uns wird langsam mulmig, wenn wir zusehen was unser Fahrer so alles in sich hineinkippt und trinken vorsichtshalber mit, damit er nicht alles alleine leer machen muss. Außerdem werden wir nach und nach abwechselnd paniert und sandgestrahlt und fragen uns, wie man in Patagonien bei dem Wind, auf die Idee kommen kann, sich an einen Sandstrand zu setzen.

Am nächsten Tag machen wir uns an die Ost-West-Querung Argentiniens. Da unsere Gastgeber früh zur Arbeit müssen, kommen auch wir zeitig los. Noch ist es kühl, aber die drückende Hitze der letzten Tage ist uns noch gut in Erinnerung, sodass wir die Morgenstunden genießen um einzukaufen, zu tanken und die Stadt zu verlassen.

Bis Esquel, das am Andenrand liegt, sind es noch knapp 700 km, von der Atlantikküste quer durch die wüstenartige patagonische Pampa. Nach den ersten 100 km machen wir im Windschatten der Tankstelle von Las Chapas Frühstückspause und versuchen, wieder wach zu werden. Die 28 °C in Verbindung mit der monotonen Landschaft und der schnurgeraden Straße schläfern uns ganz schön ein. Lediglich die Windböen reißen uns hin und wieder aus unseren Träumen, aber das haben wir auf bedeutend schlechteren Straßen schon schlimmer erlebt.

Wie zwei blutige Patagonien-Anfänger fahren wir ohne zu tanken weiter. Alle 100 km soll hier eine Tankstelle kommen und die 4 Liter lohnen ja kaum. 75 km weiter in Las Plumas gibt es dann mal wieder keinen Sprit. Naja, halb so schlimm, der Tank ist ja noch halb voll und immerhin gibt's Kaffee und Windschutz. Nachdem es nach weiteren 100 km in Los Altares auch nichts gibt, wird Suse langsam nervös. Aber in Paso del Indios haben wir Glück und die Tankstelle füllt unsere Mopeds wieder bis oben hin auf.

Frisch getankt können wir jetzt sorglos die auf Dauer recht langweilige Hauptstraße verlassen und dem Rio Chubut nach Norden folgen. Nach einer Woche auf Teer ist der weiche Untergrund zunächst wieder ungewohnt und so brauchen wir einige Zeit, um uns wieder auf Schotter umzustellen. Das weite Tal wird immer schroffer und kommt mir vor wie eine Mini-Variante des Grand Canyon. Direkt neben uns türmen sich die Felswände steil nach oben und leuchten hinter jeder Kurve in einer anderen Farbe.

Im Gegensatz zu der uns umgebenden Wüste sorgt der Fluss hier unten für reichlich Grün und eine kleine Estancia reiht sich an die nächste. Am Platz für die Nacht, den wir in einem unbewohnten Seitental finden, sieht es dann aus wie in Marokko. Wie ähnlich doch überall auf der Welt Gebirge sind. Am Piedra Parada, einem ganz besonderen Tipp von Don Francho aus El Bolsón, zelten wir ein paar Tage am Fluss und erkunden bei sommerlicher Hitze die bizarre Geierschlucht.

Den Plan, noch den nördlichen Teil der Carretera Austral zu befahren, lassen wir beim Anblick der Wetterprognose wieder fallen. So versäumen wir den privaten Pumalin Park des Milliardärs Douglas Tompkins, für den der Gründer von Esprit und The North Face seine Firmenanteile verkauft hat, um vom Erlös den Regenwald in Südchile zu erhalten. Stattdessen fahren wir nochmal nach Bolsón und wollen auf dem Weg dorthin doch noch im Parque Los Alerces übernachten, wo wir vor einigen Wochen die Reiter-Familie getroffen haben. Wir staunen nicht schlecht, als der Park diesmal Eintritt kosten soll. Jetzt befinden wir uns in der Hauptsaison, aber 10 Euro sind uns nur für die Durchfahrt und vielleicht eine Nacht zu viel. Sollen sie abzocken, wen sie wollen.

Wir kehren um und fahren zurück nach Esquel, wo wir für 7 Euro auch noch Strom, Licht und eine heiße Dusche bekommen. Außerdem erhalten wir den Tipp, dass am nächsten Tag in Cholila das alljährliche Nationale Asado-Festival stattfinden soll. Das können wir uns natürlich nicht entgehen lassen. Hier werden an nur einem Wochenende etwa 600 Lämmer und bis zu 120 Rinder über dem offenen Feuer gegrillt – für über 30.000 Besucher.

Während wir an unseren vertrockneten Lammrippen rumkauen, ergeht sich die gesamte provinzielle Politprominenz auf der Bühne in Selbstbeweihräucherung, was uns, gemeinsam mit dem einsetzenden Regen, in unser Zelt vertreibt. Der Sturm tut sein Übriges und die Argentinier, die um uns herum in ihren Baumarkt-Zelten kampieren, verziehen sich bald durchnässt in Ihre Autos. Wir haben diese Option nicht, aber unser Zelt hält den Regen ab.

Lamm soweit das Auge reicht beim Nationalen Asado-Festival

Als wir am nächsten Tag in El Bolsón über den Kunsthandwerker Markt schlendern und ich nach einer Bombilla, einem „Strohhalm" für meinen Mate, suche, bin ich unvorsichtig und lasse mir meine Kamera aus der Jackentasche stehlen. Für diesen Abend hatte ich die wöchentliche Datensicherung geplant, jetzt fehlen mir die Bilder seit der Motobar und auch die tollen Gaucho-Bilder sind verloren, die ich auf dem Asado-Fest geschossen habe. Suse hat zwar auch noch einen Fotoapparat dabei, hat aber in den letzten Tagen kaum Bilder gemacht. Bevor wir am nächsten Tag weiterfahren, hängen wir am ganzen Platz noch Zettel auf und versprechen dem „Dieb" einen reichlichen Finderlohn – leider ohne Erfolg.

Bariloche ist jetzt in der Hauptsaison schlimmer überlaufen, als wir uns das auf dem Hinweg vorstellen konnten. Daher verlassen wir die Stadt nach nur einer Nacht, die wir auf einem teuren und hässlichen Campingplatz verbracht haben, und finden uns nach nur wenigen Kilometern auf dem Mond wieder: Wir fahren durch das Kerngebiet der Rauchwolke des Vulkans Puyehue, deren Ausläufer wir auf dem Hinweg nur gestreift hatten. Die Bäume sind herbstlich kahl und weiß verstaubt. Je weiter wir nach Westen kommen, umso höher türmen sich die Bims- und Aschehaufen neben der Straße. Wir kommen uns vor wie in den winterlich verschneiten Alpen, nur dass das Zeug hier im Frühling nicht schmelzen wird. Die blauen Seen, die hin und wieder durch die abgestorbenen Bäume blitzen, sind großteils von einem schwimmenden Kiesstrand aus Bimssteinen bedeckt. Die Landschaft wirkt gespenstisch und es wird Jahrzehnte dauern, bis sich die Natur von diesem Vulkanausbruch erholt.

Chile

Seen und Vulkane

von Axel

Der Grenzübergang bei Villa la Angostura wird zur Geduldsprobe. Auf argentinischer Seite müssen wir über drei Stunden anstehen. Es gibt keine getrennten Schalter für Ein- und Ausreise. Die Computer stürzen ständig ab, nur wenige Schalter sind besetzt und die Beamten befinden sich allesamt im Bummelstreik. Auf der chilenischen Seite ist dann alles straffer organisiert und wir geraten prompt an eine übereifrige junge Kontrolleurin, die sich scheinbar noch profilieren muss. Sie zerrt den Inhalt der Kisten und Packsäcke heraus und durchwühlt unser komplettes Gepäck. Sogar unser Zelt müssen wir auspacken. Diesmal sind wir überzeugt, keine illegalen Lebensmittel im Gepäck zu haben, aber wir werden eines besseren belehrt: Linsen sind Samen, Reis nicht! Gnädigerweise müssen wir aber keine Strafe zahlen. An der nächsten Grenze kreuzen wir auf dem Formular vorsichtshalber an, dass wir etwas Illegales, sprich Lebensmittel, einführen wollen.

In Osorno nutzen wir die gute Infrastruktur und kaufen uns neue Reifen, die wir uns nach Santiago schicken lassen. Für mich finde ich hier auch endlich einen passenden neuen Helm. Mein Visier war ja schon seit Beginn der Reise kaputt und mit dem neuen Helm fliegen mir auch gleich deutlich weniger Insekten in die Ohren. Solange es das Wetter zulässt, fahre ich einfach zu gerne mit offenem Visier.

Über Chile haben wir das Gerücht gehört, dass außer der Autobahn keine Straßen in Nord-Süd-Richtung verlaufen, also nehmen wir die Herausforderung an und durchstreifen das komplette chilenische Seengebiet auf der Suche nach einer Alternativroute. Unsere Karte verspricht auch hier mal wieder viel mehr Straßen als tatsächlich vorhanden sind und mehr als einmal stehen wir vor verschlossenen Toren und „Privado"-Schildern. Oft müssen wir umkehren, finden aber gerade in den hintersten Winkeln der Seen immer wieder traumhafte Schlafplätze.

In Chile sind gerade Sommerferien und in Villarrica finden wir uns plötzlich im größten Trubel wieder. Die Suche nach freien Campingplätzen gestaltet sich schwierig und die Preise, die hier teilweise für eine Übernachtung ausgerufen werden, könnten auch aus Monte Carlo stammen. Die Gegend gefällt mir und erinnert mich mit ihren grünen Hügeln, Wäldern und Seen an meine Heimat, das bayrische Voralpenland. Schilder mit „Kuchen" am Straßenrand deuten auf die deutschen Wurzeln zahlreicher Einheimischer hin, aber trotzdem sind wir froh, als wir das überfüllte Touri-Gebiet hinter uns lassen.

Unser nächstes Ziel habe ich auf der Karte willkürlich gewählt. Der Río Bío Bío klingt so lustig, da müssen wir hin.

Zum Río Bío Bío – Ein Höllentrip

von Suse

Weg zum Río Bío Bío

Den letzten der vielen Seen in der Gegend um Villarrica haben wir nun hinter uns gelassen und wenden uns den nächsten, reichlich vorhandenen landschaftlichen Sehenswürdigkeiten Chiles zu: den Vulkanen. Die ganze Gegend ist geologisch ziemlich aktiv und alle paar Jahre kommt es zu einem größeren Erdbeben oder Vulkanausbruch. Der Nationalpark um den Vulkan Llaima wäre zwar sicher interessant, wie schon der Weg dorthin mit seinen breiten Lavaströmen zeigt, aber die umgerechnet fast 8 Euro Eintritt pro Nase sind uns zu viel für die knapp halbstündige Durchfahrt. Das Parallel-Tal ist mindestens genau so hübsch und dazu noch menschenleer.

Gerade rechtzeitig taucht ein paar Meter neben der Straße ein nettes kleines Plätzchen mit reichlich Feuerholz und einem Bach auf. Mit dem klugerweise mitgebrachten Bier wird es ein richtig schöner Abend. Leider läuft es am nächsten Tag nicht ganz so astrein weiter: Zunächst übersehen wir einen Wegweiser in die richtige Richtung. Wir wundern uns, warum aus der eigentlich ganz brauchbaren Straße allmählich ein übler Drecksweg wird, als wir auch schon vor einem verschlossenen Tor mit „Privado"-Aufschrift stehen. So ist das eben, wenn die Landkarten schlecht und außerdem die GPS-Tracks nur auf ca. 5 km (un)genau sind.

Also alles wieder zurück und das auch noch mit Missverständnis: An einer Weggabelung, an der wir vorhin vorbeigekommen sind, wedelt mir Axel irgendwas mit einer Hand zu und fährt den Weg entlang, den wir zuvor nicht entlang kamen. Ich verstehe: „Fahr du schonmal vor, ich guck nur kurz, was hier so kommt." Und schwupp, weg war er. Also fahre ich weiter in die Richtung, aus der wir eigentlich kamen. Irgendwann an einem schattigen Plätzchen bleibe ich stehen, um auf ihn zu warten. Aber er kommt und kommt nicht. Das ist ja noch gar nicht passiert, langsam mache ich mir Sorgen! Als ich es auf dem schmalen Weg endlich geschafft habe umzudrehen, damit ich nachschauen kann, wo er bleibt, kommt mir aber Axel fuchsteufelswild entgegen. Seine Handbewegung hatte doch etwas anderes bedeutet: „Ich schau mal nach, ob's hier weitergeht, warte du mal, aber besser hier, wo ich grad noch stehe.", oder so ähnlich. Ist nicht ganz einfach aus 30 m Entfernung das alles zu erkennen, daran müssen wir noch arbeiten.

Diesmal erwischen wir die richtige Abzweigung, leider ist der Weg auch nicht viel besser als der gerade überlebte. Kurze Zeit später stehen wir schon wieder vor einem Tor, natürlich mit „Privado"-Aufschrift, diesmal mit dem Zusatz „aunque no te guste", was soviel heißt wie „auch wenn es dir nicht passt". Das ignorieren wir einfach, alles zurückfahren wäre blöd und abgesehen davon, ist das Tor diesmal nicht versperrt. Es wäre doch Verschwendung, diese Spitzenlandschaft hinter dem Tor nicht erleben zu dürfen. Die Araukarienwälder, schroffe Berghänge und schicke kleine Bäche lenken immer wieder vom verwahrlosten Weg ab.

Unser Mittagsfestmahl aus Baguette, Ei, Tomaten, Avocado und Salami genießen wir an einem Wasserfall. Die gelegentlich fehlenden oder ziemlich abenteuerlichen Brücken über die vielen Bäche kann man da schon mal in Kauf nehmen. Und niemand erschießt uns bis wir wieder auf eine Hauptstraße treffen, puh! Im nächsten Dorf machen wir einen Internetstopp, ein paar Geburtstagsglückwünsche müssen in die Heimat übermittelt werden. Mit ein bisschen Glück finden wir den örtlichen Gemischtwarenhändler und selbst eine Tanke treiben wir noch auf. So können wir den Ausflug zum nächsten Vulkan unternehmen.

Es tun sich beeindruckende Aussichten vor uns auf: Die ganze Gegend um den Lonquimay-Vulkan besteht nur aus kalten Lavaströmen und wahren Bergen aus Vulkanasche. Sogar einige Skilifte haben sie hier auf den letzten Vulkanauswurf gebaut. Ein Fotomotiv jagt das nächste. So wird es, wie in letzter Zeit fast üblich, mal wieder spät, bis wir uns auf Schlafplatzsuche begeben. So einfach ist das auch hier nicht, ausnahmsweise sind es aber nicht die Zäune, die uns Probleme machen.

Das ganze Tal ist mit einem kilometerlangen Lavastrom gefüllt. Faszinierenderweise wachsen die zum Teil sehr alten Bäume bis an diese Steinmasse heran. Keine Ahnung, warum die vor 25 Jahren nicht verbrannt sind, als der Vulkan das Tal deutlich umgestaltet hat. Die Lava türmt sich sicher 20-30 m hoch neben der Straße auf. Es führt kein Weg nach oben, dort gäbe es wohl ohnehin kein ebenes Fleckchen. Daneben haben sich seit dem letzten Ausbruch lauter kleine Seen aufgestaut und es grenzen direkt die nächsten steilen Berghänge an. Kurz vor Sonnenuntergang und schon auf dem nächsten Berg finden wir doch noch einen Schlafplatz oberhalb eines Flüsschens.

Die Lava-Massen um den Lonquimay-Vulkan

Leider sind wir inzwischen jenseits aller verlässlichen Karten, so wissen wir nicht so richtig, wie es jetzt eigentlich weitergeht. Wir haben eine grobe Richtung, aber keine Wegweiser. Inzwischen ist die Straße tatsächlich ein wenig besser geworden und wir treffen sogar auf ein altes Männchen, das wir nach dem Weg fragen können. Er weist vehement auf eine Abzweigung, obwohl der „gute" Weg in die andere Richtung führt. Aber unserer Meinung nach gibt ihm die Himmelsrichtung recht, also folgen wir seinen Anweisungen durch einen

Tunnel und wenig später durch ein nicht ganz so abweisendes Tor zu einem Privatgrundstück. Und hier fängt das Grauen an.

Alle paar hundert Meter denke ich, noch relativ optimistisch: „So, das war's, jetzt kann es nicht mehr schlimmer werden" und „über DIE Stelle will ich nicht wieder zurück." Aber natürlich kommt es schlimmer. Was anfangs noch als eine Art Straße anfing, wird immer mehr zum Trampelpfad. Bei einem kleinen Mittagssnack begegnen uns einige Reiter. Auf unsere Nachfrage hin bestätigen sie, dass es hier in die richtige Richtung geht – allerdings erst nach einem gründlichen Blick auf unsere Mopeds und dem Hinweis, dass es mit diesen eigentlich schon gehen müsste. Das „eigentlich schon", kombiniert mit dem schier endlosen Vertrauen der Chilenen in geländegängige Motorräder, beschert mir ein mulmiges Gefühl im Magen. Ich will mich hier nicht seitenweise beschweren, daher sei an dieser Stelle nur gesagt: Es wird natürlich nicht besser und Axel muss so einige der steilen Sandpassagen zurücklaufen um mein Moped nachzuholen.

Eine deutsche Familie, die wir unterwegs treffen, macht mir wieder Hoffnung: Es soll nicht mehr weit sein bis zum Ende der Privatstraße und danach kann es nur besser werden. Nach ein paar Minuten Plauderei laden sie uns in ihr Haus in Santiago ein und wir verabschieden uns froheren Mutes. Quasi im Losfahren erzählen sie uns noch, dass eine breite Bachdurchfahrt auf uns wartet, aber danach wäre es wirklich besser. Die haben gut reden in ihrem dicken Jeep. Der Bach entpuppt sich als echter Fluss, ich weigere mich schlichtweg durchzufahren. Da es ja natürlich nicht infrage kommt, wieder zurück zu fahren, muss Axel zwei Mopeds da durch bringen. Ich habe schon beim Durchlaufen Probleme – Axels fahrerische Leistungen sind beeindruckend!

Für die letzten 50 km haben wir über 6 Stunden reine Fahrzeit gebraucht. Als es jetzt auch noch anfängt zu regnen und ich auf dem glitschigen Weg zum dritten Mal Bodenkontakt habe, nehmen wir das erstbeste, halbwegs ebene Schlafplätzchen. Das liegt unmittelbar hinter der unverschlossenen Einfahrt zu einer Estancia, von der wir zum Glück nicht verscheucht werden. Zu allem Überfluss regnet es die ganze Nacht und den nächsten Vormittag und wir stellen uns schon auf einen Tag im Zelt ein, als es doch noch aufhört. Zumindest so lange, bis wir unser Zelt abgebaut und alles auf den Mopeds verzurrt haben. Dann dreht uns der Regen eine lange Nase und setzt stärker ein als zuvor.

Wir haben auf unserer Super-Karte eine 3-4 km entfernte Ortschaft entdeckt, das muss ja wohl zu schaffen sein. Aber es läuft wie gestern: Die ersten hundert Meter gehen gut. Dann setzt erst der Schlamm ein, dann folgt ein steiniger, steiler Abhang. Selbst trocken und nicht so ausgeschwemmt wäre das eine echte Herausforderung geworden. Aber so gebe ich schon beim ersten Anblick auf. Wenn ich dachte, gestern wären wir langsam gewesen, dann glaube ich das heute nicht mehr. Für die nächsten 3 km brauchen wir über 3 Stunden. Ich wäre ja schneller gewesen, aber Axel hat so lang gebraucht! OK, vielleicht muss man ihm noch anrechnen, dass er beide Motorräder den Berg runter fahren und dazwischen wieder hoch laufen musste.

Über den nächsten „Bach" – das muss der Río Bío Bío sein – führt zum Glück eine Brücke, aber so wie sie aussieht, noch nicht allzu lange. Durch den ergiebigen Regen in den letzten Stunden ist aus dem Bach ein reißender Fluss geworden, der ohne Brücke für uns unpassierbar wäre. Der nächste Ort auf der Karte existiert tatsächlich, sogar mit einem winzigen Lädchen, und diese Tatsache lässt uns wieder Hoffnung schöpfen. Verglichen mit den Wegen der letzten Tage, finden wir hier geradezu einen Schotter-Highway vor – offensichtlich frisch geplättet und einfach nur schön!

Auch einen Campingplatz entdecken wir und in der Hütte des Wirts können wir sogar unsere durchnässten Klamotten am Holzherd trocknen. Wir campen hier direkt am Río Bío Bío, aber leider ist der Strom nicht mehr so schön, wie er früher einmal gewesen sein muss. Er teilt das Schicksal so vieler Flüsse in Südamerika, die zwecks Stromgewinnung und ungeachtet der Umweltauswirkungen aufgestaut werden.

Zurück in der Zivilisation wollen wir so schnell wie möglich ans Meer. Dort angekommen stellen wir fest, dass es an der Küste viel kühler ist als im Landesinneren. Der Humboldtstrom leistet hier ganze Arbeit und verhindert selbst im Hochsommer Temperaturen über 20 °C. So wird das nichts mit meinem erhofften Strandtag! Die ganze Gegend ist sehr touristisch und wir finden keine hübschen Plätze. Uns fallen die unzähligen Tsunami-Warnschilder auf, die an jeder Straßenecke stehen und nochmal deutlich machen, dass es hier gefährlich werden kann. Wie sinnig es ist, dass die Schilder meist auf kleine, kaum befahrbare Wege deuten, die auch noch oft durch hohe Zäune versperrt sind, ist eine andere Frage.

Nachdem an der Küste kein guter Zeltplatz auftaucht, fahren wir ins Küstengebirge und schlagen unser Nachtlager auf einem Bergrücken auf. Hier scheinen erst kürzlich die Waldarbeiter gewütet zu haben und so finden wir immerhin genug Feuerholz für einen gemütlichen Abend. Nur 20 km von der Küste entfernt ist es am nächsten Tag gleich wieder so heiß, dass man nur pausenlos durchfahren kann, um den Fahrtwind zu genießen – was dank der meist geteerten Straßen kein Problem ist.

Allerdings treffen wir so einen Tag früher in Valparaíso ein als angekündigt. Zum Glück sind wir Martina, der Eigentümerin der Villa Kunterbunt, offensichtlich sympathisch. Denn da heute keine Zimmer frei sind, quartiert sie uns kurzerhand in ihrem Wohnzimmer ein, was ja auch nicht selbstverständlich ist. Da schon ein paar durstige Motorradfahrer anwesend sind, kriegen wir gleich ein eiskaltes Bier in die Hand gedrückt und ich bin wieder glücklich!

Motorradreisetreffpunkte – die Villa Kunterbunt und La Posta

von Axel

In die Villa Kunterbunt in Valparaíso fahren wir eigentlich nur, weil wir uns Suses neue Kreditkarte hierher bestellt haben. Die Freude ist groß, als wir Simon und Panny hier wiedersehen, mit denen wir uns in Buenos Aires getroffen hatten und die seit Tagen damit beschäftigt sind, ihre Motorräder für Australien von fast zwei Jahren Reisedreck zu befreien. Auch Heidi und Bernd sind gerade da, die wir aus Punta Arenas kennen und die mit Ihren LC4 Adventures bereits zum zweiten Mal die Erde umrunden, diesmal als Hochzeitsreise.

Die Villa Kunterbunt ist eine ganz besondere Institution, ein Hostal nur für Motorradreisende, eine backpackerfreie Zone. Jeden Tag um „vier Uhr" gehen wir zu gemütlichen Benzingesprächen unter Bikern über, und davon gibt es hier reichlich. Eine Gruppe die gerade auf der Abreise ist, verschenkt ihre nicht mehr benötigte Ausrüstung und so kommen wir zu einem Mini Kompressor. Einem anderen Reisenden kann Suse seine Therm-A-Rest-Matte abkaufen; ihre ist seit Monaten defekt und bislang konnten wir keinen brauchbaren Ersatz aufzutreiben. 30 Jahre Garantie helfen nur dann, wenn man eine Adresse zum Umtausch hat oder einen Händler findet – und keines von beiden ist uns bislang gelungen. Als wir schon fast ans weiterfahren denken, tauchen Werner und Claudi auf. Die beiden sind vor 6 Jahren in Deutschland losgefahren und dann länger in Australien hängengeblieben. Und wie es der Zufall so will, haben wir einen gemeinsamen Freund und sind uns kurz vor ihrer Abreise auf dem MRT in Gieboldehausen schon mal begegnet.

Über eine Woche können wir uns nicht von Valparaiso, der Villa, unserem Turmzimmer und den vielen anderen Motorradreisenden hier losreißen. Es werden schon Wetten abgeschlossen, ob wir überhaupt noch weiterfahren, da wir abends nie sagen können, ob's morgen so weit ist. Als wir uns dann endlich aufraffen und die Mopeds fertig beladen dastehen, ist es sensationell spät und schon 4 Uhr nachmittags. Da wir aber nur 2 Stunden nach Santiago vor uns haben, passt das ganz gut. Allerdings machen uns unsere Motorräder fast einen Strich durch die Rechnung. Sie wollen einfach nicht anspringen. Wir hätten die total verdreckten Luftfilter vielleicht doch nicht erneuern sollen. Gut dass die Villa am Berg liegt, denn mit Anrollen klappt es dann doch irgendwann.

In Santiago sind wir von Karin eingeladen, die wir zwei Wochen zuvor auf einer einsamen Gebirgspiste kennengelernt haben. Wir werden lecker bekocht und Ihre drei Kinder freuen sich auch über die Gäste. Eigentlich wollen wir in Santiago nur unsere bestellten Reifen abholen und dann wieder weg, da Großstädte ja nicht so unser Ding sind. Unsere Mitas sind nach 20.000 km eigentlich noch zu gut, aber in Argentinien bekommen wir keinen gleichwertigen Ersatz und so fahren wir etwas überladen weiter. Bis wir die richtige Autobahnausfahrt erwischen, bin ich von der Hitze total fertig. Das GPS tut zwar sein bestes, aber bei so vielen Fahrspuren, so dicht aneinander und der irreführenden Beschilderung kann das Auto-Routing nicht mithalten. Kaum aus der Stadt raus, befinden wir uns plötzlich in der Gluthitze der Wüste. Die ersten Kakteen tauchen am Straßenrand auf und wir versuchen auf den Motorrädern wach zu bleiben. Die Temperaturen sind jenseits von Gut und Böse und wir müssen auf halbem Weg eine Cola-Pause einlegen um nicht einzuschlafen. In La Calera werden wir bereits vom MC Sin Frontera erwartet, die hier ihr Vereinsheim Motorradreisenden zur Verfügung stellen. Die nächsten Tage relaxen wir und versuchen im Schatten zu bleiben. Weg können wir nicht, da wir unser Zelt nicht unbeaufsichtigt stehen lassen sollen. Nachdem wir die Vorderreifen gewechselt haben und ich meine Kette spanne stelle ich fest, was da die letzten Tage solche Geräusche von sich gegeben hat. Eigentlich hatte ich mit verschlissenen Ruckdämpfern gerechnet aber das Kettenradlager hatte sich aufgelöst. Alles gar kein Problem, meinen die Jungs vom Motorradclub und klopfen mir kurzerhand das kaputte Lager heraus. Da aber das Essen gerade fertig ist, setzen sich erstmal alle an den Tisch und ich mache mir doch langsam Sorgen. Es ist Samstagabend und irgendwann wollen wir ja auch wieder weiter. Nach dem Essen machen sich aber dann Henry und Santiago auf den Weg und kommen 10 Minuten später mit einem neuen Lager zurück. Einen Trick zur schnelleren Montage habe ich aber noch parat und fasziniert werde ich beobachtet, wie ich das neue Lager vor dem Einbau in die Gefriertruhe packe. Wie immer haben wir Glück im Unglück und unsere kleinen Pannen ereilen uns just dort, wo sie sofort behoben werden können.

Abends verlegen wir unser Quartier zu Juan "P" auf die Sommer-zu-Ende-Party, die wir allerdings zur Hälfte verschlafen. Wir haben genug vom Feiern, wollen weiterfahren und nachts mal wieder in Ruhe schlafen. Wollen ja, können nein – heute ist eine kleine Ausfahrt ans Meer angesetzt. Ablehnen dürfen wir nicht und so fahren wir den „kleinen Schlenker" zum Mittagessen an die Küste mit. Bis das Essen vorbei ist dämmert es allerdings schon und so bleiben wir noch eine Nacht in Santiagos Strandhütte. Hier am Meer ist die Temperatur immerhin im Vergleich zur Gluthitze der letzten Tage auch endlich wieder angenehm.

Unser nächstes Ziel ist der Paso Agua Negra. Zuerst noch die kühle und neblige Küste entlang, dann ein kurzes Stück Autobahn und weiter quer durchs Hinterland. Auf guten Straßen geht es über immer kleinere Pässe. Die uns noch neuen Kakteen erfreuen unsere Augen, gestalten aber durch die Dornen, die nicht nur unsere Reifen sondern auch unsere Liegematten gefährden, die Schlafplatzsuche noch mühsamer als sonst.

Kakteen und Anden in Mittelchile

Über den Paso Agua Negra

von Axel

Den knapp 5.000m hohen Paso Agua Negra wollen wir an einem Tag überqueren. Um nicht in der ungewohnten Höhe übernachten zu müssen, stehen wir besonders früh auf und schaffen es auch tatsächlich bis Mittag zur Grenze in Juntas. Das moderne Grenzgebäude wirkt angesichts des Ansturms der zahlreichen Reisenden etwas überdimensioniert. Wir sind heute bereits die Nr. 11 und 12, die den letzten Kontrolleur am Schlagbaum aus seinem Mittagsschläfchen wecken. Der Teer hört hier auf und ich lasse Suse vorausfahren. Orientierung ist hier kein Problem und so habe ich reichlich Zeit, um Fotos zu schießen und bei den anschließenden Aufholjagden kommt auch mein Fahrspaß nicht zu kurz. Die Berge sind vielfarbig und nach jeder Kurve muss ich erneut rechts ranfahren, um weiter zu knipsen. Der Pass lohnt sich wirklich: Kein Verkehr, gut präparierte Pisten, keine fiesen Kehren, Fotomotive bis zum Abwinken und mit knapp 4.800m ist er die angeblich zweithöchste Andenüberquerung. Die argentinische Seite ist dann nicht mehr ganz so angenehm. Dunkle Wolken ziehen hinter uns auf und plötzlich wird es bitter kalt. Die Straße wird schmäler und holpriger und kleinere Furten halten uns immer wieder auf. Wir wollen schnell nach unten und wundern uns über die Fahrradfahrer, die sich diesen Pass in oft mehreren Tagen zumuten. Nicht wir sind hier die Abenteurer.

In Argentinien stoßen wir wieder auf die Ruta 40. Hier oben führt sie entlang ausgedörrter flacher Bergflanken durch eine Halbwüste. Es ist unerträglich heiß und bei einer Reihe von schlammig braunen Wasserdurchfahrten freuen wir uns schon auf eine Abkühlung, aber die Brühe die uns von oben in die Schuhe läuft ist leider pisswarm. Geregnet hat es weit weg im Gebirge und die Straße ist immer wieder voller Schlamm und Kies, den das Wasser mitgeschwemmt hat. Wir müssen vorsichtig fahren und mehr als einmal erkenne ich diese Hindernisse, die sich fast immer in Senken verstecken, erst im letzten Moment und habe Glück, nicht zu stürzen.

Da es uns ohnehin viel zu warm ist, verzichten wir auf einen Besuch im berühmten Mondtal. Bizarre Wüstenlandschaft und sandige Pisten hatten wir in den letzten Tagen ohnehin schon zur Genüge. Abwechselnd durchfahren wir Steppe, Savanne und Canyons und Suses Fußelei an jeder noch so kleinen Sandstelle macht mich wahnsinnig. Sie hat weitaus schwierigere Strecken schon problemlos gemeistert, aber die Hitze macht uns beide fertig. Normalerweise fahren wir immer auf Sichtweite zueinander, aber mir geht die Geduld aus und ich fahre voraus, ohne Fahrtwind halte ich es einfach nicht aus. Nach einer Pause im Schatten mit viel kalter Cola geht es mir besser. Die Piste wird wieder einfacher und die Landschaft schlägt uns in ihren Bann. Wir überqueren einen kleinen Gebirgszug. Beim ersten Pass sind wir noch mitten in der Wüste und riesige Kakteen wachsen an den Bergflanken. Als wir nach einer grünen Hochebene auf der anderen Seite wieder runterfahren staunen wir nicht schlecht: Gerade noch in der Wüste befinden wir uns plötzlich in einem dichten, fast tropischen Urwald.

Ein neuer Tag, ein neuer Pass, die nächste Überraschung. Die Straße durchs Gebirge nach Tafi del Valle ist bis auf ein paar Schlaglöcher geteert und die grünen Bäume verströmen eine angenehme Kühle. Auf der Straße fahren kann ja auch Spaß machen, fällt mir da schnell wieder ein. Kurz vor dem Hochtal um Tafi ändert sich die Landschaft. Die Urwälder gehen in alpine Hochtäler über und die weiten grasigen Täler erinnern mich an Kirgisistan; ich würde mich nicht wundern, hier plötzlich Jurten zu entdecken.

Nach einem Besuch im "Menhir-Museum" in El Mollar fahren wir noch weiter rauf ins Gebirge. Bis ich aus dem Touri-Kaff rausgefunden habe, bin ich schon wieder ziemlich gereizt, da es mir erneut zu warm wird und ich auch noch Hunger habe. Eine fatale Kombination! Nach einer Brotzeit an einem schattigen Plätzchen neben einem kühl dahinplätschernden Bach ist die Welt wieder in Ordnung. Nach Tafi nimmt der Ausflugs-Verkehr schlagartig ab. Nur wenige wollen den "Pass der kleinen Hölle" überqueren. Die Mopeds haben trotz der Höhe noch genügend Leistung, und das Motorradfahren macht bei den langgezogenen Kurven so richtig Laune.

Als wir in Amaicha del Valle frisch getankt vor dem Pachamama-Museum stehen, zögern wir erst eine Weile. 20 Pesos, ca 3,50 € geben wir sonst für eine Übernachtung aus. Im Museum findet sich von der versprochen Pachamama dann auch nur wenig. Geologie und Frühgeschichte sind die Schwerpunkte und moderne Indianische Kunst wird auch gezeigt. Architektonisch allerdings ist der Komplex sehenswert

Da die Wetterprognose nicht allzu rosig ist, entscheiden wir uns am nächsten Tag, ohne weitere Umwege direkt nach Salta weiterzufahren. Nach einem Besuch bei den Ruinen der Quilmes-Indianer, die den Spaniern fast 130 Jahre lang widerstanden haben und an die heute noch ein sehr populäres wenn auch wenig schmackhaftes Bier erinnert, verpasse ich, in der Weingegend um Cafayate rechtzeitig bei einer Bodega zu stoppen. Kaum aus dem Ort raus gibt es nur noch Sand und Steine. Naja, die Wolken werden ohnehin immer dichter und wir wollen noch trocken nach Salta kommen. Die Schönheit der Quebrada de las Conchas (Schlucht der Muscheln) bremst uns allerdings wieder aus. Ständig muss ich stoppen um Fotos zu machen, der Farbenvielfalt kann ich einfach nicht widerstehen.

Die weitere Strecke bis Salta zieht sich in die Länge und als wir bereits beim dritten Hostal ein freies Zimmer finden und unsere Motorräder durch die enge Eingangstür in den Patio manövrieren, ist die Sonne bereits untergegangen. Von der Hitze der Stadt erschöpft sitzen wir bei unserem wohlverdienten Radler und freuen uns auf die Dusche.

Reparaturen in Salta

von Suse

Für den ersten Morgen in Salta haben wir uns mit Manuel, einem guten Freund meines Cousins zum Frühstück auf der Plaza verabredet. Nach einem Café con Leche mit "Medialunas" gehen wir zu Bier über, es ist ja schließlich schon Mittag. Bei dem ersten Bier bleibt es wie üblich nicht und um 4 Uhr nachmittags stehen wir schon leicht angedüdelt vom Tisch auf und widmen uns unserer Tagesaufgabe: Simmerring suchen – meine Gabel sifft seit ein paar Tagen. Mit uns ist aber nicht mehr viel anzufangen, daher geben wir schon nach 2 Stunden auf. In Argentinien gibt's für alles Spezialgeschäfte, was eigentlich ganz süß ist. Wenn man einmal einen entsprechenden Laden gefunden, aber dort keinen Erfolg hat, wird man an den nächsten und den nächsten und den nächsten weitergereicht, wo es das Gesuchte dann "ganz bestimmt" gibt.

Am nächsten Morgen wird wieder gepackt, wir ziehen um in Manuels Fitnessclub, wo er zwei Zimmer leer stehen hat. Heute sind wir etwas erfolgreicher als gestern. Wir finden die Simmerringe und außerdem ein Versicherungsbüro, das uns unsere Haftpflicht verlängert. Abends werden wir schon wieder verwöhnt, es gibt Asado bei Verónica und Manuel. Wir verquatschen uns ganz schön und trudeln erst um 7 Uhr morgens wieder in unserem Zimmerchen ein. Damit ist der nächste Tag schon fast gelaufen, erst nachmittags um 5 machen wir uns auf den Weg zur Motorrad-Werkstatt.

Unterwegs stellt Axel fest, dass auch noch mein Lenkkopflager kaputt ist und der Mechaniker schlägt angesichts unserer neuen Simmerringe die Hände überm Kopf zusammen: "Industria Argentina"! Die machen mindestens so schlechte Qualität wie China. Wir sollen versuchen, ob wir nicht was von einer japanischen Marke bekommen. Das Lenkkopflager will er erstmal ausbauen und schauen, ob er es noch irgendwie retten kann, falls wir kein neues auftreiben können. Für heute ist aber jetzt Schluss.

Am nächsten Morgen geht die Ersatzteilsuche in die nächste Runde. Beim Lenkkopflager sind wir zum Glück erfolgreich, japanische Simmerringe lassen sich aber nicht auftreiben. Also zurück zur Werkstatt. Der Mechaniker zeigt uns das zernudelte alte Lenkkopflager (Axel nennt mich unsensibel, weil ich dessen Zustand nicht bemerkt habe) und verspricht uns, das Moped bis zum nächsten Mittag fertig zu haben. Als Zugabe zum Tag bekomme ich drei Wochen zu früh mein Geburtstagsgeschenk, einen schönen Tabakbeutel aus Leder.

Wir werden langsam ganz schön faul, am Samstag unternehmen wir außer Moped abholen nichts mehr. War auch so ein teurer Tag, die Reparatur schlägt mit 750 Pesos plus die Ersatzteile zu Buche.

Am Sonntag machen wir Käsespätzle für unsere Gastgeber. Auch Manuels Mama und Verónicas Kindern schmeckt's. Und wir bleiben mal wieder länger sitzen und gehen nach einigen Runden Frankfurter und Mäxle erst spät heim. Eigentlich wollten wir Montag weiter, aber wir bleiben doch noch einen Tag und wechseln unsere Hinterreifen, damit wir sie endlich nicht mehr auf dem eh schon hohen Gepäckberg mitschleppen müssen. Mit 2cm mehr Profil und dem geringeren Gepäckgewicht komm ich noch schlechter mit den Füßen auf den Boden als vorher. Ob das mal gut geht? Füßeln wird jetzt auf jeden Fall wieder schwieriger.

Tags drauf geht's dann doch wieder weiter, wir haben jetzt genau eine Woche in Salta verbracht und haben außer den 3 oder 4 Straßen mit Ersatzteilläden kaum etwas von der Stadt gesehen.

Höhenkrank

von Suse

Die Puna - das argentinische Altiplano

Wir wollen in die Puna, den argentinischen Teil des Altiplanos. 2005 wurde der offizielle Verlauf der Ruta 40 teilweise geändert, um die zahlreichen Minen an das Straßennetz anzuschließen, die es hier im Norden gibt. Da wir aus unerklärlichen Gründen keine Lust auf LKW-Verkehr haben, entscheiden wir uns für die originale 40, die von San Antonio de las Cobres zu den Salinas Grandes und weiter nach Norden führt. Kaum wieder auf der Cuarenta, fang ich auch schon an, mich zu freuen: Endlich wieder Sand! Yippieh! Nach dem ersten Umfaller suchen wir uns einen Schlafplatz, obwohl wir noch auf über 3.600m Höhe sind.

Wir schlafen recht gut und auch die Fahrerei geht am nächsten Tag gleich wieder viel besser. Wohl fühle ich mich immer noch nicht, aber dank Axels üblichem Tipp – fahr schneller – komme ich irgendwie durch. Es sind ja auch zum Glück nur selten längere tiefe Sandstellen dabei, eher mal Strecken mit 2-3cm tiefer Sandschicht auf dann festerem Untergrund. Als dieses Stück geschafft ist, geht es wieder auf Teer durch ein malerisches Tal nach Purmamarca. Leider sind wir von den wunderschönen Aussichten schon etwas überfüttert und machen kaum Fotostopps. Die Quebrada weiter nach Humahuaca ist zwar "World Heritage", aber lange nicht so schön wie die meisten anderen Täler hier. Mangels Alternativen übernachten wir auf einem nicht wirklich hübschen Campingplatz und gönnen uns abends dafür einen Restaurantbesuch. Beim Aufbruch am nächsten Morgen klagt Axel über einsetzende Migräne, trotzdem fahren wir in das abgelegene Gebirgsdorf Iruya. Wir überlegen uns noch, ob sich der 50km lange Abstecher in eine Sackgasse lohnt, entscheiden uns dafür und abgesehen von den Wasserdurchfahrten ist der Weg auch recht hübsch. In Iruya angekommen, fragen wir uns dann doch, warum die ganzen Touristen hierher kommen. Zwar hatten wir daran gedacht, früh Feierabend zu machen und hier im Tal zu übernachten, aber weder am Weg noch im Ort findet sich ein geeigneter Zeltplatz. Also geht's die gleiche Straße wieder zurück (jede Richtung etwa 45 Kehren und 5 oder 6 Wasserdurchfahrten) und weiter bis Abra Pampa. Nachdem die günstigere, halbstaatliche YPF mal wieder keinen Sprit hat (das wird meistens dadurch angezeigt, dass die Zapfpistolen einfach oben auf die Zapfsäulen gelegt werden), müssen wir wieder zurück durchs ganze Dorf zur anderen Tanke. Man merkt, dass wir ab vom Schuss sind, das Benzin wird langsam ganz schön teuer.

Die Sonne will schon untergehen, und da die Landschaft auf den letzten 80km mal wieder von Zäunen geprägt war, wollen wir uns ein Hostel suchen. Wir finden zwar schnell eins, stellen aber leider erst nach dem Gepäck abbauen fest, dass mein Moped mit dem Lenker nicht durch den engen, etwa 10m langen Gang zum Innenhof passt. Also fahren wir weiter und hoffen auf ein Plätzchen ohne Zaun nach der Stadt. Wir haben tatsächlich Glück und finden etwas neben einer Ruine, allerdings geht's Axel nicht so gut. Er friert tierisch, bekommt dazu leichtes Fieber und Schüttelfrost und weigert sich, etwas zu essen. Nach einer bescheidenen Nacht geht's ihm am nächsten Tag immer noch schlecht, erst abends nimmt er einen Joghurt zu sich. Vielleicht hat die Höhe (schon wieder auf 3.600m) seine Migräne verschlimmert.

Zahme Lamas in der Puna

Tags drauf ist er dann endlich wieder fit und wir können unseren Weg fortsetzen. Vorbei an der Laguna Los Pozuelos geht's auf kleinen Straßen durch die Berge. Nach einer schnellen Maissuppe in einem winzigen Bergdorf geht es wieder ein bisschen bergab. Die ganze Gegend ist karg und steinig. Überall springen jetzt Lamas neben und auf der Straße herum.

Ich vermute, das ist die einzige Einnahmequelle der Leute hier, vielleicht arbeitet noch der eine oder andere in einer der Minen, aber sonst gibt's hier nichts.

Nach einem langen Fahrtag in großer Höhe wollen wir eigentlich nur noch etwas unter 4.000m kommen und einen Schlafplatz finden. Kaum sind wir auf die nur für "leichte Fahrzeuge" zugelassene Ruta 40 in Richtung Susques abgebogen, geht's aber wieder bergauf. Grrr! Nachdem die Strecke anfangs noch breit und in gutem Zustand war, merken wir jetzt, warum sie für LKWs gesperrt ist: Sie wird schmal, rechts davon geht's STEIL den Abhang runter und zu allem Überfluss finde ich die nächste Sandstelle und mache mich zum zweiten Mal an diesem Tag lang. Jetzt hab ich mal wieder genug vom Sand! Als Axel an der nächsten verspurten Stelle versucht, einen Weg außenherum zu finden, landet er in einem großen tiefen Matschloch. Durch die dünne Luft hier oben reicht die Leistung der DR nicht mehr aus, um sich selbst zu befreien. Wir brauchen fast eine Stunde, um das Moped wieder auszugraben und das auf über 4.000m!

Es geht zum Glück auf fester Erde weiter und wir haben keine Probleme, über den nächsten Pass zu kommen. Hätte es aber geregnet, dann gute Nacht, das wäre ein Matschfest geworden, die nächsten 30 km sehen zum Großteil ganz schön zerwühlt aus. Was für ein Glück, dass im Moment alles trocken und fest ist! Die Sonne ist schon untergegangen, als wir ein Plätzchen ein Stück neben der Straße entdecken. Wir sind nur ganz knapp unter 4.000m und die Spaghetti werden ganz schön eklig, denn das Wasser kocht hier oben schon bei 70 oder 80 Grad und das reicht den Nudeln dann doch nicht. Als der kräftige Abendwind nachgelassen hat, schlafen wir gut und wickeln am nächsten Morgen die letzten 10km nach Susques, trotz Sand und Wasser auf der Straße schnell ab.

Nach einem mittäglichen Sandwich stellen wir fest, dass die örtliche Tanke gerade Siesta macht und die nächsten 2 Stunden wohl nicht wieder öffnet. So bleibt uns nur die etwa 5km entfernte Tankstelle eines "Complejo Turístico", wo der Sprit ganze 9 Peso kostet (umgerechnet etwa 1,60€!). Naja, damit haben wir wenigstens unser letztes argentinisches Geld verprasst. Jetzt geht es, über den 4830 Meter hohen Paso de Jama, zum letzten Mal nach Chile.

Paso de Jama

72

An der Grenze erfahren wir von der Beamtin, dass unsere Mopeds insgesamt 3 Mal nicht korrekt aus Argentinien ausgereist sind. Wir haben zwar immer fleißig unsere Zollpapiere abgegeben, aber anscheinend waren einige Beamte zu faul oder zu doof, das Computersystem korrekt zu bedienen. Nach einer Schreckminute lässt uns aber die Beamtin doch gehen. Sie kann zwar den Fehler nicht beheben, aber sie sagt, für sie ist das in Ordnung. Sie sieht ja, dass wir die Motorräder dabei haben (mehr als einen kurzen Blick durchs Fenster hat sie zwar nicht auf die Mopeds geworfen, und so hätten es auch ganz andere sein können, aber das ist nicht unser Problem). Erleichtert fahren wir weiter.

Kurz vor der Dämmerung treffen wir auf Giovanni aus Kolumbien, der auf seiner China-Import-"Guzzi" auf dem Weg nach Buenos Aires zu seinem Bruder ist. Er sitzt seit Stunden mit seiner kaputten Kette in den Händen am Straßenrand und versucht erfolglos, sie zu flicken. Uns sind einige Motorradfahrer entgegengekommen, aber keiner hat bei ihm angehalten und das mitten in der Atacama, im Niemandsland, 60km entfernt von der nächsten menschlichen Behausung!

In Patagonien hatte noch jedes Auto angehalten und gefragt ob alles in Ordnung ist, wenn wir nur eine kurze Rauchpause eingelegt hatten. Da bald die Sonne untergeht und er nichts für die Nacht dabei hat, bieten wir ihm einen Platz in unserem Zelt und meinen Schlafsack an. Nach einer schnellen Fertigsuppe hauen wir uns aufs Ohr, der Wind und das flatternde Zelt lassen uns aber nicht wirklich gut schlafen. Axel und ich teilen uns seinen Schlafsack und zum Glück ist der WIRKLICH warm, es wird nämlich ganz schön kalt auf 4300m. Morgens packen die beiden Männer noch etwas Kaltmetall an die kaputte Kette und versuchen, die gebrochenen Rollen zu ersetzen. Anschließend verabschieden wir uns von Giovanni, bekommen eine Einladung zum Meerschweinchen-Essen bei ihm zu Hause und wünschen ihm noch viel Glück für die 160km bis nach Susques, wo er auf einen Mechaniker hofft, der die Kette reparieren kann.

Atacama & Andenhochland

von Axel

San Pedro de Atacama kann uns nicht begeistern. Das Lehmhüttendorf besteht nur aus Souvenir-Shops, Restaurants und Hostals, ist von Touristen überlaufen und alles ist völlig übateuert. Lediglich die Anfahrt über den Paso de Jama beeindruckt uns. Von knapp 5.000 Metern geht es immer geradeaus, fast ohne eine Kurve, nahezu in Falllinie in nur 30 km auf 2.400 Meter runter. Der Höhenunterschied entspricht dem vom Gipfel der Zugspitze bis nach Sylt, und das auf 30 km!

Nach nur einer Nacht suchen wir das Weite. Trotz exakter GPS-Koordinaten brauchen wir ewig um die gut versteckte Tankstelle in einem Hinterhof des Einbahngassengewirrs zu finden. Blöderweise ist gerade eine ganze Gruppe brasilianischer Motorradfahrer vor uns, bei dem hiesigen Tempo bedeutet das fast eine Stunde Wartezeit. Schon als wir San Pedro verlassen, merken wir, dass wir zu spät dran sind für die knapp hundert Kilometer zum „Geiser del Tatio". Zum Sonnenaufgang treffen sich dort zig Touri-Jeeps, da die Geysire dann durch den Temperaturunterschied besonders schön dampfen. Abends soll es ähnlich schön sein und das Thermalbecken zum Baden hätten wir dann ganz allein für uns gehabt. Als wir wieder auf 4.000m sind, wird es empfindlich kalt. Dunkle Wolken ziehen auf und plötzlich beginnt es, in einer der trockensten Wüsten der Erde leicht zu schneien.

Es ist längst stockfinster, als wir durchfroren ankommen. Wir hätten problemlos unterwegs irgendwo unser Zelt aufschlagen können, aber dann vor Sonnenaufgang die letzten Kilometer fahren müssen. Zur Kasse gebeten werden wir aber auch noch nachts. Eintritt war ja klar, aber dafür dass wir unser Zelt hinterm Haus neben dem Generator aufstellen "dürfen", müssen wir zusätzlich bezahlen. Am nächsten Morgen werden wir noch vor Sonnenaufgang von den ersten eintrudelnden Touri-Jeeps und dem Dröhnen des "flüsterleisen", schalldämpferlosen Generators geweckt. Es ist eisig kalt, unser Zelt ist von einer dünnen Eisschicht bedeckt und nur ungern quälen wir uns aus unseren mollig warmen Schlafsäcken in unsere tiefgekühlten Klamotten. Wir ziehen alles an was wir dabei haben und laufen keuchend in der dünnen Luft die zwei Kilometer zu den dampfenden Quellen. Viel Dampf um nicht allzu viel. Das angeblich 3. größte Geysirfeld der Welt enttäuscht mich ein wenig. Hohe Wasserfontänen gibt es keine, nur viel Dampf und Blubbel – aber als die Sonne rauskommt gelingen mir doch noch einige sehenswerte Schnappschüsse.

Lange hatten wir überlegt, ob wir die Lagunenroute zum Salar de Uyuni fahren sollen. Von „schlimmstem Wellblech" wurde uns berichtet und von ca. 100km verspurtem Sand, der aber „gar nicht schwierig" sein soll. Suse ist fast entschlossen, es noch einmal zu versuchen, die Lagunen und die Landschaft dort sollen fantastisch sein. Zuvor aber wollen wir in Calama, der nächsten Stadt eine neue Kette für mich besorgen. Meine hält zwar wahrscheinlich noch eine Weile, aber gewarnt durch den Kolumbianer am Paso de Jama wollen wir nichts riskieren.

Als wir uns endlich zur Straße der Motorrad-Ersatzteilläden durchgefragt haben, gibt es erstmal ein großes Hallo. Ute und Norbert, die wir vor 4 Monaten im argentinischen Lake District getroffen haben, warten bereits vor dem Laden auf das Ende der Siesta. Spontan planen wir um und fahren mit den beiden die nächsten Tage an der Küste entlang weiter nach Norden. Um den Pazifik zu erreichen müssen wir nur schnell Chile und damit auch die Atacama-Wüste durchqueren. Da hier aber überall große Minen sind, ist die Straße dementsprechend gut ausgebaut und wenig spektakulär. Die Anden fallen hier direkt bis ans Meer ab und bilden eine Küstenwüste in der absolut nichts wächst. Nicht einmal Ameisen gibt es hier! Die schmalen Strände sind die reinsten Müllkippen. Die Chilenen halten nicht viel von Umweltschutz und werfen auch mal Müllsäcke aus fahrenden Autos, ohne auf hinterherfahrende Motorradfahrer zu achten.

Nach einigen erholsamen Strandtagen trennen sich unsere Wege in Iquique wieder. Wir wollen durch die Nationalparks entlang der Grenze weiter nach Norden, Ute und Norbert nach Arica, immer noch auf der Suche nach neuen BMW-Kühlern.

Als Ersatz für die Nazca-Linien, die man nur von fragwürdigen Kleinflugzeugen aus betrachten kann, steuern wir den Gigante de Atacama an. Auf dem Weg dorthin kommen wir eher zufällig, mal wieder an einem Unesco-Weltkulturerbe vorbei, einer alten Salpeterfabrik, die wie eine Mad Max-Kulisse in der Wüste steht und mir reichlich Fotomotive bietet. Zäune gibt es in der Wüste schon länger keine mehr und so können wir unser Zelt abends direkt am Giganten aufstellen. Hier wären Zäune und Wächter ausnahmsweise mal sinnvoll gewesen.

Einige hirnlose Offroader haben den Hügel zum Hillclimbing missbraucht und neue Scharrbilder neben die prähistorischen in den Wüstenboden gesetzt! Unbegreiflich.

Da Suse heute Geburtstag hat, darf sie zur Feier des Tages und zum warm werden erstmal eine kleine Mini-Düne überwinden, bevor wir ruckzuck wieder auf 4.000 Metern ankommen. Es überrascht uns immer wieder, wie schnell wir hier größte Höhenunterschiede überwinden und hoffen, dass wir noch ausreichend akklimatisiert sind.

Obwohl die Steigungen nicht extrem sind, schaffen unsere Maschinen bei der sauerstoffarmen Luft teilweise kaum mehr als 60 km/h. Wieder auf dem Altiplano angekommen, vergeuden wir noch über 30 Kilometer auf der Suche nach einer imaginären Tankstelle. Die Straße in den Isluga Nationalpark ist eher eine sandige Fahrspur und unterscheidet sich kaum von den Hofeinfahrten und anderen Feldwegen, mit Hilfe unseres GPS finden wir sie dennoch problemlos. Der schmale Weg ist zwar frisch geschoben aber für Suses Geschmack trotzdem zu sandig. Sie fährt langsam und vorsichtig, was mich heute allerdings nicht stört. Die Strecke macht mir viel zu viel Spaß und bei der Landschaft habe ich genug zu schauen und zu fotografieren.

Parque Nacional Isluga im Norden Chiles

Wir sind wieder auf dem Altiplano. Um uns erstreckt sich eine Hochebene die von Vulkanen eingerahmt wird. Anfangs kommen wir noch durch verlassen wirkende Dörfer aus Lehmhütten und malerischen Kirchen. Steinmauern schützen die kleinen Felder und die vereinzelten bunten Quinoa-Pflanzen vor dem Wind. Die erst noch grünen Wiesen werden gelber bis irgendwann nur noch harte Grasbüschel und kleine Büsche in dem Hochtal wachsen – die Atacama lässt grüßen. Als es zu tröpfeln beginnt suchen wir uns etwas abseits des Weges und umgeben von schneebedeckten Vulkanen einen Platz für die Nacht. Auf besonderen Sichtschutz müssen wir dabei nicht achten, zwischen den gelben Büscheln ist unser sandfarbenes Zelt bestens getarnt und auf der bisherigen Strecke ist uns gerade mal ein Auto entgegengekommen. Wir schaffen es gerade noch, unser Zelt aufzubauen als ein heftiger Regenschauer einsetzt. Das frisch gesammelte Feuerholz – dürre Wüstenbüsche brennen erstaunlich lange – kann ich noch mit meinem Regenschirm schützen und dann geht's erstmal ab ins Zelt. Der Schauer ist schnell vorbei und so werden wir bei einem schönen Geburtstagsfeuer, auf dem wir auch einen leckeren Eintopf aus grünen Bohnen und Gemüse zaubern, schnell wieder warm.

Sobald sich die Gelegenheit bietet kochen wir mittlerweile über offenem Feuer. Unser Benzinkocher streikt immer öfter, was sicher auch an der großen Höhe liegt und Spiritus für unseren Trangia-Brenner ist auch nicht überall so einfach zu finden. Ein Feuer machen wir wo möglich ohnehin und Tee und Mate müssen mehr als einmal als Ersatz für Wein und Bier herhalten. Unsere Transportkapazitäten sind halt doch begrenzt und um ein paar Tage unabhängig zu sein müssen wir einiges an Essen und vor allem viel Wasser mitschleppen. Da bleibt wenig Platz für zusätzlichen Luxus.

Suse am Kochfeuer

Als wir mit den ersten Sonnenstrahlen erwachen, ist unser Zelt mal wieder von einer dünnen Eisschicht überzogen. Neugierige Lamas grasen um uns herum während wir auf den Resten des gestrigen Feuers Kaffeewasser aufsetzen – genau so muss ein Tag anfangen. Und genauso darf er dann auch weitergehen. Das allmorgendliche Zusammenpacken geht zwar mittlerweile routiniert von der Hand, aber früh los kommen wir fast nie. Wir haben Zeit und Suse lässt sich morgens nur ungern hetzen. Bei den ausgesprochen schönen Übernachtungsplätzen, die wir zwar oft erst nach längerer Suche finden, gibt es auch keinen Grund zur Eile.

Gegen Mittag erreichen wir dann die heißen Quellen am Salar Surire. Zuerst heben wir noch einen verschütteten Geocache, bevor ich mich dann in den heißen, schwefelig duftenden, milchig blauen Tümpel traue. Ich bin vom Fahrtwind ausgekühlt und das Wasser ist so extrem heiß, dass ich nur gaaaanz langsam eintauchen kann. Der Flamingo, der bei unserer Ankunft noch einsam nach Futter gesucht hatte, wollte nicht gemeinsam mit mir baden und Suse lässt sich auch nicht locken. Dabei bin doch eigentlich ich wasserscheu, aber bei heißen Quellen kann ich nicht nein sagen. Gut aufgeheizt empfinde ich selbst den eisigen Wind, von dem ich mich trocknen lasse, um mein Handtuch nicht mit dem Schwefelgeruch zu versauen, als angenehm.

Flamingo in heißem Schwefelsee

Bei der Umrundung des Salzsees erkennen wir zahlreiche Flamingos, kommen aber, aufgrund eines Nist-Schutz-Gebietes, nicht näher an die scheuen Tiere heran. Die vereinzelten wilden Guanakos lassen sich von uns nicht stören und grasen friedlich in der Ebene. Die Idylle der unberührten Natur wird kurzzeitig von einer großen Saline gestört, hinter deren bewachten Zäunen mitten im Naturreservat vermutlich nicht nur Salz gefördert wird. Die breite holprige LKW-Piste zweigt aber bald von unserer Route ab und wir gelangen durch schmalere Täler an den Rio Lauca. Der Weg folgt dem Fluss, der sich tief in die dicken Schotter- und Sandschichten eingegraben hat. Es ist zwar erst Nachmittag, aber vor uns ziehen schwarze Wolken auf und sammeln sich bedrohlich an der nächsten Bergflanke. In dieses Gewitter müssen wir nicht unbedingt hinein und so suchen wir uns schleunigst einen Platz für die Nacht. Das Unwetter beißt sich zwar an dem Vulkan fest und tobt sich direkt vor unserer Nase aus, verschont uns aber. Wirklich blitzgeschützt wäre unser Platz nicht gewesen.

Beim Licht der Morgensonne sehen wir dann, was in dem Vulkan steckt. Die kleinen Wolken, die an seiner schneebedeckten Flanke festhängen sind bei näherem Hinsehen Rauch oder Dampfwolken, und auch aus dem Krater windet sich eine dünne, weiße Fahne.

Das nahegelegene Flusswasser kommt uns zum Abspülen gerade recht. Abends waren wir mal wieder zu faul und mit dem feinen Fluss-Sand können wir die verrußten Töpfe auch mal wieder so richtig blank schmirgeln.

Lauca Nationalpark

Kleine Bäche plätschern neben dem Weg dahin und auf den saftigem Grün, das an den Ufern gedeiht stehen zur Abwechslung Guanakos. Schon erstaunlich wo es überall Kamele gibt.

Je näher wir an den Lauca Nationalpark herankommen, umso schlechter werden die Wege. Weggespülte Brücken können wir auf unseren Enduros umfahren und nach wie vor treffen wir auf keine anderen Fahrzeuge. Ob das ein schlechtes Zeichen ist? Wir müssen weiter, für einen Weg zurück reicht unser Benzin längst nicht mehr. Von den nächsten heißen Quellen, die direkt am Wegesrand liegen, zweigt ein Rohr ab und führt direkt in ein gemauertes Badehaus. Diesmal ist Suse auch mit von der Partie, aber das Wasser ist dermaßen heiß, dass wir, nachdem wir mühsam ins Becken sind, es nur wenige Minuten darin aushalten, bevor wir gekocht sind. In Deutschland ständen hier sicher überall Warnschilder, dass der Aufenthalt nur wenige Minuten erlaubt sei.

Das Wetter schlägt mal wieder um und dunkle Wolken ziehen auf. Die Regenzeit sollte längst vorüber sein, aber El Niño und die Klimaerwärmung halten sich auch hier schon lange nicht mehr so streng an die Jahreszeiten. Die holprigen Erdpisten wollen wir keinesfalls bei Nässe erleben und so beeilen wir uns, die Straße zu erreichen.

Um am chilenischen Grenzposten ausreisen zu können, müssen wir erst ein Stück zurückfahren, da unser Weg durch die Nationalparks im Niemandsland, also irgendwo zwischen den Grenzposten zu Ende war. Meine Sorgen deshalb erweisen sich als unbegründet. In Tunesien, wollte es mir einmal ein Grenzposten in einer ähnlichen Situation partout nicht glauben, dass ich nicht gerade illegal aus Algerien eingereist wäre.

Bolivien

Zum Salar de Uyuni, dem größten Salzsee der Welt

von Axel

Demonstranten in Potosi

Die Einreise nach Bolivien ist etwas komplizierter als an den bisherigen Grenzen. Bei dem herabprasselnden Gewitterregen haben wir es im Büro zumindest trocken. Die Genehmigung für unsere Mopeds müssen wir von einer privaten Agentur ins staatliche Zoll-Computersystem eintragen lassen und dann mit einem Haufen Kopien zurück an den Grenzposten.

Da wir einen kleinen Grenzübergang erwischt haben, bringen wir die Prozedur ohne allzu lange Wartezeit hinter uns und auch die Kopier-Gebühren von zusammen gerade mal 2,50 € fallen recht moderat aus. Geldautomaten oder eine Bank suchen wir hier in dem kleinen Grenzkaff vergeblich, aber in einer Wechselstube bekommen wir einen guten Kurs. An der Tankstelle folgt dann aber die unangenehme Überraschung: Benzin ist alle und die nächste Lieferung wird frühestens in 3 Tagen, also nach dem Osterwochenende erwartet. So lange wollen wir hier auf keinen Fall bleiben und auf Nachfrage werden wir an eine Kanister-Tankstelle weiterverwiesen, die in einer halben Stunde Entfernung am Straßenrand vorhanden sein soll. Wieviel „eine halbe Stunde" in Kilometern ist, können wir allerdings nicht in Erfahrung bringen. Unsere Tanks sind nach den letzten 5 Tagen ziemlich leer und schon bald müssen wir auf Reserve umschalten. Wir versuchen gleichzeitig spritsparend zu fahren und dem Gewitter zu entkommen, das uns verfolgt. Sobald es bergab geht mache ich den Motor aus und lasse mich rollen, und nach etwa einer halben Stunde Fahrt beginnen wir an jeder kleinen Hütte anzuhalten und nach Sprit zu fragen. Erst nach fast einer Stunde erwischen wir einen kleinen Kiosk, der noch etwas Benzin hat, allerdings bekommen wir jeder nur 5 Liter. Den vielen Tanklastern, die uns seit der Grenze entgegenkommen, wollen wir nicht bei Dunkelheit in die Quere kommen und so schlagen wir uns nach weiteren zwei Kilometern erstmal in die Büsche.

Bis zur nächsten Tankstelle legen wir noch hundert spannende Kilometer zurück, aber die 5 Liter vom Vortag reichen. Zuerst will uns die Tankstelle in Patacamaya dann auch tatsächlich keinen Sprit verkaufen, aber nach kurzer Diskussion und Vorauskasse dürfen wir unsere Tanks füllen. Viel weiter wären wir nicht gekommen. In Suses angeblichen 24-Liter-Tank passen 26 Liter und in meinen 30-Liter-Tank bekomme ich 27 Liter gezapft.

Der Sprit in Bolivien ist erfreulich billig – zumindest für Einheimische. Der Benzinpreis ist staatlich subventioniert und günstiges Öl liefert das befreundete Venezuela zu Dumpingpreisen. Ausländer allerdings müssen seit Beginn des Jahres den dreifachen Preis zahlen und sich bei jedem Tankvorgang mit Passdaten und Fahrzeugpapieren registrieren. Diesem umständlichen Prozedere verweigern sich viele der kleinen Tankstellen und verkaufen an Ausländer lieber gleich gar nichts mehr. Heimlich können sie auch nichts abgeben, da selbst die abgelegensten kleinsten Tankstellen videoüberwacht werden. Hier dürfen wir erst tanken, als wir gegen die Fahrtrichtung an der Zapfsäule stehen und so unser Nummernschild für die Überwachungskameras nicht mehr sichtbar ist. Den dreifachen Preis müssen wir zwar so nicht zahlen, aber immer noch fast das doppelte des ausgeschilderten Tarifs, was mit umgerechnet knapp 50ct auf den Liter für uns immer noch günstig ist.

Mittlerweile sind wir ein halbes Jahr unterwegs. Wir mögen uns immer noch und genießen jeden Tag. Die letzten Monate haben wir fast rund um die Uhr in der freien Natur verbracht. Trotzdem holen wir uns aber alle zwei bis drei Wochen erneut einen Sonnenbrand. Seit wir in den Tropen sind werden die Tage kürzer und sobald die Sonne untergegangen ist, wird es schlagartig empfindlich kalt. Gebirge bleibt einfach Gebirge, Tropen hin oder her. Wenn wir kein Feuerholz finden, bleibt uns abends dann nur die Flucht ins Zelt und in die warmen Schlafsäcke. Bislang läuft alles perfekt. Vor der Reise hatte ich mir die Route grob überlegt und obwohl wir jeden Tag aufs Neue entscheiden wo wir langfahren, weichen wir selten davon ab. Ein paar Stationen haben wir fest eingeplant und der Rest ergibt sich jeden Tag wie von selbst.

Nach dem recht europäisch geprägten Süden sind wir in Bolivien schlagartig in einer neuen Welt. Hier wurden die Indios nicht so gründlich ausgerottet wie in Chile und Argentinien und so bestimmen runde Frauen mit ihren typischen Hüten und bunt gestreiften Tragetüchern das Straßenbild. Auf den Hochebenen des Altiplano gibt es keine riesigen eingezäunten Haziendas, sondern überall verteilt stehen zwischen den kleinen Feldern Lehmhütten und ärmliche Dörfer. Jedes noch so karge Fleckchen Land ist bewirtschaftet und auf den weiten Ebenen kann man kilometerweit in jede Richtung sehen. Für uns ungeeignet zum wilden Zelten. Zum Ausgleich sind dafür die einfachen Hospedajes sehr günstig und wir zahlen in Oruro gerade mal 3,5€ für unser Zimmer. Unterkünfte gibt es viele. Die Schwierigkeit besteht nur darin, eine zu finden wo wir auch die Motorräder drinnen parken können.

Auch das Essen ist in Bolivien um einiges günstiger. Für ein bis zwei Euro bekommen wir in den kleinen Restaurants überall eine fast immer fantastische Suppe und noch ein Stück Fleisch mit Reis oder Pommes und oft sogar noch ein Getränk oder eine kleine Nachspeise. Selbst zu kochen käme uns da teurer! Unser nächstes fest eingeplantes Ziel ist der auf 3.600m Höhe gelegene Salar de Uyuni, der größte Salzsee der Welt. Er bedeckt in etwa die Fläche Niederbayerns und ist damit fünfmal so groß ist wie das für derartige Vergleiche immer wieder gerne herangezogene Saarland. Für die Fahrt über eine schlechte Wellblech-Sand-

Kies-Piste brauchen wir fast zwei Tage und dank unseres GPS finden wir schnell die befestigte Auffahrrampe durch die schlammige Uferzone.

Salzgewinnung am Salar de Uyuni

Am Rand des Salars ernten Arbeiter das in weißen Kegeln zum Trocknen aufgetürmte Salz und schippen es auf altersschwache Lastwagen. Wir versuchen einen Slalom durch die Salzwasserpfützen und Schlaglöcher und folgen den zahlreichen Touri-Ausflugs-Jeeps auf die weite, strahlend weiße Sandfläche. Wo die dicken Autos nicht einbrechen wird uns die Kruste auch aushalten. Der Untergrund wirkt wie festgefahrener Schnee und ich brauche eine Zeitlang, bis ich daran glaube, dass er nicht auch genauso rutschig ist. Auf der topfebenen Oberfläche könnte ich das Motorrad mühelos ausfahren, aber noch habe ich ja ein halbes Jahr vor mir und riskiere lieber nichts.

Am Salzhotel, an dem sich auch alle Touri-Jeeps wieder versammeln, erfahren wir, dass unser Ziel – eine Kakteeninsel mitten in der Salzwüste – noch von 30 cm Wasser umgeben und so für uns unerreichbar ist. Es ist erst Mittag und wir bekommen Hunger. Der Wind pfeift kalt über die Ebene und gleichzeitig brennt die Sonne unerbittlich auf uns herab. Gerne hätten wir in dieser einmaligen Umgebung übernachtet, aber so machen wir noch einige Spaßbilder und fahren nach Uyuni, um etwas gegen unsere leeren Bäuche zu unternehmen. In Uyuni verkauft uns die erste Tankstelle mit dem Hinweis, dass sie das gar nicht darf, trotzdem Sprit. Noch während wir anstehen, fallen uns die Augen aus dem Kopf: Da tankt doch tatsächlich jemand Diesel in eine dünne Plastiktüte! Nachdem wir uns ein Zimmer gesucht haben, statten wir noch dem hiesigen Eisenbahnfriedhof einen Besuch ab, auf dem in zwei langen Reihen ein ganzer Haufen alte Dampfloks vor sich hinrosten und langsam im salzigen Wüstenboden versinken. Abends beim Tagebuch schreiben kann ich nicht glauben, wieviel wir mal wieder an nur einem einzigen Tag erlebt haben.

Minentour in Potosí

von Axel

Da der Salar eine der Hauptattraktionen Boliviens ist, wird die kleine Piste nach Osten tatsächlich gerade durch eine neue Straße ersetzt. Wie das aber hier so üblich ist, gibt es keine Umleitungen oder Ersatzfahrspuren während der Bauarbeiten, sondern der Verkehr wird in einer Art Blockabfertigung mitten durch die Baustelle hindurchgeleitet. Solang die Baustelle gerade frisch geteert oder planiert ist, haben wir da auch kein Problem damit, aber auf den frisch aufgerissenen oder tief gekiesten Abschnitten ist der weiche Untergrund für unsere

Motorräder oft fast unbefahrbar und wir müssen uns in den Spuren halten, die vor uns fahrende LKW in den tiefen Schotter graben. Aber als die Baustelle irgendwann vorbei ist, haben wir dafür eine nagelneue Straße vor uns. Davor müssen wir aber noch eine Militärkontrolle hinter uns bringen. Zwei jugendliche Soldaten stehen an einem Schlagbaum. Nachdem wir unsere Passdaten in eine Liste eingetragen haben werden wir aufgefordert eine "Colaboración" von umgerechnet zwei Euro zu zahlen. Auf Nachfrage was das denn für eine Gebühr sein soll, bekommen wir eine Reihe von widersprüchlichen Antworten. Am besten gefällt mir „weil das Militär von der Regierung so schlecht bezahlt wird"

Als uns ein Kleinbus entgegenkommt, soll ich mit meinem Motorrad zwei Meter nach rechts aus dem Weg fahren. Da ich aber mit dem Vorderreifen am Schlagbaum stehe und es bergab geht mache ich den Jungs verständlich, dass mein Motorrad keine Räder hat, die seitlich fahren können und so bleibt ihnen nichts übrig als uns durchzulassen. Weiter kommen wir allerdings nicht. Ich fahre einfach los und dränge den Posten vor mir ab, aber Suse hinter mir reagiert zu langsam und wird gestoppt. Wir haben auf diese Wegelagerei keine Lust und uns vorgenommen in derartigen Situationen nichts zu zahlen. Sie zeigen uns noch in dem Quittungsbuch, in das wir uns ja schon eingetragen haben, wieviel die anderen Touristen jeweils gezahlt haben, aber auch das beeindruckt uns nicht. Unser nächster Trick funktioniert. Wir packen unser Mittagspicknick aus und machen es uns gemütlich und schon dürfen wir weiterfahren. Wenn der Commandante nach seiner Mittagspause die Zahlungen abkassiert, bekommen die Jungs sicher mächtig Ärger. Registriert hatten sie uns ja schon, aber unser Mitleid hält sich in Grenzen.

In Potosí brauchen wir im engen und steilen Einbahnstraßengewirr eine ganze Weile, bis wir das von einem anderen Motorradreisenden empfohlene Hostal finden. Wir können unsere Motorräder im überdachten Innenhof abstellen und an der Rezeption gibt es schnelles WiFi. In früheren Urlauben habe ich es genossen, ohne Computer und Internet unterwegs zu sein, da ich zu Hause und in der Arbeit schon genug vor der Kiste sitze. Für diese Reise habe ich mir aber ein Netbook besorgt um Fotos zu speichern, das GPS mit frischen Karten zu versorgen, die gefahrenen Tracks zu sichern und natürlich nicht zuletzt, um unseren Reiseblog mit unseren Erlebnissen zu füttern. In Argentinien gab es an vielen Tankstellen gratis Internet, manchmal an Campingplätzen und hin und wieder sogar an öffentlichen Plätzen. Jetzt in Bolivien gibt es in den touristischeren Gegenden in jedem Café gratis Wifi und nur in Uyuni mussten wir lange nach einem Internet Cafe suchen, in dem wir wenigstens einen USB-Stick nutzen durften.

Potosí liegt auf 4.000 Metern und ist damit eine der höchstgelegenen Großstädte der Welt. Durch reiche Silbervorkommen war Potosí im 17. Jh. sogar eine der reichsten und größten Städte überhaupt. Heute ist von der einstigen Pracht nicht mehr viel übrig geblieben und abseits der herausgeputzten Fußgängerzone verfallen die ehemaligen Häuser aus der Kolonialzeit. Die Innenstadt gibt sich recht modern und ist für uns uninteressant. Wir durchstreifen lieber die steilen Nebenstraßen und Gassen auf der Suche nach einer günstigen Mahlzeit. Außer teuren Schnellimbissen nach amerikanischem Vorbild und leeren Pizzastuben finden wir aber nichts und stranden letztlich in einer kleinen, versteckten Bar, wo wir uns bei den ungewohnt günstigen Preisen einmal durch die Cocktailkarte trinken.

Wir sind verkatert und unausgeschlafen als unser Wecker klingelt. Wir hatten uns bereits gestern für eine Minentour in den Cerro Rico, den Silber-Berg angemeldet und müssen, viel zu früh, aufstehen. Das längst nicht mehr rentable Bergwerk wird heute von einer Vielzahl an kleinen Kooperativen betrieben. Unsere Minentour führt uns in alles andere als ein Schau-Bergwerk. Wir sind mit Helmen, Lampen, Gummistiefeln und Schutzanzügen ausstaffiert und haben in einem kleinen Kiosk Gastgeschenke für die Arbeiter gekauft. Der übliche Geschenkkorb umfasst dabei einen viertel Liter 96-prozentigen Alkohol, eine Flasche Multivitaminsaft, einen Beutel Cocablätter und Arbeitshandschuhe. Das ebenfalls hier erhältliche Dynamit samt Zündern wird uns zwar präsentiert, kaufen dürfen wir es aber nicht. Der Eingangsstollen ist niedrig und die hölzernen Stützbalken sind morsch und brüchig. Am Boden verbergen sich unter zehn Zentimetern schlammigem Wasser hölzerne Schienen. Gebückt hasten wir hintereinander her. Der Stollen ist schmal und sobald uns eine mit Erz beladene Lore entgegenkommt, müssen wir eilig die nächste Ausweichstelle erreichen und uns an die Wand pressen. Die meist jungen Karrenschieber können und wollen wegen uns nicht bremsen und Schwung verlieren. Als eine der Loren auf den instabilen Schienen entgleist können wir fassungslos beobachten, wie drei der Bergarbeiter die tonnenschwere Fuhre auf die Gleise zurückbuchsieren.

Nach einer Weile verlassen wir den eh schon kleinen Hauptstollen und gelangen in frisches Abbaugebiet. Durch enge Öffnungen und über steile Abraumhalden robben und kriechen wir durch den Berg. Obwohl ich jahrelang als Höhlenforscher unterwegs war, kann ich plötzlich nachvollziehen, warum Klaustrophobiker hier nichts verloren haben. Der Restalkohol in Kombination mit der großen Höhe, die ungewohnte Anstrengung und die stellenweisen hohen Temperaturen von fast 40 Grad machen mich ganz schön fertig und ich muss mich zusammenreißen. Leichte Panik schnürt mir den Hals zu und ich krabble durch das lose Geröll, das unter mir nach unten rutscht, so schnell wie möglich nach oben. Wir treffen auf einige Bergleute die sich gleich über unsere Alkohollieferung hermachen und den Becher kreisen lassen. Ich lehne dankend ab. Schnaps ist gerade das Letzte, was ich brauchen kann.

Über einen der Kumpels, der im Berg unter dem Spitznamen Mike Tyson bekannt ist, wundern wir uns besonders. Der Kerl ist dermaßen dick, dass selbst Ottfried Fischer zu seiner besten Zeit schlank neben ihm ausgesehen hätte. Wir haben uns auf dem Weg hierher durch einige Engstellen quetschen müssen und so ist es uns ein Rätsel, wie er hier hereingekommen ist. Vielleicht war er damals noch dünn und wird seitdem hier unten von seinen Kumpels mit Nahrung versorgt. Die Truppe freut sich jedenfalls über die Pause die ihnen unser Besuch verschafft und so erfahren wir aus erster Hand unter welchen haarsträubenden, mittelalterlichen Bedingungen hier arme Teufel auf einen Glücksfund hoffen.

Auf der Fahrt nach Sucre, der Hauptstadt Boliviens merke ich nach einer kurzen Pause, dass mein Trinkrucksack fehlt. Scheinbar habe ich ihn in Potosí vergessen. Erst nach einigen Anrufen in unserer letzten Unterkunft schaffen wir es, statt der vollkommen uninteressierten Empfangsdame einen der europäischen Gäste ans Telefon zu bekommen, der gerade an der Rezeption im Internet surft. Mein Rucksack ist tatsächlich aufgetaucht. Ich hatte ihn hinten auf mein Moped gelegt und als ich über die Türschwelle gefahren bin, ist er runtergefallen. Wir befinden uns gerade auf einer klassischen Backpacker Route und so findet sich schnell jemand, der mir den Rucksack noch am selben Abend mitbringt. In Sucre bleiben wir über das Wochenende, erkunden die bunten Märkte, und schlagen uns jeden Abend an einem der

Essensstände in der Markthalle die Bäuche voll. Das Standardgericht wird schnell auch unser Lieblingsessen. Der Teller wird mit Reis, Pommes und Salat vollgeladen und oben drauf kommt dann ein Schnitzelchen, ein Spiegelei, reichlich gedünstete Zwiebeln mit Soße, ein Würstchen und eine halbe Banane mit Ketchup und Majo.

Wir schaffen es tatsächlich, eine neue Kette für Suses DR zu besorgen und wechseln auch meine. Ansonsten erholen wir uns in einem der vielen Cafés und stellen einen neuen Rekord auf: Das schnelle Internet hat es uns angetan und so wechseln wir vom Frühstück bis zum Abendessen zwar dreimal den Tisch, aber kein einziges Mal die Kneipe. Mit unserer Herberge haben wir diesmal etwas Pech. Die Mopeds stehen zwar sicher im Hof und auch das Zimmer ist ok, aber das Internet funktioniert nicht wie versprochen und der Nachtwächter schläft lieber tief und fest, anstatt uns oder die anderen Sturm läutenden Gäste nachts wieder reinzulassen. Wir schaffen es zwar die Tür zu knacken und uns Zutritt zu verschaffen, aber die nach uns noch Zurückkommenden wecken uns, anstatt den Pförtner.

Die Ruta del Che

von Axel

Ruta del Che

Wir haben wieder genug von Städten und wählen eine einsame Strecke durchs Hinterland um nach Samaipata zu gelangen, wo wir uns mit Claudi und Werner verabredet haben. Zuerst noch auf Teer, gelangen wir bald auf immer kleinere Schotterstraßen und die nächste Abzweigung im kleinen Padilla finden wir erst nach fast einer Stunde Sucherei. Die GPS-Karte taugt hier nicht viel, die eigentliche Ortsausgangsstraße ist eine Einbahnstraße in die verkehrte Richtung, und beschildert ist hier eh nichts. Und fragen hilft auch nichts, die Einwohner kommen auf ihren Eseln nie weiter als bis zum nächsten Feld und die Fernfahrer bleiben auf der größeren Hauptstraße. Wir hingegen suchen ja gerade die weniger befahrenen und einsamen Nebenstraßen.

Kaum haben wir die staubigen Dorfstraßen verlassen, folgt die nächste Überraschung: Die durch einen kilometerbreiten sumpfigen Schilfgürtel führende Straße besteht aus einem monstermäßig großen Riesenkopfsteinpflaster. Die einzelnen Steine sind fast einen halben Meter groß, und wie wir beim ersten Schlagloch feststellen, an dem ein paar der Quader fehlen, auch einen halben Meter tief. Auf der holprigen und schmalen Straße sind wir zum Glück gerade eh nicht besonders schnell unterwegs, so dass wir diesen heimtückischen

Schikanen rechtzeitig ausweichen können. Die Suche nach dem richtige Weg hat uns lange aufgehalten und so freuen wir uns, als wir nicht weit abseits der Straße an einem kleinen Trampelpfad einen ruhigen Schlafplatz finden. Mitten in der Nacht wache ich auf, ich höre Stimmen. Die Straße verläuft zwar nur knapp unterhalb aber die Leute kommen immer näher. Ich wecke Suse, da mir etwas unheimlich ist und im nächsten Moment schnüffeln auch schon Hunde am Zelteingang herum, die sich aber schnell wieder verziehen. Als die Stimmen und Schritte irgendwann verklungen sind, kann ich noch lange nicht wieder einschlafen, denn ich hasse nächtliche Störungen.

Nach der ungewohnt langen Zeit in der Zivilisation, oder dem was man in Bolivien halt darunter versteht, genießen wir die abwechslungsreiche Landschaft. Im Gegensatz zum weitgehend flachen Altiplano gibt es hier auch wieder Täler und die Straße verläuft abwechselnd mal oben, mal unten – mal ist es brüllend heiß, mal angenehm kühl. Kein Wunder, die Höhenunterschiede sind mit schnell mal 1.000m beachtlich.

Durch den nächtlichen Regen sind dummerweise auch die Flüsse angestiegen und bereits nach kurzer Zeit kommen wir an die erste Furt. Das Wasser ist schlammig braun und der Grund nicht sichtbar. Durchwaten, um festzustellen wie tief das Wasser ist mag ich nicht so recht. Wir legen zunächst im Schatten der Bäume am Ufer unsere Frühstücks-Pause ein und warten auf andere Fahrzeuge, um den Wasserstand abschätzen zu können. Normalerweise freuen wir uns über den wenigen Verkehr, aber jetzt will und will kein Auto kommen. Nur wenige hundert Meter flussaufwärts entdeckt Suse eine schmale Fußgängerbrücke, die gerade breit genug für unsere Motorräder ist. Auf dem Weg dorthin stellt Suse dann bei einem Umfaller in einer kleinen Pfütze fest, dass sie Schlamm noch weniger als Sand mag!

Als wir gerade über die Brücke fahren, kommt doch noch ein Fahrzeug, das sich durch die Furt traut und wir sehen, dass es ganz gut war, nicht einfach blind durchs Wasser zu fahren. Dem höhergelegten Jeep reicht es bis über die Stoßstange.

An der nächsten Furt gibt es dann zwar eine ganz neue Brücke, allerdings ist diese noch nicht ganz fertig und die Auffahrtrampen fehlen noch. Suse nutzt eine Leiter um auf die Brücke und über den Fluss zu kommen und ich als Kavalier muss mal wieder zweimal ran, aber nach dem letzten kleinen Umfaller ist bei ihr die Luft heut raus.

Mittlerweile fahren wir von einem Tal ins nächste und die Passagen die canyonartigen Wände empor werden zusehends spannender, je weiter wir vorankommen. Wir werden das Gefühl nicht los, uns verfahren zu haben. Die Straße auf der GPS-Karte haben wir längst an irgendeiner Kreuzung verlassen, aber umkehren wollten wir nicht und die Richtung stimmt. Vielleicht sollte es uns zu denken geben, dass auch schon länger keine Baustellen mehr kommen. In dieser einsamen Gegend gibt es keine Ansiedlungen in denen wir nach dem Weg fragen könnten und erst am Nachmittag des zweiten Tages begegnet uns endlich wieder ein einsames Auto das uns bestätigt, dass wir tatsächlich noch auf dem richtigen Weg sind.

Der Abend rückt näher und näher, im letzten Dorf gab es keine Unterkünfte und die steilen Berge erschweren die Schlafplatz-Suche. Es will einfach kein geeignetes Plätzchen kommen. Die wenigen ebenen Flächen sind entweder eingezäunt oder durch hohe Böschungen und tiefe Straßengräben unerreichbar. Beim allerletzten Tageslicht finden wir dann doch noch eine kleine Wiese, zwar direkt an der Straße, aber durch einige Büsche halbwegs blick-geschützt, dafür jedoch mit einer phänomenalen Aussicht. Die nächste menschliche Behausung ist zwar meilenweit entfernt, aber gerade als wir unser Zelt aufschlagen kommt ein kleines hutzeliges Männchen dahergewandert und freut sich so sehr über unsere Gesellschaft, dass wir schon befürchten, dass er über Nacht bleibt.

Hätten wir eher in unserem Reiseführer nachgeschlagen, wären wir vielleicht noch in La Higuera vorbeigefahren. Wir kehren jedoch nach einigen Kilometern auf der extrem holprigen Piste wieder um und verpassen so den vermutlich einzigen Campingplatz Boliviens und außerdem den Ort, an dem 1967 Che Guevara nach seiner erfolglosen "bolivianischen Revolution" hingerichtet wurde. In Vallegrande finden wir dann dafür zwischen Flughafen und Friedhof, anstelle der auf unseren Karte falsch eingezeichneten Direkt-Route nach Samaipata, das verschlossene Che Memorial, wo der Berufsrevolutionär bis 1997 begraben war. Da eine direkte Verbindung angeblich nicht existiert, nehmen wir die neue Teerstraße. Zwar 60km Umweg, dafür tolle Kurven in einer netten Landschaft und kein Verkehr. Es könnte schlimmer sein.

In Samaipata angelangt folgen wir Schildern zu einem Campingplatz, den aber außer dem Schildermaler niemand zu kennen scheint und so landen wir schließlich in einer abgefahrenen Hippie-Absteige. Wir müssen noch etwas warten, bis ein Doppelzimmer für uns frei gemacht wird. Die Motorräder können wir so lange schon mal durch die Kneipe, die im Vorderhaus liegt, nach hinten in den Hof fahren. Internet gibt es hier leider keins und so machen wir uns auf die Wifi-Suche um herauszufinden, ob Werner und Claudi aus der Villa in Valparaiso hier auch schon eingetroffen sind. Prompt sitzen die beiden im nächsten Internetcafé und versuchen auch gerade Kontakt mit uns aufzunehmen.

Nach ein paar erholsamen Tagen, ein paar Bierchen und einigen Salchi-Papas, der lokalen Currywurstvariante, trennen sich unsere Wege wieder. Die beiden wollen über die Ruta del Che nach Sucre, wir über Cochabamba nach La Paz. Zuerst müssen wir uns aber bei den beiden noch Geld leihen. Der nächste Automat steht 120 km entfernt in Santa Cruz und tanken sollten wir auch mal wieder.

Die Straße nach Cochabamba ist entgegen anderslautender Infos (noch) nicht durchgehend geteert, führt aber meist als Kammstraße durch wolkenverhangene Nebelwälder. Die Wolken verkürzen die Sicht nicht nur auf wenige Meter, sondern durchnässen uns innerhalb kürzester Zeit. Die ungeteerte Straße ist mörderisch glitschig und so tasten wir uns frierend und fast blind voran.

Nebelwald

In Cochabamba wollen wir eigentlich nur kurz Geld holen und auftanken. Wir erwischen jedoch die Marktstraße und kämpfen uns im stehenden Verkehr mühsam vorwärts. Der Markt erstreckt sich hier über die ganze Innenstadt. Suses Moped geht immer wieder aus – kein

Wunder, dem luftgekühlten Einzylinder fehlt hier der Fahrtwind. So dauert es bei heißgelaufenen Motoren einige Zeit, bis wir aus dem Großstadtgewühl den richtigen Weg Richtung La Paz finden. Mehrmals fahren wir im Kreis. Unsere Navis sind hier nutzlos und die Straßenbeschilderung deckt sich nicht mit unseren Karten. Es ist bereits dunkel, als wir in einem Vorort eine Herberge für die Nacht finden. Die Matratzen sind durchgelegen und bretthart, aber wir sind müde und hungrig, aber zu erschöpft, um nochmal rauszugehen und uns ein Abendessen zu suchen. Bei Dunkelheit aus einer bolivianischen Großstadt herausfahren ist nichts, was wir ein zweites Mal machen wollen.

La Paz & El Alto

von Axel

Der bolivianische Regierungssitz La Paz schlägt mich sofort in seinen Bann. In das flache Altiplano ist ein Riesen-Canyon eingeschnitten; wie hingeklebt hängen unverputzte Backsteinhäuser zwischen vom Regen bizarr ausgewaschenen Sandsteinkegeln an den steilen Flanken. Wie das statisch und geologisch hält, ist mir ein Rätsel. Auf dem Weg zu unserer Unterkunft, wir haben von einem anderen Reisenden einen Tipp für ein zentral gelegenes, motorradgeeignetes Hostel, erleben wir unseren ersten Streik. Zuerst läuft alles glatt und wir erwischen die richtige Stadtautobahn. Um uns herum hat das Verkehrschaos, das uns in El Alto begrüßt hat, zwar nachgelassen, aber die paar altersschwachen Kleinbusse und Lkw geben schwarze Dieselwolken von sich als hätten sie brennende Altreifen geladen.

Gerade als wir uns über die vielen Geisterfahrer, die uns immer häufiger entgegenkommen wundern, stehen wir auch schon im Stau. Irgendwie schaffen wir es uns durchzudrängeln, aber viel weiter kommen wir trotzdem nicht – Demonstranten haben alle Fahrspuren verbarrikadiert. Gerade als ich beide Motorräder über den trotz fehlender Leitplanke noch recht hohen Mittelstreifen gewuchtet habe, geben uns die Demonstranten zu verstehen, dass wir die Absperrungen passieren dürfen. Bevor sie es sich anders überlegen, verlassen wir die Autobahn schnell über die nächste Einfahrt, jetzt ebenfalls entgegen der Fahrtrichtung.

Eher zufällig als geplant gelangen wir über diese „Abkürzung" fast direkt an unser Hostal und müssen nur noch ein kleines Stück gegen die Einbahnstraße, über den hohen Randstein und ein paar Treppenstufen bewältigen, bevor wir die Motorräder im Innenhof parken können. Obwohl ich kein besonderer Freund von Städten bin und es sicher auch schönere Städte gibt, beeindruckt mich La Paz.

Die nächsten Tage haben wir einiges zu erledigen. Meine erst kürzlich in Chile gekaufte Kette muss schon wieder ersetzt werden und Suse braucht neue Hosen, da ihre alten Jeans nur noch aus Löchern bestehen. Eigentlich sollten wir hier alles finden, die Frage ist nur wo. Was in Deutschland kein Problem wäre, beschert uns hier einige Tage des Herumlaufens und Suchens, wobei mir in den steilen Gassen auf knapp 4.000m mehr als einmal die Luft ausgeht.

Unser Sightseeing-Programm beschränken wir auf einen Besuch beim Cholita Wrestling, bei dem traditionell mit bunten Röcken und Hüten gekleidete, runde Bolivianerinnen in den Ring steigen. Organisierte Ausflüge zu diesem Spektakel werden überall teuer an Touristen verkauft. Wir suchen uns aber lieber ein Colectivo und fahren für wenige Cent nach El Alto zur Arena, vor der schon Volksfeststimmung herrscht. Wir mischen uns unter die Einheimischen, müssen aber an der Kasse den fünffachen „Ausländer-Preis" bezahlen. Immerhin dürfen wir uns auf die Holzbänke setzen und müssen nicht nach vorne in die ersten, extra für Gringos reservierten Reihen.

Die Dächer von La Paz

Abenteuerliche Floßfahrt durch den Urwald

von Axel

Nach den kalten Nächten in La Paz sehnen wir uns nach etwas Wärme. Als wir das Getümmel der Stadt hinter uns gelassen und sogar eine Tankstelle mit Sprit gefunden haben, bei der wir als Ausländer tanken dürfen, liegt nur noch der La Cumbre Pass zwischen uns und dem Bolivianischen Tiefland, dem beginnenden Amazonas-Becken. Trotz herrlichsten Sonnenscheins wird es in der Höhe empfindlich kalt und kaum haben wir den Pass überquert, befinden wir uns inmitten der Wolken, die hier an der feuchten Anden-Ostseite kondensieren. Wir haben die Hoffnung, schnell durch die Wolken tauchen zu können, aber je weiter wir nach unten kommen, desto schlimmer wird es und bald bin ich völlig durchnässt. Eigentlich wollten wir die legendäre Ruta de la Muerte, die „Straße des Todes" nehmen, aber bei der glitschigen Nässe und einer Sicht von nur wenigen Metern und ständig beschlagenen Brillen bleiben wir lieber auf der neuen, gut asphaltierten Umgehungsstraße, die nicht weniger spektakulär ins Tal führt.

Nach den kühlen Wochen im Hochgebirge wollen wir zur Abwechslung mal in den Dschungel. Ute und Norbert berichten uns aber von nach Regenfällen für Motorräder unpassierbaren Schlammpisten und haben auch gleich eine Alternative, um nach Rurrenabaque zu kommen: Mit dem „Motor-Einbaum" durch den Dschungel.

Da das nächste Boot allerdings erst in einer Woche ablegen würde, entscheiden wir uns für eine organisierte, fünftägige Floßfahrt durch den Madidi National Park. Früh am nächsten Morgen stehen wir am Marktplatz in Coroico, dem vereinbarten Treffpunkt. Laut Programm sollten wir hier auf die anderen Teilnehmer aus La Paz treffen und nach einem gemeinsamen Frühstück soll es weiter gehen. Mit reichlich Verspätung und ohne Frühstück geht es irgendwann tatsächlich los. Statt der geplanten vier brauchen wir sieben Stunden über die mörderische, von Baustellen durchsetzte, noch originale „Straße des Todes" – die Fahrt ist die Hölle. Auf der Strecke herrscht Linksverkehr. Hinter jeder Kurve lauert Gegenverkehr und unser Fahrer legt gefühlt eine Vollbremsung nach der andern hin. Links neben uns geht es steil bergab in die Schlucht, die Straße ist völlig unbefestigt und ähnelt eher einem in losen Schotter geschobenen Trampelpfad. Allerdings begegnen uns auf der einspurigen Piste reichlich Reisebusse, Lastwägen und selbst Sattelschlepper. Jedes Mal müssen wir zurücksetzen, die Zwillingsreifen immer hart am bröseligen Abgrund, das Heck oft bereits weit überstehend mit direktem Blick auf den in der Tiefe dahinrauschenden Gebirgsfluss. Nur wenige Zentimeter bleiben bei den gewagten Ausweichmanövern zwischen den Fahrzeugen und die voll beladenen Laster kommen oft mächtig ins Schwanken, was den Eindruck erweckt, als wollten sie uns mit einem zusätzlichen Stoß von der Straße schubsen. Ich bin gerade im Gebirge kein guter Beifahrer und auch an Achterbahnen habe ich keinen Spaß, aber so viel Angst hatte ich lange nicht mehr – und das, obwohl ich einen Platz auf der Bergseite habe. Wir gelangen erst mit Einbruch der Nacht zum Startpunkt am Fluss und stellen unsere Zelte auf einer Sandbank, zwischen der „Mülldeponie" des Dorfes und den Schweineställen auf.

Früh am nächsten Morgen gibt es Frühstück, doch dann passiert erstmal lange nichts. Die örtlichen Guides, die das Floß steuern, haben ohne Wissen des Veranstalters noch zwei weitere Passagiere rekrutiert, um ihre Kasse zusätzlich zu füllen. Nach einigen Stunden der Diskussion, dem Versuch ein anders Floß aufzutreiben und die Gruppe zu teilen, fahren wir letztendlich doch alle gemeinsam. Bis das Floß dann bepackt ist, vergeht allerdings nochmal einige Zeit und so starten wir erst am Nachmittag mit einem Tag Verspätung! Wir wissen nicht so recht ob wir der Konstruktion trauen sollen. Ein paar alte Autoschläuche, ein Rahmen aus Bambusstangen, alles zusammengehalten von ein paar alten Stricken und darauf mit Gummibändern verzurrt, ein Berg von Gepäck. Als Sitzbänke dienen uns unsere Packsäcke, unsere Füße baumeln bei jeder kleinen Welle im Wasser. Wir haben immerhin robuste und wasserdichte Ortlieb Säcke. Die anderen Mitfahrer bekommen nur Müllsäcke und „Plastik-Jutesäcke", um ihre Habseligkeiten trocken zu halten, was natürlich zu manchem Wassereinbruch führt. Der afrikanische Universalwerkstoff, in lange Streifen geschnittene Fahrzeugschläuche, kommt auch hier zum Einsatz – sowohl um die Packsäcke zu verschließen, als auch, um alle Ladung auf dem Floß festzubinden. Der ohnehin schon monströse Gepäckberg ist so zwar flexibel auf der schwankenden Bambuskonstruktion befestigt, neigt aber in jeder Stromschnelle dazu umzukippen und das ganze Floß mitzureißen.

Floßfahrt durch den Dschungel

89

Reichlich überladen geht es endlich los. Eng gedrängt sitzen wir zu zehnt halb im Wasser auf dem Floß. Außer uns Teilnehmern sind noch unser Guide, ein Koch und zwei Steuermänner mit von der Partie. Uns bleibt nichts zu tun, außer in der Sonne zu liegen und den Urwald an uns vorbeitreiben zu lassen. Mitrudern dürfen wir nicht und abgesehen davon sind auch nur drei Holzlatten als Paddel an Bord. Unser Kapitän ist noch ein junger Bursche mit höchsten zwanzig Jahren, aber er hat die träge Fuhre recht gut im Griff und schafft es zielsicher, uns auf Ideallinie mitten in der Strömung zu halten. Wenn er am Bug steht, wirkt er mit seinen scharf geschnitten Gesichtszügen wie die Reinkarnation eines Inkakriegers.

Durch den verspäteten Aufbruch ist die ganze Etappenplanung durcheinander geraten und die späte Mittagspause geht gleich nahtlos ins Abendessen über, da der nächste geeignete Anlegeplatz zu weit weg wäre, um heute noch weiterzufahren. Wir schlagen etwas oberhalb des Flusses unsere Zelte auf und da noch zwei weitere Touri-Gruppen mit Booten vor Ort sind, müssen wir ganz schön zusammenrücken. Kaum ist es dunkel, brechen wir zum nächsten Programmpunkt auf, einer nächtlichen Dschungelwanderung, auf der wir leider außer ein paar Bäumen nicht viel zu Gesicht bekommen und da wir immer an einem laut plätschernden Bach entlanglaufen, auch nicht viel hören. In aller Herrgottsfrüh geht es dann um 6:30 nach dem Frühstück noch einmal den Bach entlang. Diesmal allerdings bis zum Wasserfall, wo alle außer mir die Gelegenheit zum Duschen und Baden nutzen. Mir ist es dazu noch zu kalt. Wieder zurück am Floß wird unsere ganze Eile ad absurdum geführt. Wir mussten extra noch vor Sonnenaufgang aufstehen, um die verlorene Zeit hereinzuholen und unsere Besatzung hat es nicht geschafft, in fast zwei Stunden das Floß wieder zu beladen. So sitzen wir noch eine weitere Stunde herum und warten bis es endlich weiter geht.

Mit der in der Tourbeschreibung angepriesenen, im Vergleich zur Bootsfahrt ruhigen Floßfahrt ist es auch nicht weit her. Die Ufer des Rio Kaka sind gespickt mit Goldsuchern. Die Palette reicht von Schürfern mit Waschpfannen, über laut ratternde dieselbetriebene kleine Schwimmpumpen, die hinter Wellenbrechern verankert sind, bis zu großen Minenanlagen mit Bulldozern und lauten Schüttelsieben. Ruhig ist hier nichts und wir wundern uns, wie die teilweise riesigen Maschinen ohne Straßenanbindung überhaupt hierher gelangen konnten. Erst als wir am nächsten Tag den Rio Beni und den Madidi Park erreichen, wird es ruhiger. Das Wasser ist zwar immer noch schlammig braun, aber meist fließt der Fluss jetzt so träge dahin, dass wir uns trotzdem oft im Wasser neben dem Floß hertreiben lassen. Um die verlorene Zeit wieder hereinzuholen, sitzen wir von Sonnenauf- bis Sonnenuntergang auf unserem engen Floß in der Sonne und lassen uns von den immer häufiger auftretenden kleinen Sandfliegen auffressen.

Bis auf einen kurzen Ausflug durch den Regenwald neben einer Bananen- und Kakao-Plantage wird das geplante Programm zusammengestrichen. Wir beide hätten zwar genügend Zeit, aber einer unserer Leidensgenossen muss seinen Flug erreichen. Als wir am Abend des vierten Tags immer noch ein ganzes Stück von unserem Ziel entfernt sind, gelingt es unserem Guide, einen wackligen Einbaum zu chartern, der uns in einer spannenden Nachtfahrt durch die letzten Stromschnellen bis nach Rurrenabaque bringt.

Die Straße des Todes

von Axel

Trotz allem war die Floßfahrt ein schönes Erlebnis, auch wenn ich mir beim nächsten Mal lieber selbst ein Floß bauen würde. In Rurre ist es schwül-heiß und tagsüber nur im Schatten und selbst nachts nur mit Ventilator erträglich. Der einzige Bankautomat im Ort verweigert uns den Dienst und so besorgen wir uns ein Busticket für den nächsten Tag. Nach drei Stunden Wartezeit am Busbahnhof ist irgendwann klar: der Bus kommt heut nimmer. Wir bekommen unseren mühsam heruntergehandelten Fahrpreis wieder ausgezahlt und erwischen mit Glück die letzten beiden Plätze im bereits abfahrbereit dastehenden Bus der Konkurrenzlinie. Verhandeln brauchen wir da jetzt natürlich nicht mehr und so müssen wir den „Listenpreis" zahlen.

Die schlammigen Pisten sind abgetrocknet, aber tief zerfurcht und von riesigen Schlaglöchern durchzogen. Wir sitzen in der undankbaren vorletzten Reihe, die Dämpfer haben ihre besten Tage längst hinter sich und mehr als einmal fliege ich so hoch, dass ich mir an der Decke den Kopf anhaue. Es ist unerträglich heiß und stickig in dem überfüllten Bus. Ich vermisse mein Motorrad und mein Respekt vor Backpackern, die ständig auf solche öffentlichen Verkehrsmittel angewiesen sind, steigt. An Schlaf ist bei dem Geholper nicht zu denken und abgesehen von den Essenspausen beschert uns die Reparatur des Turbo-Lader-Ansaugschlauches ein paar Stunden Pause am Straßenrand. Trotzdem erreichen wir zwei Stunden vor der geplanten Ankunftszeit, nachts um drei Uhr, unser Ziel: Die Kreuzung bei Coroico. Zumindest fast sind wir da, aber mitten in der Nacht fährt keines der kleinen Sammeltaxis und zu Fuß sind uns die 12 Kilometer den steilen Berg hinauf bis in den Ort dann doch zu weit. Als irgendwann doch noch ein Auto hält, fahren wir mit, aber viel bringt uns das immer noch nicht. Mitten in der Nacht hat hier alles geschlossen und so packen wir unsere Schlafsäcke aus und machen es uns auf Parkbänken bequem.

Als die Stadt langsam wieder zum Leben erwacht, wollen wir so schnell wie möglich an unsere hier in unserem Hotel untergestellten Motorräder. Leider ist der Chef nicht da und auch der Garagenschlüssel ist nicht aufzufinden und so ist es bereits Nachmittag als wir endlich die Böcke besteigen. Getreu Murphys Law geht aber weiterhin alles schief, was schief gehen kann: Einer der Reifen ist halb platt und mit der Luftpumpe geht mehr Luft raus als rein. Da können wir gleich unseren neuen Kompressor testen, aber der will auch nicht, denn der Stecker ist kaputt. Also zertrümmere ich diesen kurzerhand und zwirble die Kabel direkt aneinander. In den Motorradklamotten wird es mir in der Zwischenzeit ganz schön warm. Ich habe zu wenig geschlafen und zu wenig gegessen.

Als dann noch Suses Motorrad nicht anspringen will, kann ich mich kaum noch beherrschen. Coroico liegt steil am Berg und so habe ich reichlich Strecke um die DR anrollen zu lassen. Nach fast zwei Kilometern hab ich schon fast aufgegeben und bin ratlos, wie ich die Kiste die steilen Gassen wieder zurückschieben soll. Mehr aus Verlegenheit versuche ich erneut den E-Starter und – ein Wunder – der Motor springt an. Jetzt wollen wir aber endlich los. Also wieder rein in die Klamotten, Helm auf aber jetzt hat meine GPS Stromversorgung einen Wackler und das Navi geht ständig aus. Dafür hab ich jetzt keine Nerven mehr und so muss Suse los und mir eine kalte Cola und neue GPS Batterien besorgen.

Auf dem Weg aus der Stadt trinken wir noch schnell einen der leckeren Jugos, einen Milchshake aus frischen Früchten, die es hier überall gibt und machen uns ein zweites Mal auf zur Straße des Todes. Wir sind zwar spät dran, aber immerhin sind die Fahrradfahrer schon alle durch. Seit es die neue Straße gibt, wird der ehemalige Abschnitt der Yungas Road nur noch von Downhill-Bikern genutzt, die diesen Ausflug in La Paz an jeder Ecke buchen können. Da dies mittlerweile ein Pflichtpunkt für die meisten Backpacker ist, geht es hier vormittags auch dementsprechend zu und eine lange Karawane todesmutiger Biker rollt tagtäglich die ehemals gefährlichste Straße der Welt (an der es mittlerweile Leitplanken gibt!) hinunter, um abends in der Kneipe stolz das „I survived " T-Shirt präsentieren zu können. Landschaftlich ist die Strecke aber nichtsdestotrotz ein Schmankerl.

Die alte Todesstraße

Von Coroico geht es zuerst wieder auf holprigem Steinpflaster nach unten. Dank Pannys Koordinaten finden wir problemlos die richtige Abzweigung zur alten Yungas Road, die sich zuerst noch harmlos nach unten schlängelt. Von der "Straße des Todes" ist nicht mehr viel zu merken. Völlig ohne Verkehr können wir bergauf fahren und außerdem dürften wir bei Gegenverkehr auf die linke, die Bergseite ausweichen.

Nach gerade mal zehn Kilometern kommt uns ein Iveco-Laster mit deutschem Nummernschild entgegen den wir hier schon zum dritten Mal treffen. Wir verratschen uns, und da es spät wird übernachten wir zusammen an einem hübschen Plätzchen direkt neben der Yungas Road.

Am nächsten Morgen nehmen wir dann den restlichen Teil der Todesstraße in Angriff. Die Straße ist weder besonders steil noch sonstwie schwierig zu fahren. Lediglich im oberen Teil geht es neben dem Camino de la Muerte ganz schön weit nach unten. Gerade an einer dieser exponierten Stellen haben idiotische Fahrrad-Guides einen Teil der Straße durch Äste und Steine blockiert, um die Mountainbiker zu zwingen, nahe am Abgrund durch einen kleinen Wasserfall zu fahren. Bis auf diese, durch das Wasser natürlich auch noch rutschige Stelle, sind die größte Gefahr die vielen ungeübten Downhiller, die uns jetzt entgegenkommen und oft nicht wissen, wie sie uns ausweichen sollen. Auch wenn die „Todesstraße" heute ihre Schrecken verloren hat – die Vorstellung, dass bis vor wenigen Jahren der komplette LKW- und Busverkehr in das bolivianische Tiefland über diese schmale und unbefestigte Schotterstraße geflossen ist, lässt uns, noch im Nachhinein erschauern, besonders nach der gestrigen Busfahrt.

Zurück in La Paz kann ich mich abkühlen, verbringe einen kompletten Tag im Bett und füttere unseren Blog. Suse begibt sich währenddessen auf eine Odyssee durch die Eisenwarenläden. Irgendwie hat sie einen Teil ihrer Tankbefestigung verloren und auch Improvisation erfordert halbwegs passende Teile.

Peru

Titicacasee und Colca Canyon

von Suse

Von Copacabana, wo wir die letzten Tage am Ufer des Titicacasees etwas relaxed haben, ist es nur noch ein Katzensprung bis zum kleinen Grenzübergang nach Peru. Es ist zwar einiges los, aber da die Einheimischen nicht zur Passkontrolle müssen, sind wir schnell durch, nur das Ein-Finger-Tipp-System des peruanischen Zollbeamten bremst etwas. Macht aber nichts, unser nächstes Ziel Puno ist nur knapp 150km entfernt. Die Straße führt idyllisch am Titicacasee entlang, gesäumt von kleinen Dörfchen und abgeernteten Feldern. Hier auf 3.800m über dem Meeresspiegel wächst noch erstaunlich viel. Die Luft ist zwar eigentlich recht kühl, dafür hat die Sonne viel Kraft, so dass es echt angenehm ist. In Puno ist schnell ein Hostel gefunden. Auf der Suche nach einem Abendessen finden wir einen inzwischen wohl sehr typisch-peruanischen Laden: ein China-Schnellrestaurant. Mit dem, was wir aus Deutschland an chinesischen Spezialitäten kennen hat es zwar nicht viel zu tun, lecker und vor allem eine willkommene Abwechslung ist es aber trotzdem. Wir wissen es zwar noch nicht, aber das wird in Peru eines der letzten guten Essen sein. Puno an sich ist keine besondere Stadt, die größte touristische Attraktion hier ist ein Ausflug zu den schwimmenden Inseln auf dem Titicacasee. Hier wohnen die letzten Vertreter eines alten Indianerstamms, die aus Unmengen von Schilf ihre Wohninseln immer wieder erneuern. Leider sind die Leute vom Tourismus wohl ziemlich korrumpiert, so dass sie nur noch davon leben. Dennoch haben sie sich eine gewisse Eigenständigkeit bewahrt, sogar die peruanische oder sonst eine nationale Zugehörigkeit lehnen sie ab. Angeblich hat von den Bewohnern der „Islas Flotantes" niemand einen Pass.

Wir sparen uns einen Ausflug dort hin und fahren lieber weiter nach Arequipa – auch die „weiße Stadt" genannt. Es ist umstritten, ob die Stadt wegen ihrer vielen weißen Kolonialhäuser so heißt, oder weil früher keine Indios, sondern nur weiße Bürger die Innenstadt betreten durften.

Wir haben zwar von Katha und Reto, die wir in Copacabana wieder getroffen hatten, die Koordinaten eines Hostels genannt bekommen, aber bei den ganzen verwirrenden Einbahnstraßen, ist es nicht einfach, auch dort hin zu kommen. Als wir endlich da sind, akzeptieren wir den eigentlich zu hohen Preis für ein Zimmer und stellen die Mopeds erstmal in den Hof. Für unser Geld bekommen wir dann aber auch ein riesiges Zimmer und eine tolle Dachterrasse, so dass wir doch gleich 3 Tage bleiben.

Wir erkunden die Innenstadt zu Fuß und lassen auch das Kloster Santa Catalina nicht aus. Hübsch daran sind die ganzen kleinen bunten Wohnhäuschen der Nonnen, die meisten hatten ihren eigenen Haushalt, mit eigenem „Pizzaofen" (so sah es zumindest aus) und Bediensteten. Santa Catalina war wohl ein Kloster für die Töchter der eher reicheren Familien. An der Plaza begegnen uns die bisher einzigen nervigen Touri-Schlepper, die uns fast mit Gewalt in irgendwelche Restaurants ziehen oder uns überteuerte Sonnenbrillen andrehen wollen. Entweder sind die Peruaner offensiver als ihre Nachbarn oder wir haben es im letzten halben Jahr geschafft, alle Touri-Zentren zu umschiffen. Wir suchen uns ein Restaurant aus, vor dem kein nerviger Ausrufer steht. Axel will endlich mal Baby-Alpaca ausprobieren und hier steht es auf der Karte. So richtig etwas Besonderes ist das Alpaca-Steak dann aber nicht, vielleicht hätten wir doch ein teureres Restaurant nehmen sollen.

Die Peruaner sind wie alle Nationen in Südamerika total fußballverrückt. So können wir uns, als Bayern gegen Chelsea das Champions-League-Finale bestreitet, aus vielen Kneipen eine aussuchen, die das Spiel überträgt. Axel, der einzige Bayernfan hier, bekommt als Trost für das verlorene Spiel einen Teller des Nationalgerichts Ceviche ausgegeben. Der rohe Fisch, mit Zwiebeln und Zitrone angemacht, schmeckt gar nicht so schlecht wie ich dachte.

Nur 100km nördlich von Arequipa liegt der Colca Canyon, eines der beliebtesten Reiseziele in Peru. Einige Quellen behaupten, es handele sich um den tiefsten Canyon der Welt, bei genauerem Hinsehen mogeln die Peruaner hier ein wenig: gemessen wird nicht vom Rand des Canyons sondern vom Gipfel eines benachbarten Berges. Die Peruaner stehen einfach auf Rekorde, da wird gern ein bisschen nachgeholfen. Auf dem Weg dorthin passieren wir jedenfalls unseren bisher höchsten Pass mit fast 5.000m und frieren uns dabei ganz schön einen ab. So geht's halt, wenn man beim Aufbruch morgens bei sommerlichen Temperaturen nicht damit rechnet, dass 3.000 Höhenmeter weiter oben noch Schnee und Eis liegen.

Der Colca Canyon kostet inzwischen reichlich Eintritt, erst zwei Monate vor unserer Ankunft hat sich der Preis verdoppelt. Wir sehen es nicht so ganz ein, soviel zu bezahlen, vor allem, da der Peruanische Staat das Eintrittsgeld einfach einzieht, ohne etwas in die Infrastruktur oder den Naturschutz zu investieren. Also sehen wir zu, dass wir erst spät nachmittags in den Canyon einfahren, so dass das Kassenhäuschen schon geschlossen hat. Für die Übernachtung haben wir von Panny und Simon einen Tipp bekommen:

Condore am Colca Canyon

Direkt neben der Hauptplattform für die Condor-Beobachtung liegt noch ein kleinerer Aussichtspunkt mit Wiese, auf der wir ungestört unser Zelt aufbauen und am nächsten (sehr frühen) Morgen die Condore bestaunen können, die direkt über unseren Köpfen kreisen.

Weil ich überzeugt bin, dass uns ein bisschen Bewegung mal wieder gut tun würde, überrede ich Axel, noch ein paar Tage in der Schlucht wandern zu gehen. Also fahren wir noch die paar Kilometer bis ins nächste Dorf, das auch mit einigen Hostels aufwarten kann und wo wir unsere Mopeds auch für 2 Nächte stehen lassen können. Die paar Dörfer in der Schlucht sind noch immer nur über Eselspfade zu erreichen, die hintersten haben erst seit wenigen Jahren überhaupt Strom. Der Canyon ist wohl schon seit der Prä-Inka-Zeit bewohnt, sehr viel hat sich in der Zwischenzeit nicht verändert.

Wir entscheiden uns für den längsten und am wenigsten benutzten Weg bis ins hinterste Eck. Schon ab dem Dorfausgang begleiten uns zwei niedliche Hunde, die einfach nicht mehr umdrehen wollen. Sie betrachten uns schon bald als ihre eigene kleine Herde und versuchen uns immer zusammen zu halten. Der Abstieg wird bald beschwerlich, der Weg ist schmal, steil und voller Geröll, außerdem setzt uns die Hitze immer mehr zu je tiefer wir kommen. Plötzlich überholt uns ein altes kleines Männchen in einem Mordstempo; er ist unten im Tal angekommen, bevor wir richtig gucken können.

Als wir einige Zeit später auch unten ankommen, sitzt er im Schatten und macht gerade Pause. Da das der einzige Schatten im weiteren Umkreis zu sein scheint, setzen wir uns für einen Mittagssnack zu ihm. Wir kommen ins Gespräch und ich bin echt erstaunt, wie gut der Mann über Deutschland informiert ist! Er fragt, wie es in Deutschland läuft seit dem Mauerfall und ob Angela Merkel eigentlich beliebt ist. Und wie wir überhaupt mit so wenigen Rohstoffen zurechtkommen.

Ich kann es kaum glauben, der Mann wohnt im hintersten Winkel der Welt, Zeitungen werden ihn kaum erreichen, geschweige denn Fernsehen oder Internet. Und er weiß über mein Heimatland wesentlich mehr als die meisten Deutschen über den gesamten südamerikanischen Kontinent. Irgendwann verabschieden wir uns wieder und nehmen den nächsten Anstieg in Angriff. Zunächst müssen wir aber noch einen Bach überqueren und hier stellen sich unsere Hütehunde als echte Schisser heraus! Einen der beiden können wir relativ schnell zur Überquerung der Hängebrücke überreden, der andere aber braucht langes gutes Zureden und ein wenig sanfte Gewalt. Der Weg zieht sich immer mehr, es geht immer wieder steil bergauf und bergab. Allmählich bereuen wir doch, dass wir den langen Weg gewählt haben. Viel zu trinken haben wir entgegen der Empfehlungen unseres Hostelwirts auch nicht mitgenommen. Erst nach Einbruch der Dunkelheit und mit viel Gestolper erreichen wir eine Häuseransammlung, in der es laut unserer Infos ein „Hostel" geben soll. Und tatsächlich entdecken wir ein Schild mit entsprechender Aufschrift, dem wir dann auch folgen. Inzwischen ist es empfindlich kalt geworden und wir sind einfach nur froh, erstmal angekommen zu sein. Die Hütte sieht zwar leicht baufällig aus und die Decken scheinen auch schon länger nicht mehr gewaschen worden zu sein, aber immerhin gibt es noch ein kleines Abendessen und auf Nachfrage kriegen auch die Hunde noch einen Schluck Gemüsesuppe.

Nachts fetzt sich einer „unserer" Hunde mit einem seiner einheimischen Kollegen und hält uns die halbe Nacht mit seinem Gekläff wach. Früh am nächsten Morgen brechen wir mit unseren Begleitern wieder auf, verzichten aber auf den Wasserfall am Ende des Tales und machen uns, vom Vortag noch erschöpft, lieber gleich auf den Rückweg. Ich muss ziemlich mit einem Muskelkater kämpfen, daher ist es gut, dass es erstmal immerhin nicht ganz so arg hoch und runter geht wie gestern. Mit Wasser konnten wir uns heute Morgen noch versorgen, nur jetzt geht langsam unser Essen aus. Die Hunde finden am Wegesrand auch nichts und so gucken sie ständig mit hoffnungsvollen Augen zu uns auf, wenn wir uns mal ein Stück Brot oder einen Keks gönnen. Also teilen wir unsere letzten Reste mit ihnen und hoffen, es bis abends noch zum nächsten Hostel zu schaffen. Das befindet sich wieder in der Hauptschlucht am Fluss, also müssen wir wieder ganz hinuntersteigen.

Irgendwo auf dem Weg runter verknackst sich Axel auch noch das Knie und so kommen wir immer langsamer voran. Irgendwann haben wir es dann doch geschafft und gönnen uns am Hostelpool ein kühles Bier und ein Abendessen. Für die Hunde gibt's wieder Gemüsesuppe, diesmal mit ein bisschen Reis. Am nächsten Morgen ist einer unserer Begleiter verschwunden, der Hostelwirt sagt, er sei mit anderen Touris aufgebrochen. Treulose Tomate! Der Zweithund bleibt aber bei uns und nimmt das letzte steile Stück mit in Angriff. Wir überlegen kurz, zwei der zahlreich angebotenen Mulis zu mieten, aber Axel ist trotz seines lädierten Knies zu feige und humpelt lieber langsam weiter (und mir ist bei dem Gedanken, den schmalen steilen Weg auf solch wankenden Gestalten zu reiten, auch nicht sehr wohl). Als wir die 2.000 Höhenmeter Anstieg bis zum Ausgangspunkt unserer Wanderung hinter uns haben, sind wir heilfroh. Unser verbliebener Hund verschwindet auch sobald wir in Sichtweite des Dorfs kommen, leicht enttäuscht bin ich jetzt aber schon! Unser Herbergswirt erzählt auf unsere Nachfrage, dass die Hunde aus dem Dorf sowas öfter machen, weil ihnen langweilig ist.

Abends kommen wir noch mit Giovanni ins Gespräch, einem italienischen Belgier, der mit einem kleinen südamerikanischen Moped unterwegs ist. Er würde gern mal wieder mit Begleitung fahren und so machen wir uns am nächsten Morgen gemeinsam auf. Den schnellen Weg nach Cusco verkneifen wir uns, auf der gut ausgebauten Teerstraße muss es vor Bussen und LKWs nur so wimmeln. Stattdessen schlagen wir uns durchs Hinterland.

Kaputte Brücke in Bolivien

Nach einem Tag in schönem Gebirgsland mit kleineren Hindernissen kommen wir in eine Gegend mit riesigen Minen. Als wir auf unser Tagesziel Espinar zufahren, begegnen wir erstmal einer Hundertschaft Polizei, die im abendlichen Gegenlicht hinter ihren Plexiglasschilden ein schönes Fotomotiv abgeben würden. Wir sind zufrieden, unbehelligt durchgelassen zu werden und auch die Demonstranten ziehen gerade ab. Die Spuren einer kleinen Straßenschlacht sind unverkennbar, aber scheinbar ist jetzt Feierabend und alle befinden sich auf dem Heimweg zum Abendessen. Ein bisschen mulmig ist mir aber schon.

Im ganzen Ort ist nur ein einziges Hostel geöffnet, von den sonst allgegenwärtigen kleinen Läden keine Spur, alles ist verrammelt und überall sind die Jalousien heruntergelassen. Wir bleiben dennoch. Bei der Eiseskälte, die inzwischen herrscht, wollen wir nicht durch die Dämmerung oder gar die Nacht fahren, bis wir einen Zeltplatz finden. In der Innenstadt suchen wir noch etwas zu essen, werden aber nicht fündig, da alles wie ausgestorben daliegt. Dafür folgen wir lauter Musik, die aus einer Sporthalle dringt. Es ist eine große Party im Gange, die wir uns kurz anschauen wollen. Kaum sind wir eingetreten, werden wir schon auf die Tanzfläche gezerrt und wir bekommen fast gewaltsam Bier eingeflößt. Die alten Männlein und Weiblein reißen uns beim Tanzen ständig ihren Vorgängern aus der Hand und haben offensichtlich einen Heidenspaß daran, uns durch die Gegend zu wirbeln. Ganz unfreiwillig sind wir in eine Hochzeit geplatzt und die einzigen Bleichgesichter hier. Nachdem wir auf nüchternen Magen so einige Biere runterkippen mussten, schleichen wir uns lieber wieder davon, bevor wir total abgefüllt werden.

An der nächsten Straßensperre am folgenden Morgen haben wir nicht so viel Glück wie gestern. Hier sitzt ein Dutzend resoluter Frauen und lässt wirklich niemanden durch. Wie wir später erfahren, kämpft die Stadt gegen eine Minengesellschaft und die Umweltverschmutzung, die diese verursacht. Die Protestaktionen weiten sich immer mehr aus, einige Tage nach unserer Abreise kommt es sogar zu einigen Toten bei gewalttätigen Ausschreitungen. Tja, die erwähnten Frauen blockieren die einzige Brücke, die in unserer Richtung aus der Stadt führt und so bleibt uns nichts anderes übrig, als einen anderen Weg zu suchen. Zum Glück gibt uns ein Einwohner den Tipp, dass knapp 20km den Fluss runter noch eine Brücke steht. Der Tipp war gut und kurz darauf kommen wir wieder auf eine gut ausgebaute Straße und können eine kleinere, halbherzige Blockade fröhlich winkend durchbrechen.

Nach einem endlich mal wieder leckeren Mittagessen in einem Mercado – im ersten Stock der Märkte gibt es oft leckeres Mittagessen für kleines Geld – reißen wir das letzte Stück bis Cusco schnell runter. Dort suchen wir erst in der Innenstadt nach einem Hostel, was aber aufgrund fehlender Parkmöglichkeiten für die Mopeds scheitert. Als wir gerade beratschlagen, was jetzt weiter zu tun ist, kommen mit großem Hallo Ils und Johann an, zwei Belgier, die wir schon zweimal unterwegs kurz getroffen hatten. Die beiden sind mit F650 unterwegs und erzählen, dass sie auf einem Camping hoch über der Stadt untergekommen sind. Das klingt gut für uns, auch wenn dann ein Besuch der Stadt mühsam werden dürfte. So sitzen wir dann abends alle zusammen am Lagerfeuer und lassen uns das eine oder andere Bier schmecken.

Der alternative Weg nach Machu Picchu

von Suse

Machu Picchu

Wir verbringen einige faule Tage in Cusco, schauen uns ein bisschen was von der Stadt an, liegen aber die meiste Zeit einfach in der Sonne rum. Weiter geht's dann durch das Tal der Könige in Richtung Machu Picchu. Wir haben lang hin und her überlegt, ob wir uns das antun sollen. Wir haben einige Leute getroffen, denen es dort gefallen hat, aber auch welche, denen es viel zu voll, zu teuer und zu touristisch war. Schlussendlich gönnen wir uns den Besuch in der alten Inka-Stadt dann doch und machen uns auf nach Santa Teresa. Von diesem Ort kann man vollends bis zur Ortschaft unterhalb von Machu Picchu laufen und sich so die teure Zugfahrt sparen.

Zunächst fahren wir aber durchs Tal der Könige, hier lassen sich viele Ruinen aus der Inkazeit bestaunen. Das Tal war eine der Kornkammern des Reiches und musste daher besonders geschützt werden. Oberhalb von Cusco liegen die Reste einer riesigen Festung, in der man die Baukunst der Inkas so richtig bestaunen kann: Hier kamen die perfekt zugehauenen tonnenschweren Felsbrocken zum Einsatz, aus denen die berühmten fugenlosen Mauern errichtet wurden. Die Straße durch das Königstal ist gesäumt von weiteren Bauwerken, seien es größere Städte oder Grabmale für die Inka-Könige. In Ollantaytambo steigen die Tagesausflügler nach Machu Picchu in den Zug um, die Individualreisenden fahren weiter auf einer Straße, die in den letzten Jahren ausgebaut und fast vollständig frisch asphaltiert wurde, Verkehr ist fast keiner vorhanden. So wird die Fahrt über den 4.600m hohen Pass ein reiner Genuss, die vielen Kehren machen richtig Spaß! Auch landschaftlich ist es ein Traum, nach dem Pass geht's rapide den Berg runter und wir durchqueren innerhalb kürzester Zeit verschiedenste Vegetationszonen, um am Ende im Dschungel zu landen. Nur die letzten 25 Kilometer sind noch Staub- und Felspiste, die mir nochmal etwas zu schaffen macht. So bin ich froh, als wir kurz vor Sonnenuntergang am angestrebten Campingplatz ankommen und dort freundlich begrüßt werden.

Der Eigentümer veranstaltet eigentlich Canopy-Touren (wo man sich an quer über Schluchten gespannten Drahtseilen durch die Lüfte gleiten lässt), ist aber auch begeisterter Motorradfahrer. Und so kam er auf die Idee, hier mitten im Dschungel nur für Motorradreisende einen Campingplatz zu eröffnen. Am nächsten Morgen machen wir uns auf gen Machu Picchu – erst ein Stück per Taxi (wir lassen die Mopeds lieber auf dem

Campingplatz stehen) und dann die letzten 12 km zu Fuß immer entlang der Zugstrecke. Leider macht Axel sein lädiertes Knie immer noch zu schaffen.

Entlang der Bahnstrecke nach Aguas Calientes

Die Ortschaft Aguas Calientes unterhalb der Inka-Ruine besteht nur aus Hostels und Pizzerien – und natürlich gefühlten tausend Souvenirläden, die sogar Sauerstoffflaschen für „höhenkranke" Besucher im Sortiment haben. Zum Glück finden wir auch noch einen kleinen Markt, wo wir uns mit Obst und etwas Brot für den nächsten Tag versorgen können. Von dem Geld für den Eintritt und das Busticket auf den Berg könnten wir gut eine Woche leben, aber wo wir schonmal hier sind... Als Service gibt es in unserem Hostel einen Weckdienst, den wir morgens um halb sechs in Anspruch nehmen. Eine halbe Stunde später fährt der erste Bus zur Ruine, wir haben uns sagen lassen, dass der Anblick zum Sonnenaufgang am schönsten ist. Und wirklich hat das bekannteste Fotomotiv Perus zu dieser Tageszeit echt was für sich. Auch das übrige Gelände bietet schöne Panoramen, leider füllt sich die eigentliche Stadt schnell mit Reisegruppen. Als gegen elf Uhr die Tagesgäste eintreffen, die aus Cusco mit dem Zug angereist sind, wird es uns endgültig zu viel. Man könnte meinen, hier gäbe es was umsonst, so drängeln sich die Horden durch die alten Gemäuer. Es gestaltet sich als reichlich schwierig, gegen den Strom die Treppen zum Ausgang zu erklimmen. Wir hätten doch lieber den 4 Tages-Muli-Trip zu einer der weniger bekannten Inkaruinen hier in der Gegend machen sollen.

Die Straße, die wir hergefahren sind, endet ein Stück weiter als Sackgasse im Rebellengebiet des „Leuchtenden Pfades", dessen Anhänger hier immer noch ihr Unwesen treiben. Uns zieht es daher nicht weiter in diese Richtung und so fahren wir den gleichen Weg wieder zurück. Der war aber auch schön genug, um ihn zweimal zu fahren. Nur auf den Hund, der mich haarscharf vom Moped geholt hätte, hätte ich verzichten können.

In ganz Südamerika gibt es jede Menge auf der Straße herum streunende Hunde. Teilweise sind das sicherlich „echte" Straßenköter, die auch weitab der Ortschaften meist schüchtern am Straßenrand liegen und auf Mülltüten hoffen, die einfach aus den vorbeifahrenden Autos und Reisebussen geworfen werden. Richtig gefährlich werden einem eher die Hunde mit einer Mission, die zum Beispiel ihr Revier oder eine Viehherde beschützen wollen. Die haben einen regelrechten Hass auf alle Zweiradfahrer und passen einen oft erstaunlich präzise mit gefletschten Zähnen und lautem Gebell ab. Mit Glück bemerkt man schon aus einiger Entfernung, ob sie einen fixieren, als Feind einstufen und dann genau zu der Stelle losrennen, wo man sie bei der aktuellen Geschwindigkeit auf der Straße passieren muss. Mit weniger Glück springen sie unvermutet aus einer Hecke, um einen anzufallen.

Als nächstes Ziel haben wir uns Huancayo auserkoren, dort wohnt die Freundin einer Freundin, die wir besuchen wollen. Der Weg dorthin soll traumhaft schön durch das nächste Gebirge führen. Wir haben drei Tage für die Strecke von knapp 500km veranschlagt, aber schon bald wird uns klar, dass das nicht reichen wird. Zu kurvig führt uns die Erdstraße durch die Berge. Kurz erfreuen wir uns an einem frisch geteerten Stückchen Straße, wohl wissend, was der neue Teer bedeutet: Baustellen en masse im weiteren Verlauf.

Wo es geht, wühlen wir uns durch den Schlamm an den wartenden LKWs vorbei, dennoch müssen wir oft eine Stunde oder länger warten, bis die Straße wieder freigegeben wird und dann geht es auch nur mit Schrittgeschwindigkeit durch die aufgewühlten Abschnitte weiter. Auf einem Hochplateau erwischt uns die Nacht, keine 2 Minuten nachdem die Sonne am Horizont verschwunden ist, wird es schweinekalt. Notgedrungen schlagen wir in dieser menschenleeren Gegend unser Zelt am Wegesrand auf. Menschenleer? Doch nicht ganz: An diesem Abend bekommen wir gleich dreimal Besuch, ein Hirte kommt auf ein Pläuschchen vorbei und auch ein paar Bauarbeiter der nahen Baustelle sind wohl in einem Dorf in der Nähe zu Hause. Das errate ich alles mehr oder weniger, der Dialekt hier ist in etwa so verständlich wie der der hintersten schwäbischen Alb.

Komplett durchgefroren schaffen wir den Abstieg am nächsten Morgen nur mit Mühe. Im Tal unten können wir uns aber endlich wieder ein bisschen aufwärmen, die Straße schlängelt sich schön etwas oberhalb eines Fluss durch eine Schlucht. Naja, schön war's wohl eher mal. Als wir gegen Abend näher an den Fluss herankommen und nach einem Schlafplatz suchen, finden wir nur komplett zugemüllte Stellen, in allen Büschen und Bäumen hängen massenhaft Plastiktüten und andere Dinge, die ich mir nicht genauer anschauen möchte. Wie wir später erfahren ist etwas oberhalb am Fluss ein großes Stauwerk, das gelegentlich größere Mengen Wasser abllässt und dieses Wasser ist durch die Großstadt Huancayo komplett verschmutzt. So richtig gut funktioniert die Müllabfuhr hier nicht, wir hatten schon mehrfach den Eindruck, dass der Müll in den Städten zwar eingesammelt, dann aber einfach irgendwo außerhalb an den Straßenrand oder auch in den nächsten Fluss gekippt wird. Wirklich schade bei den traumhaften Landschaften! Als wir endlich in Huancayo eintreffen gefällt uns die Stadt nicht wirklich, zum Glück wohnt Maja etwas außerhalb. Durch ihre dokumentarische Filmarbeit erfahren wir viel über die Nöte der einfachen Landbevölkerung, denen von den großen Minenkonzernen sprichwörtlich das Wasser abgegraben, bzw. vergiftet wird.

Gutes Bier gibts auch im Dschungel

von Suse

Wir entspannen uns zwei Tage bei ihr von der anstrengenden Fahrt, bevor wir weiter gen Dschungel reisen. Der empfängt uns dann auch gleich mit einer Geröll- und Schlammpiste, es lohnt sich hier draußen einfach nicht, die Straße in Stand zu halten. Das Dumme ist nur, dass es sich um eine Sackgasse handelt, d.h. wir müssen das alles wieder zurück. In Pozuzo, unserem Ziel, haben sich vor rund 150 Jahren 200 Siedler aus dem Rheinland und Tirol niedergelassen. Diese haben ein nettes kleines Dorf aufgebaut und sich bis heute die Sprache und einige Bräuche erhalten, die uns doch recht altertümlich erscheinen.

Altes Schulhaus in Pozuzo

Diese Siedler haben wohl erst in den letzten Jahren angefangen, sich mit der einheimischen Bevölkerung zu vermischen und immer noch habe ich den Eindruck, dass die deutsch- und österreich-stämmigen Einwohner etwas auf die Indios herabblicken. Auf jeden Fall entdeckt man für südamerikanische Verhältnisse ziemlich viele blonde Menschen mit blauen Augen, die Häuser und Straßen sind in sehr gutem Zustand und nirgends liegt Müll herum. Seit zwei oder drei Jahren haben die Pozuzaner endlich auch eine eigene Brauerei; irgendwas scheint da doch in den Genen zu stecken, es ist das beste Bier, das ich auf diesem Kontinent bisher getrunken habe!

Auf dem Weg hierher sind mir einige Tabakpflanzen aufgefallen, vielleicht kann ich hier ja meine Vorräte etwas aufstocken. Ich frage einen der Stammtisch-Sitzer, ob er nicht zufällig eine Anlaufstelle wüsste. Er sagt mir, ich solle mich kurz gedulden und düst auf seinem Mofa davon. Keine fünf Minuten später taucht er mit drei riesigen Tabakblättern wieder auf und beginnt damit, recht professionell eine Zigarre zu rollen. Vom ersten Zug krieg ich einen Hustenanfall und mir wird schlecht. Mann, was für eine Schande, sowas passiert mir als routinierter Schwarzer-Krauser-Kundin! Das Kraut taugt wohl doch eher zum paffen, als Zigarettentabak ist er ungeeignet, schade eigentlich

Da es jetzt 3 Tage lang nicht geregnet hat, wagen wir die Rückfahrt und tatsächlich ist der getrocknete Weg wesentlich einfacher zu befahren. Im nächsten Ort – auch eine ehemalige deutsche Siedlung – suchen wir erfolglos ein Mittagessen, bevor wir auf einen kleinen Weg nach Westen abbiegen. Schick, wie der sich mal wieder an den Berghängen entlang schlängelt. Auch wenn ich hier immer wieder meckere, diese Straßen sind doch tausendmal besser als die überfüllten Autobahnen mit den ganzen Wahnsinnigen drauf, die die Alternative wären.

Nach einer Nacht auf einem Not-Schlafplatz am Wegesrand lassen wir uns im nächsten größeren Dorf ein lecker Mittagessen schmecken, kurz darauf wird auch der Straßenzustand viel besser. Die nächsten 150km sind schnell heruntergespult, eigentlich fliegt die Landschaft viel zu schnell an einem vorbei, wenn die Straße gut ist! Gegen Abend biegen wir in eine kleine Straße ein, die uns Maja noch empfohlen hatte. Sie ist zwar schmal, aber frisch geteert und es fährt sich toll entlang eines kleinen Flüsschens. Leider will sich ums Verrecken kein Schlafplatz auftun. Wobei, das ist falsch ausgedrückt, schöne Schlafplätze direkt am Bach gäbe es zur Genüge, nur mit den Mopeds kommen wir da einfach nicht hin, das wäre selbst für Axel zu kompliziert. Schlussendlich machen wir es uns auf einem Fußballplatz am Rande eines kleinen Dorfs „gemütlich". Nachts leisten uns ein paar aggressive Hunde Gesellschaft, die offensichtlich scharf auf unser Abendessen sind. Das Knurren im Dunkeln ist mir reichlich unheimlich, uns bleibt nur zu hoffen, dass die Hunde nicht wissen, wie leicht Zeltwände zu zerreißen sind.

Am nächsten Morgen bekommen wir noch viel mehr Besuch: Die örtliche Jugend-Fußballmannschaft ist mit ihrem Trainer angerückt, um den Fußballplatz für das nächste Turnier zu säubern. Wir mit unseren großen Mopeds sind aber natürlich wesentlich interessanter und so räumt der Trainer erstmal alleine auf. Da wir mit ca. 20 neugierigen Jungs um uns herum nicht mehr ganz so gemütlich frühstücken können wie gewohnt, kommen wir recht zeitig los. Immer weiter schlängelt sich das Sträßchen durch die Kulturlandschaft, die Bauern pflügen die kleinen, steilen Felder mit Ochsengespannen. Wenn nicht der recht rasante Gegenverkehr wäre, könnte man sich noch viel besser auf die ganzen schönen kleinen Täler konzentrieren. Nach einem schön entspannten Vormittag im Tal führt uns die Straße jetzt wieder in größere Höhen, schon wieder vorbei an unzähligen landschaftszerstörenden Minen.

Hier wird einem jeden Tag wieder klar woraus die Wirtschaft Perus fast ausschließlich besteht: Dem Abbau von jeglichen Bodenschätzen. Das Verheerende für die Bevölkerung ist, dass sie selbst fast gar nichts davon haben. Halb Peru ist an ausländische Bergbauunternehmen verhökert worden, die auch ihre eigenen Arbeiter mitbringen, wenn eine neue Mine eröffnet wird. Der Widerstand gegen neue Abbaugebiete wird zwar immer größer, die Landbevölkerung verkauft nicht mehr ohne weiteres ihr Land, aber das hilft ihnen kaum: Laut peruanischem Recht gehört dem privaten Landbesitzer sein Grund nur bis in eine Tiefe von 20cm, alles darunter dem Staat (oder halt dem Unternehmen, das es vom Staat gekauft hat).

Es ist schon später Nachmittag als wir ganz oben auf dem Berg in ein kleines Sträßchen abbiegen, das uns in einen Nationalpark führt. Seit einiger Zeit verfolgen uns schon tiefschwarze Wolken. Nachdem Axel einige Zeit darauf verwendet hat, ein stimmungsvolles Panorama-Foto hinzubekommen, erwischt uns eine Schneefront, kaum dass wir wieder auf den Böcken hocken. Maaaannnn, ist das kalt an den Fingern! Und unwohl ist mir auch noch auf dem engen, gerölligen und jetzt auch noch glitschigen Sträßchen. Diesen Weg haben wir genommen, um uns die „Puya Raimondi" anzuschauen – eine inzwischen selten gewordene Bromelienart mit über 10m (!) hohen Blütenständen. Leider sind wir zu spät dran, dieses Jahr scheint die Blüte schon vorbei zu sein, schade! Der Niederschlag holt uns wieder ein, diesmal in flüssiger Form.

Bevor wir einen geeigneten Schlafplatz finden, sind wir auch schon am Ausgang des Nationalparks und an der nächsten großen Straße angekommen. Eigentlich wollten wir gar nicht nach Huaraz, der nächsten größeren Stadt, da uns aber nicht ein einziges nur halbwegs geeignetes Hostel oder gar ein Zeltplatz unterkommt, ist es schon wieder erst nach

Sonnenuntergang, als wir in der Stadt eintreffen. Erst nach langem Suchen treiben wir ein Hostel auf, in dem wir die Mopeds parken können. Und wie es der Zufall will, erwischen wir mal wieder genau das Hostel, in dem auch Heidi und Bernd abgestiegen waren – nur leider sind die beiden schon zwei Tage zuvor wieder abgereist. Das haben wir mit den beiden öfters, dass wir uns um Tage oder auch nur Stunden verfehlen.

Eigentlich schon seit Beginn der Reise bröckeln Axels Schuhe mehr oder weniger langsam vor sich hin, die Zwischensohle der 20 Jahre alten Wanderstiefel löst sich inzwischen halt auf. Da Huaraz ein Trekkingzentrum ist, malen wir uns gute Chancen aus, hier endlich einen guten Schuhmacher zu finden. In den letzten Wochen musste Axel alle paar Tage seine Sohle wieder ankleben, mit dem was halt gerade verfügbar war. Tatsächlich ist bald ein Laden aufgetrieben und die Schuhe sind zur Reparatur abgegeben. Der Aussage, die Schuhe seien am nächsten Morgen fertig, traue ich zwar nicht so ganz, aber es sollen ja noch Wunder geschehen. Aber nicht heute. Am nächsten Morgen heißt's, die Schuhe brauchen noch bis zum Abend, also hängen wir noch einen faulen Tag mit Fotos hochladen, Berichte schreiben und futtern dran.

In der Cordillera Blanca

von Suse

Es hatte uns ja hauptsächlich die Hostel-Suche bis nach Huaraz getrieben, ursprünglich wollten wir schon 30km vorher ins Nachbartal abbiegen und uns einige Tage in der Cordillera Blanca herumtreiben. Also geht's die gleiche Straße zurück bis zur Abzweigung. Kaum abgebogen zeigt sich uns eine traumhaft schöne Landschaft mit kleinen Seen und schneebedeckten Gipfeln. Nach einer ausgedehnten Vesper-Pause inklusive Fotoshooting geht's immer weiter den Berg hoch. Nur die relativ vielen Autos stören ein bisschen; ständig muss man damit rechnen, im halsbrecherischem Tempo in unübersichtlichen Kurven überholt zu werden. Wir sind offensichtlich einfach zu langsam für dieses Land!

Obwohl sich vor uns dicke schwarze Wolken zusammenbrauen, haben wir heute noch Glück mit dem Wetter und finden noch bei Sonnenschein ein nettes kleines Plätzchen zum Zelten, leider finden die Mücken den auch. Am nächsten Morgen ist das gute Wetter Geschichte, wir können aber gerade noch zusammenpacken, bevor der Regen losgeht. Kalt ist es auch noch, zum Glück ist die Straße inzwischen so holprig, dass wir nur langsam vorankommen und so eigentlich kein Fahrtwind aufkommt. Da wir uns ganz schön den Hintern abfrieren und es immer weiter nach oben geht, machen wir schon um halb fünf Feierabend als wir einen alten Vieh-Pferch am Straßenrand entdecken, wo wir uns hinter einem verfallenen Mäuerchen verstecken können. Beim Holzsammeln fürs Lagerfeuer wird's uns dann auch wieder ein bisschen wärmer.

Cordilliera Blanca

Leider ist es auch am nächsten Morgen wieder bewölkt, von den nahen Gletschern weht dazu ein eisiger Wind. Nach wenigen Kilometern kommen wir in den nächsten Nationalpark, ab hier ist erstmal wieder geteert. Ich lerne es einfach nicht und freue mich über den ganz frischen Asphalt. Aber was bedeutet ganz frischer Asphalt? Richtig, irgendwann kommt die dazu gehörige Baustelle. Die erwischt uns schon nach wenigen Minuten, die freundliche Dame mit dem Stoppschild behauptet, um 11 würde es weitergehen. Nur eine halbe Stunde, dann geht's ja noch. Die umliegenden Gipfel stecken leider alle in den Wolken, wir sind inzwischen schon wieder auf fast 4.000 m, also gibt es keine Panoramafotos. Aus der halben Stunde werden fast 2, bis wir weiter können. Die nächsten 10 Kilometer werden die Hölle. Erst so richtig tiefer Schlamm, der mangels LKWs vor uns noch nicht festgefahren ist, dann geht's in unglaublich engen, rutschigen Kehren auf knapp 5.000m hoch. Als wäre das alleine nicht genug, fängt es auch noch zu schneien an, so dass ich kaum noch meine Finger bewegen kann.

Der Paso Olímpico bietet bei schönem Wetter sicher einen grandiosen Ausblick, uns bleibt dieser allerdings verwehrt. Auf der anderen Seite geht's wieder in engen Kehren runter, diesmal besteht die Straße zu meiner unbändigen Freude aus losem Erdreich gespickt mit faustgroßen Steinen. Irgendwie schaffen wir es, den Abgrund nicht herunter zu stürzen und nach 3 oder 4 weiteren Straßensperrungen haben wir es bis ins Tal geschafft. Unglaublich, was die Peruaner mit ihren Nationalparks veranstalten. Überall im Land geben sie sich mit kleinen Feldwegen zufrieden, nur in Gegenden, die eigentlich dem Naturschutz dienen sollten, sprengen sie halbe Berge weg, um eine Autobahn durch zu bauen...

Für die knapp 50km Tagesetappe haben wir fast 6 Stunden gebraucht und die meiste Zeit davon im Regen an Baustellen gewartet. Axels Schuhe lösen sich schon wieder auf, also machen wir den Rundweg komplett und fahren zurück nach Huaraz, um den Schuster nochmal nachbessern zu lassen. Als Belohnung für unsere Mühen in den letzten Tagen gönnen wir uns ein leckeres Steak im „Mi Chef Kristoff". Wir kommen mit dem Inhaber, einem Belgier, ins Gespräch und verquatschen uns bei seinem selbstgemachten Schnaps bis fast fünf Uhr morgens. Der nächste Tag ist ein verlorener Tag, ich beschäftige mich nur mit ausnüchtern und Kater haben. Junge, so schlecht ging's mir lang nicht mehr!

Abseits der ausgetretenen Pfade durch's Peruanische Hochland

von Suse

Tunnel im Pato Canyon

Etwas erholter kann es tags drauf weiter gehen, gen Pato Canyon, der Entenschlucht. Die Straße durch die enge Schlucht ist zwar nicht geteert, aber recht gut zu befahren, nur die sicher an die hundert in den Fels gesprengten unbeleuchteten Tunnel sind ein bisschen spannend. Da das Wetter wieder mitspielt, ist es ein ständiger Wechsel zwischen grellem Sonnenschein und staubiger Dunkelheit, die unsere sich Scheinwerfer schimpfenden Funzeln nicht erhellen können. Wenn dann auch noch jemand im Tunnel entgegen kommt wird's eng, nicht mal ein Auto und ein Moped kommen aneinander vorbei. Zum Glück ist hier nicht viel los und die wenigen Autofahrer, die uns entgegen kommen, sehen allesamt ein, dass wir keinen Rückwärtsgang haben und setzen freiwillig zurück. Obwohl wir früh mit der Schlafplatzsuche anfangen, wird es sehr spät, bis wir eine geeignete Stelle finden. Der Fluss hat sich so senkrecht in den Stein gefressen, dass zwischen ihm und der Straße kaum ein ebenes Fleckchen bleibt.

Am nächsten Morgen sind's dann nur noch 25km Schotter bis wir Pannys Lieblingsbrücke finden. Er hatte schon Fotos gepostet, in Wirklichkeit sieht sie aber noch viel wilder aus. In Südamerika ist es üblich, Brücken aus einigen Querbalken zu bauen, über die dann mehr oder weniger breite Fahrspuren aus längs verlegten Holzbrettern gezimmert werden. Nur hier kommen gleich mehrere spannende Dinge zusammen: Die Brücke führt ziemlich hoch über einen reißenden Fluss, zwischen den Querbalken ist so viel Platz, dass man samt Moped durchfallen kann und die Längsbretter stehen in alle Richtungen ab oder sind ganz weg. Puh, ich brauche ganz schön lang bis ich mich überwinden kann, da drüber zu fahren und ich bin heilfroh als wir beide gesund und munter auf der anderen Seite angekommen sind. Aber der Mut hat sich gelohnt: Wenn wir nicht auf die Brücke abgebogen wären, wäre es gerade aus nur noch zur Panamericana und dann nach Lima gegangen. Wir haben uns aber bewusst dagegen entschieden, diese „Traumstraße" vieler Reisender zu befahren, da sie meist autobahnartig geradeaus durch die Landschaft schneidet – und dazu hier in Peru berühmt-berüchtigt ist, was Kriminalität und Korruption angeht. Im Süden Argentiniens hatten wir z.B. ein Fahrradfahrer-Pärchen getroffen, das auf der PanAm südlich von Lima nur knapp einem

Überfall entgangen war. Inzwischen konnten sie über den Vorfall schon lachen und zeigten stolz das Einschussloch an einem ihrer Rahmen! Ich könnte mir vorstellen, dass sie in diesem Moment jeden Tour de France-Teilnehmer überholt hätten – und das ganz ohne Doping...

Jedenfalls schlängelt sich unser kleines auserwähltes Sträßle weiter an einem Bach entlang (und über drei weitere haarsträubende Brücken) bis wir an eine Abzweigung kommen: geradeaus weiter am Bach entlang, dafür aber „nur" als Erdstraße, oder rechts im falschen Winkel zu unserem eigentlichen Etappenziel, dafür frisch asphaltiert und hübsch kurvig durchs Gebirge. Da ich aus irgendeinem Grund der Erdstraße nicht traue, folgen wir der Teerstraße. Fahrerisch traumhaft in lauter kleinen Kurven immer weiter den Berg hinauf mit spektakulären Aussichten in die gesamte Gegend. Die Strecke ist zwar auf dem GPS vorhanden, das Gerät lässt sich aber nicht überreden, die Strecke bis zum nächsten Ziel durch zu routen. Daher staunen wir nicht schlecht als wir feststellen, dass wir wohl um die 100 km Umweg gefahren sind.

Straßenbauarbeiten

Nach einem Mittagssnack nahe eines kleinen Dorfs ist die gemütliche Ausfahrt vorbei. Urplötzlich verwandelt sich die gut ausgebaute Straße mal wieder in einen vernachlässigten Feldweg. Am letzten Dorf hat anscheinend mal wieder die Zivilisation aufgehört. Vielleicht ist das der Grund, warum das GPS nicht durchrouten wollte, weil es die Straße nicht durchgehend gibt?? Weil aber unser Sprit für den ganzen Weg zurück nicht reichen würde (und wir wie üblich auch gar keine Lust haben umzukehren) schauen wir einfach mal, wie es weitergeht. In den nächsten 40 oder 50km senken wir den Tagesschnitt auf beachtliche 20 km/h, aber hübsch ist es wie fast überall, wo es schwieriger zu fahren wird. Entgegen kommen uns zum Glück nur Motorradfahrer, einem Auto auszuweichen könnte hier schwierig werden. Ziemlich abgekämpft kommen wir im nächsten Dorf an, ich habe die große Hoffnung, dass die Straße ab hier wieder besser wird.

Diese Hoffnung haben bestimmt auch die Einwohner – aber frühestens nächstes Jahr: Im Moment wird die Serpentinen-Straße den Berg runter bis zum Fluss komplett aufgewühlt, vermutlich um sie mal wieder neu zu befestigen. Wär's nach mir gegangen, hätten sie damit noch ein Weilchen warten oder sich etwas beeilen können. Der jetzige Zustand ist jedenfalls der denkbar ungünstigste. In jeder der sauengen Kehren liegt zentimeterdick loses Erdreich gespickt mit männerfaustgroßen Steinen. Das kenn ich doch irgendwo her! Ein bisschen Tageslicht wäre zwar noch übrig, als wir aber im Tal ankommen, sind wir so erschöpft, dass wir uns schnell einen halbwegs versteckten Zeltplatz am Fluss suchen. Schickerweise liegt überall Schwemmholz rum, das uns ein großes entspannendes Lagerfeuer beschert. Im letzten Dorf sind wir noch auf die grandiose Idee gekommen, ein Feierabendbier zu besorgen, so wird der Abend richtig gemütlich.

Zumindest bis wir schlafen gehen wollen und Axel beim Ins-Zelt-Kriechen einen spitzen Schrei ausstößt. Beim Aufstützen auf dem Boden hat ihn irgendwas fies in die Hand gestochen. Erst können wir uns nicht erklären was die Ursache war, aber dann zeigt es sich doch: Was wir beim Zelt aufstellen für vertrocknete Blütenreste gehalten hatten, sind in Wirklichkeit eine Art Kletten mit spitzen und erstaunlich stabilen Stacheln. Ein Blick unters Zelt genügt: sie sind überall, da müssen wir nochmal ran. Da das Zelt auf der einzigen ebenen Stelle im Umkreis steht, ist ein Umzug nicht möglich. Also heißt es, einen Besen aus den nächststehenden Büschen zu basteln und fegen. Wir dürfen mitten in der Nacht (mit langsam aufgebenden Taschenlampenbatterien) kein einziges von diesen stacheligen Biestern übersehen, sonst hat sich das bald mit den selbst aufblasenden Matten.

Juchhe, wir haben sie alle erwischt, auch am nächsten Morgen sind die Matten noch voll Luft. Wir bewegen uns beim Aufräumen, als wären wir 100 Jahre alt, die Strapazen von gestern stecken noch in den Knochen. Eigentlich haben wir uns für eine entspannt aussehende Etappe durch dieses Tal entschlossen, doch die Peruaner machen keine halben Sachen und haben auch diese Straße aufgerissen. Nur leider so sehr, dass sie sogar komplett gesperrt ist. Das kommt in den hiesigen Breitengraden gar nicht oft vor, ist das Straßennetz hier doch lange nicht so dicht wie bei uns zu Hause. So kann eine einzige Straßensperrung einen Umweg von 100km und mehr bedeuten. Daher werden die Straßen bei Baustellen meist nur zeitweise gesperrt, was die Bauzeit zwar erheblich verlängern dürfte, aber dafür den Verkehr zwischen den Dörfern nicht vollkommen verhindert.

Vielleicht hätten wir es trotzdem über die gesperrte Straße versucht – soll sie doch in nur 30km zur nächsten größeren Ortschaft führen, der Weg außenrum ist ungleich länger. Aber es steht tatsächlich ein gelangweilter Militär an der Sperre – inklusive Maschinengewehr! – und schickt uns weiter. Langsam wird der Sprit knapp. Nach endlos vielen Serpentinen den Berg hoch kommen wir wieder in eine Art Hochebene. Die paar Dörfer, die wir hier finden, sehen zum Teil arg ausgestorben aus, die Hoffnung auf eine wie auch immer geartete Tanke schwindet. Den ganzen Vormittag sehen wir auch in den Dörfern kein einziges Auto. Naja, immerhin fahren wir Sprit sparend, mehr als ein 20er Schnitt ist auch heute nicht drin. Schön, mehr Zeit zum Landschaft gucken.

Zum Glück haben wir immer noch einen halben Rucksack voll mit altem Brot, Tomaten und hartgekochten Eiern, so können wir uns am Wegesrand in aller Ruhe ein spätes Frühstück mit Aussicht gönnen. Die wird erst nach einer ganzen Weile durch eine riesige Mine hoch oben auf dem nächsten Gipfel verunstaltet. Aber halt: eine große Mine heißt vielleicht auch eine größere Stadt mit Tankstelle und anschließend vielleicht sogar eine besser ausgebaute Straße – schließlich müssen hier dann die großen LKWs durch. Tatsächlich taucht bald vor uns eine vergleichsweise belebte Kleinstadt auf. Wir stürzen uns ins Gewühl, es geht steil bergab in den Ortskern. Und hier wird's haarig: Die Bauwut greift auch hier um sich. Irgendein wahnsinniger Stadtplaner hat wohl beschlossen, dass es sinnvoll ist, ALLE Straßen gleichzeitig aufzureißen, bzw. tief auszubaggern. Ich frage immer wieder Passanten, wie wir aus dieser Stadt in die richtige Richtung wieder raus kommen. Jeder erzählt uns etwas anderes und jeder angezeigte Weg erweist sich als Sackgasse mit unüberwindlichen Hindernissen wie

z. B. abgerissenen Brücken, mehreren Meter hoch aufgetürmten Schuttbergen oder einem Dreiviertelmeter–Absatz zum intakten Teil der Straße mit Hühnerleiter für die Fußgänger.

Wir verspüren aber wenig Lust, unsere Mopeds hier zu lassen, wenn sie auch schon einige Fans gefunden haben: Gleich mehrere Male werden wir von Passanten gefragt, ob sie Fotos von uns machen dürfen. Oh Wunder! Beim sicherlich zehnten Versuch entdecken wir eine Stelle, wo ein schmales Brett so über einem Graben liegt, dass wir es mit dem Moped schaffen müssten und „drüben" sichten wir die Straße. Glücklich wieder auf festem Untergrund vergessen wir glatt, nochmal nach der Tanke zu fragen, die angeblich am Ortsrand kommt und schwupp, sind wir wieder in der Wildnis. Zum wiederholten Mal auf dieser Reise beglückwünsche ich uns zu unseren 25- bzw. 30-Liter-Tanks, trotzdem werde ich allmählich unruhig, der Kilometerstand nähert sich der 500er Marke. Also mache ich mich im nächsten Dorf wieder auf Fragerunde, diesmal mit mehr Glück: Aus einem Hinterhof heraus verkauft ein altes Männchen Sprit aus Kanistern und ich muss nur fünf Mal fragen, bis mir einer das richtige Haus zeigen kann. Ein Schild oder ein sonstiger Hinweis auf den Spritverkauf ist natürlich zu viel verlangt. Naja, allzu viele Fremde dürften hier wohl nicht durchkommen, wir werden zum Teil wie Aliens beäugt und immer häufiger wird uns ein „Hey Gringo" hinterhergerufen, von dem wir nicht so recht wissen wie es gemeint ist.

Jetzt haben wir mal wieder zwei Alternativen: Der kürzeste Weg mit großer Ungewissheit beim Straßenzustand bis kurz vor das Etappenziel Huamachuco oder ein riesiger Umweg mit etwas kleinerer Ungewissheit. Schweren Herzens stimme ich für die Abkürzung und die hat es nochmal in sich. Der steinige Weg führt bergan-bergab durch eine unwirtliche, von Minen zerfurchte Gegend. Nach drei äußerst anstrengenden Tagen bin ich am Ende und würde mich am liebsten heulend in den Straßengraben legen. Dafür ist es aber inzwischen zu kalt, eine tiefschwarze Wolke verfolgt uns überall hin. Nach drei oder vier Beinahe-Stürzen will ich grad am liebsten aufgeben, als wir einen Berggrat passieren. Plötzlich herrscht wieder strahlender Sonnenschein, der zwar immer noch geschotterte Weg ist aber plötzlich breit, gut befestigt und fährt sich wie ein Traum! Als wir die Hauptstraße erreichen, küsse ich trotzdem in Gedanken den Teer, was für ein Höllenritt hierher.

In Huamachuco gönnen wir uns ein kleines Hostel mit warmer Dusche und WLAN. Nachdem wir den ersten nagenden Hunger mit einer „Papa Rellena" – einer leckeren gefüllten Kartoffel – vom Stand gegenüber gestillt haben, spülen wir erstmal den Staub und Schweiß der letzten Tage vom Körper. Die gefüllte Kartoffel war aber bei weitem kein ausreichendes Abendessen. In der Innenstadt suchen wir lange nach dem zentralen Markt, um dort etwas Essbares zu finden, aber anscheinend hat der hier abends nicht mehr geöffnet, schade. So suchen wir eine der hier überall vertretenen Hühner-Röstereien auf. Schon erstaunlich, man könnte meinen, die Peruaner ernähren sich ausschließlich von Hähnchen, so gut wie diese Restaurants besucht sind. Dabei sind die für die hiesigen Verhältnisse reichlich teuer, ein Viertel gegrilltes Hähnchen kostet oft 4-5 Euro, ein Mittagsmenü in den kleinen Garküchen dagegen nur 1-2€. Wir sitzen also in diesem Fast-Food-Laden und müssen zwischen 3 Varianten wählen: gegrillt, gebraten oder „Mollejitas", was auch immer das ist. Diese bestellen wir dann, ich hätte aber wohl besser mal wieder mein Wörterbuch mitgenommen. Auf dem Teller liegen undefinierbare dunkle Fleischstücke, die sich ziemlich knorpelig kauen. Zurück im Hostel erfahre ich, das wir gerade Hühnermägen verspeist haben, ein zweifelhaftes Vergnügen.

Am nächsten Morgen geht es gut ausgeschlafen und entspannt auf Teer weiter. Die Polizeikontrolle nach der Stadt überstehen wir trotz abgelaufener Versicherung gut und wir können die Fahrt durch die hügelige Landschaft genießen. Überall am Straßenrand stehen Ziegelbrennereien, wo der Ton noch von Hand in die Formen gepresst und die fertigen Ziegel in der Sonne getrocknet werden. Die Sonne scheint, ein laues Lüftchen macht auch die Temperaturen angenehm, was will man mehr? Ach ja, essen! Peru ist das Land der Meerschweinchen, diese Spezialität wollen wir auch noch probieren, bevor wir in ein paar Tagen in Ecuador ankommen. Maja hatte uns empfohlen, das nicht in einer großen Stadt zu probieren, sondern aufs Land zu fahren, wo in sogenannten Recreos am Wochenende ganz traditionell und gut gekocht wird. Heute ist Sonntag, also stünden die Chancen nicht schlecht. Anscheinend sind wir aber doch schon wieder zu weit weg von einer größeren Stadt, hier draußen haben die Leute wohl nicht genug Geld, um essen zu gehen. Wenn dann auch keine gestressten Großstädter kommen, lohnt ein solches Recreo wohl nicht.

In einer Kleinstadt finden wir aber immerhin ein kleines Mittagsrestaurant, in dem heute Cuy Guisado angeboten wird – eine Art Meerschweinchen-Eintopf mit Reis. So kommen wir dann zu einmal „Schweinshaxn", zwar eigentlich recht lecker aber ziemlich wenig, an so einem Meerschweinchen ist unter dem ganzen Fell echt nicht viel dran. Die nächste Großstadt Cajamarca lassen wir lieber aus, der Verkehr hat schon einige Kilometer davor merklich zugenommen und nach Gewühl und Stau steht uns gerade nicht der Sinn. Wir biegen lieber wieder auf Schotter in die Berge ab, über Leimebamba soll es schön nach Chachapoyas gehen. Wie so oft in letzter Zeit brauchen wir viel Zeit, um einen Schlafplatz zu finden. Das Land macht eigentlich gar keinen so dichtbesiedelten Eindruck, aber es findet sich kaum ein Fleckchen, das nicht von einem oder zwei Häusern einsehbar ist. Kaum ist die Sonne untergegangen fällt die Temperatur schlagartig unter Null Grad. Immerhin hat die nächste, viele Kilometer lange Baustelle nachts geöffnet, aber dank unserer recht sparsamen Scheinwerfer kommen wir nur im Schritttempo vorwärts. Der Zustand der Straße ist zwar deutlich besser als gedacht, aber man weiß halt nie, was nach der nächsten Kurve so passiert. Halb erfroren finden wir endlich ein altes, nicht mehr benutztes Stück Straße, auf dem wir es uns für die Nacht „bequem" machen.

Viehmarkt im „Dorf der lustigen Hüte"

In der nächsten Ortschaft ist gerade großer Viehmarkt, die Einwohnerschaft der gesamten Umgebung hat sich hier versammelt, um Kälber, Rinder, Schafe und allerhand weiteres Getier zu kaufen oder zu verkaufen. Fast alle – Männlein wie Weiblein – haben riesenhafte Strohhüte auf den Köpfen, was ein fast comichaftes Bild abgibt.

Da wir gestern vergessen hatten, noch an der Hauptstraße zu tanken, hoffen wir hier noch etwas Sprit zu bekommen. Eine Tanke gibt es zwar, diese ist aber mit Bändern abgesperrt. Ich befrage den Tankwart, der behauptet, dass es erst am nächsten Morgen ab 6 Uhr wieder Sprit gibt. Ich gehe erstmal davon aus, dass die Tanke halt trocken ist und will mich mit Axel besprechen, was wir jetzt machen. Da sehe ich, dass ein Mann mit einem Kanister doch was gezapft bekommt. Ein Passant erzählt daraufhin, dass auch hier eigentlich gegen eine Mine gestreikt wird und daher auch die Tankstelle geschlossen ist. Nach einigem Betteln und Verzweifelt-Aussehen meinerseits lässt sich der Tankwart aber dann doch dazu erweichen, unsere Mopeds zu befüllen, aber hopp hopp, damit's ja niemand sieht! Für jeden gibt's dann noch einen halben Liter Öl und schon kann es weitergehen.

Mit dem Altiplano – also der Hoch-"Ebene" ist es hier nun wirklich vorbei, innerhalb kürzester Zeit geht es immer wieder auf weit über 3.500m hinauf, bevor die Straße wieder in Serpentinen dem nächsten Tal entgegen fällt. Kaum hat man in einem Tal auf 800m einen Fluss überquert, steht man schon wieder auf fast 4.000m und hat einen unglaublichen Blick aufs umliegende Gebirge, ein Höhenzug grenzt an den nächsten. Ebenso schnell ändern sich natürlich auch die Temperaturen, im Tal würden wir uns am liebsten alle Klamotten vom Leib reißen, bevor dann am nächsten Pass die warme feuchte Luft wieder zu einem eiskaltem Nebel kondensiert.

Die Straße klebt mal wieder ganz schön schmal am Hang, als es passiert: Ich sehe noch, dass Axel vor mir mit einer hektischen Bewegung nach rechts zieht, als ein Laster um die nächste Kurve gerast kommt. Ich schaffe es nicht ganz, genauso weit auszuweichen. Ohne auch nur vom Gas zu gehen oder einen Millimeter auszuweichen rauscht der LKW an mir vorbei und schlägt dabei an meinen Lenker. Da ich noch gar nicht richtig stehe, hab ich keine Chance, das Moped noch aufzufangen und fliege samt Motorrad kopfüber in den Straßengraben. Wie durch ein Wunder werde ich nicht eingequetscht und kann schnell wieder aufspringen. Axel hat das Ganze im Rückspiegel gesehen und kommt schon angerannt, um mir zu helfen. Als er aber sieht, dass ich schon wieder stehe und mit äußerst unflätigen Ausdrücken dem Fahrer hinterher schreie, macht er sich auf die Verfolgung des Untäters. Der ist aber mit seinem halsbrecherischen Tempo schon über alle Berge. Auch ein Versuch, ihm in der nächsten Serpentine aus Rache einen Stein ins Fenster zu schmeißen scheitert. Das Moped liegt noch immer kopfüber im Graben und läuft fleißig aus, es ist gar nicht so einfach, es aus dieser misslichen Lage zu befreien. Erst nach viel Gezerre und Gefluche steht es wieder auf der Straße. Mann o Mann, das hätte übel ausgehen können, wäre ich nicht auf der Berg-, sondern auf der Hangseite gefahren, läge ich jetzt 50 bis 60 Meter weiter unten. So ist nur mein rechter Spiegel abgebrochen, schon schön was die Mopeds so alles aushalten. Nach der obligatorischen Nervenberuhiger-Zigarettenpause kann es aber weitergehen, jetzt allerdings noch etwas langsamer als bisher.

Kurz hinter dem nächsten Grat entdecken wir am Straßenrand ein Zelt samt Fahrradfahrer. Chad (oder so ähnlich) ist in Alaska gestartet und will noch nach Feuerland, offenbar die „Standardstrecke" für Radfahrer. Da er ungefähr entlang der Strecke fahren will, die wir gerade gekommen sind, geht's ans Infos austauschen. Ich bedauere ihn ein bisschen wenn ich bedenke, wie viele Höhenmeter wir allein heute schon absolviert haben. Natürlich verquatschen wir uns ganz schön, so dass die Sonne schon wieder am untergehen ist, als wir uns endlich wieder auf die Maschinen schwingen. Wir hatten kurz überlegt, unser Zelt auch hier aufzustellen, aber wir bräuchten dringend mal wieder Internet, um endlich unsere Heimflüge zu buchen. Also fahren wir noch ca. eine Stunde durch den stockfinsteren Wald, bis wir endlich unser Tagesziel Leimebamba erreichen.

Im Hostel erreicht uns eine Mail von Bernd und Heidi, die uns immer noch einige Tage voraus sind. Sie haben den kleinen Grenzübergang nach Ecuador genommen, den wir auch eingeplant haben. Sie haben für die knapp 200km zwischen der Abzweigung von der Hauptstraße bis zum nächsten Ort auch nur drei Tage gebraucht. Die Strecke ist zur Hälfte Baustelle und nach den ergiebigen Regenfällen der letzten Wochen eine sehr schlammige Angelegenheit. Die Fotos machen uns doch sehr nachdenklich, ob wir diesen Weg wirklich nehmen sollen. Wenn solche Stellen mal ein paar hundert Meter lang sind, ist es zwar nicht schön, aber man kann es schaffen. Aber knappe 80km reine tiefe Schlammschlacht wären einfach zu viel für mich. Leider ist die Alternative 400km weiter und führt durch die heiße Küstenebene. Naja, wir haben noch ein zwei Tage Zeit, bevor wir uns entscheiden müssen.

Die Flüge sind gebucht. Das macht mir deutlich, dass unsere Reise in absehbarer Zeit zu Ende ist. Noch vor neun Monaten kam mir die Zeit für die Tour ewig vor, aber jetzt – kaum einen Augenblick später – ist sie fast schon wieder vorbei.

In Chachapoyas wollen wir unseren Mopeds den lang verdienten Ölwechsel angedeihen lassen und nach zwei oder drei Ersatzteilen fahnden. Der Weg dorthin führt nochmal idyllisch am Bach entlang, die Gegend hier ist angeblich ein Backpacker-Paradies. Von der Straße aus kann man wohl so einige kleinere Wanderungen zu Wasserfällen oder auch zu alten Ruinen unternehmen. Wie fast immer sind wir aber zu faul zum Wandern und genießen die Natur von unseren Sitzbänken aus. In Chachapoyas begegnen wir unserem altbekannten Problem: Ist ein Hostel noch bezahlbar, hat es keine Garage. Hier verfransen wir uns zusätzlich in den Einbahnstraßen bis wir plötzlich auf einer ausgewaschenen Erdstraße stehen und nicht mehr zurück können. Da umkehren eh fast nie in Frage kommt, fahren wir fast eine halbe Stunde weiter, bis wir einen Weg zurück in die nervige Stadt entdecken. Als wir im bisher einzigen Moto-Ersatzteilladen auch kein Glück haben, geben wir total entnervt auf und verlassen die Stadt wieder gen Norden. Die schöne Schlucht, durch die es sich hervorragend cruisen lässt, beruhigt die Nerven wieder, von gefühlt hunderten Wasserfällchen rieselt das kühle Nass herunter. Wie wir später erfahren, verpassen wir dabei den zweit- oder dritthöchsten Wasserfall weltweit, der erst vor ungefähr 10 Jahren „offiziell" entdeckt wurde und nur wenige Kilometer abseits der Straße liegt. In den warmen Motorradklamotten hätten wir aber wohl eh keine Lust gehabt, durch den Dschungel zu stapfen.

Als wir wieder in eine Ortschaft kommen, entdecken wir sogar eine große Tanke inklusive Ölverkauf, so können wir unser Vorhaben doch noch in die Tat umsetzen. Die Angestellten verpassen unseren Mopeds sogar noch eine Dusche mit dem Hochdruckreiniger, jetzt kann man die Nummernschilder wieder als solche erkennen. Dummerweise fängt es während dem Ölwechsel an zu regnen, aber das Glück verlässt uns nicht. Genau gegenüber der Tankstelle liegt ein günstiges Hostal mit supernetter „Herbergsmami", die uns sogar noch Tipps über Ausflugsmöglichkeiten in der Umgebung (z. B. den erwähnten Wasserfall) gibt. Aus ihrem

Garten schenkt sie uns noch eine „Baumkartoffel", irgendeine ominöse Frucht, die an langen Lianen hängt. In den nächsten Tagen vergessen wir sie irgendwo in den Tiefen meiner Kiste, als wir sie aber nach 3 oder 4 Wochen wiederfinden, ist sie immer noch gut und lässt sich mit ihrem violetten Fleisch tatsächlich wie eine Kartoffel zubereiten.

Trinken bildet

von Axel

Mal wieder zahlen sich Reisebekanntschaften aus. Ursprünglich wollten wir den kleinen Grenzübergang in La Balsa nach Ecuador nehmen, aber nach den Fotos von Heidi und Bernd sind wir doch verunsichert. Als wir dann an der Abzweigung stehen, die den weiteren Weg nach Ecuador entscheidet, versuchen wir noch aktuelle Informationen über den Straßenzustand zu bekommen, aber weder der Polizeiposten noch die entgegenkommenden Lastwagenfahrer können uns Auskunft geben. Obwohl ein einheimischer Jeepfahrer sagt: „Für eure Motorräder ist das gar kein Problem" entscheiden wir uns letztendlich doch gegen die landschaftlich angeblich herrlich unberührte Strecke und nehmen einen Umweg über Macará von 400 km in Kauf, die aber bei den zu erwartenden Straßenbedingungen wahrscheinlich schneller zu bewältigen sind.

In Pucará wollen wir uns eigentlich nur eine möglichst kalte Cola gönnen, werden aber in der Juguería zum Mittrinken genötigt, die statt Saft, wie der Name erwarten lässt, nur Bier verkauft. Wir werden in die Trinkrunde integriert und können uns natürlich nicht nur einladen lassen, sondern ordern auch die ein oder andere Flasche und lernen, wie in Peru korrekt getrunken wird. Ähnlich wie beim Mate wird einem das gefüllte Gemeinschaftsglas gereicht, das man dann möglichst zügig zu leeren hat, um es dann, aus der ebenfalls gemeinschaftlichen Flasche, wieder zu füllen und weiterzureichen. Nach so einigen Runden Bier sind wir zum Weiterfahren nicht mehr in der Lage und nehmen das Angebot von Julián, einem unserer Mittrinker, dankend an, der uns zu sich nach Hause eingeladen hat. Zuvor geht es allerdings noch ans Bezahlen und da unsere Trinkkumpane über ihre finanziellen Verhältnisse gezecht haben, dürfen wie fast die komplette Rechnung übernehmen.

Da das Dorf klein ist, müssen wir zum Glück nur zweimal abbiegen. Um den hohen Randstein zur Eingangstür zu überwinden, wird kurzerhand ein Brett vom Nachbarn besorgt, das dem Gewicht unserer voll beladenen Motorräder wenig entgegenzusetzen hat und natürlich durchbricht. Mit doppeltem Brett und untergelegtem Ziegelstein gelingt es mir dann doch noch, die Motorräder irgendwie ins Haus zu bugsieren. Unser Gastgeber wurde von seiner Frau verlassen und lebt nun als Junggeselle in seinem Haus. Die dunklen, nur notdürftig von einer herab baumelnden Energiesparlampe beleuchteten Räume sind karg mit nur wenigen Möbeln ausgestattet. Ein Tisch, eine Holzbank, eine Matratze auf dem Boden, eine zweite auf einem grob gezimmerten Holzgestell. Von der Decke baumeln an einem Strick ein einsamer Jutesack und ein paar wenige Kleidungsstücke. Das Rot des gestrichenen Betonbodens ist vor Dreck kaum noch sichtbar und die blaue Wandfarbe blättert von den gestrichenen Holzbalken der niedrigen Decke.

Wir lehnen dankend die uns angebotene Matratze ab, da wir keine nähere Bekanntschaft mit den sonstigen Bewohnern schließen wollen und breiten unsere Isomatten im nächsten Zimmer aus. Der einzige Einrichtungsgegenstand ist ein kleiner Tisch, auf dem sich in Plastikkörben etwas Geschirr stapelt. Ansonsten wird der Raum als Lager genutzt und an den Wänden sammelt sich so manches Gerümpel, alte Fahrräder und Ersatzreifen für Juliáns Mototaxi. Unser Gastgeber zieht nochmal los, er ist auf der Suche nach Alkohol, wir verziehen uns nach einem Schwatz mit den Nachbarmädels, die sich begeistert mit Suse über ihre Lebensträume und Zukunftspläne unterhalten, müde in unsere Schlafsäcke. Auf der Suche nach der Toilette finde ich am Morgen dann erst die Küche, den nächsten Raum des Hauses, die mit ihren Lehmziegelwänden und dem gestampften Lehmboden mehr an eine Scheune oder Werkstatt erinnert. In der Ecke stapelt sich das Brennholz, Spinnweben hängen von den Dachbalken und es riecht nach totem Feuer. Der Herd, oder besser die Kochstelle ist besonders abenteuerlich. Auf einem alten, wackeligen Tischgestell liegen ein paar Balken, darüber eine mit Zinkblech abgedeckte Platte und darauf zwei, von einem verbogenen Grill-Rost bedeckte Ziegelsteine, zwischen denen zum Kochen ein kleines Feuer gemacht wird.

Im Hinterhof dann in einem kleinen Verschlag die Toilette. Das Geruchserlebnis ist unbeschreiblich, aber da wir uns mitten im Ort befinden habe ich keine andere Wahl, meine Blase drückt beängstigend. Als Kerl kann ich ja noch einen gewissen Sicherheitsabstand halten, wie Suse die Toilette überlebt, ohne ohnmächtig zu werden, bleibt mir ein Rätsel. Wir lehnen die Einladung zum Kaffee dankend ab und sehen zu, dass wir weiterkommen. Normalerweise macht Suse morgens ohne Kaffee keinen unnötigen Schritt, aber diesmal wollen wir nur weiterfahren. Zuvor werden wir allerdings nochmal zur Kasse gebeten und müssen dem Nachbarn das zerstörte Holzbrett ersetzen.

Bald lassen wir die letzten Berge hinter uns und begeben uns in den Glutofen der küstennahen Tiefebene. Hier erleben wir etwas, das wir seit Argentinien nicht mehr hatten: Eine Straße, die Kilometer lang immer nur geradeaus geht! Das ist mal eine Abwechslung nach den letzten Wochen.

Um zwei Großstädte und weitere hundert Kilometer Umweg zu vermeiden, riskieren wir mal wieder eine der kleinen, auf der Karte grau eingezeichneten Nebenstrecken und sind überrascht, eine zwar sehr schmale, aber immerhin geteerte Straße vorzufinden. Wir durchfahren eine sumpfige, flache und brütend heiße Tiefebene. Außer uns sind nur wenige Mototaxis und Mofas unterwegs und wir kommen gut voran. An einer flachen, vielleicht nur zehn Zentimeter tiefen Furt zieht es mir plötzlich das Moped unter den Füßen weg. Erst als ich im Wasser liege merke ich, dass es mich geschmissen hat. Und nur wenig hinter mir liegt Suse, die bremsen musste, als ich so plötzlich vor ihr lag, ebenfalls im Bach und lacht. Ich kann mir erst gar nicht erklären, was da eigentlich passiert ist. Der Boden ist betoniert, das Wasser ist nicht tief, es gibt keine Hindernisse, Steine oder Schlaglöcher, wir waren nicht schnell und trotzdem liegen wir beide auf der Nase. Beim Versuch aufzustehen lüftet sich das Geheimnis. Der Betonboden ist von glitschigen Algen bedeckt. Ich schaffe es kaum aufzustehen, so spiegelglatt ist der schmierige Untergrund hier. Schmierseife ist nichts dagegen! Zum Glück kommt ein dreirädriges Mototaxi vorbei, und der Fahrer hilft uns beim Aufheben der Motorräder, alleine wären wir aufgeschmissen gewesen. Wir nehmen es mit Humor und zumindest die Abkühlung kommt uns sehr gelegen.

Nach 9 Monaten haben wir jetzt mit Ecuador das kleinste Land unserer Reise vor uns. Zu Beginn, als wir noch nicht wussten wie schnell wir vorwärts kommen würden, hatten wir noch die Idee, vielleicht bis Mexiko zu fahren, aber diesen Plan haben wir in der Zwischenzeit aufgegeben. Wir wollen uns lieber ausführlich Südamerika widmen und nicht durch die Gegend hetzen wie einige andere Reisende, die die komplette Panamericana von Alaska bis Feuerland in sechs bis acht Wochen abreiten. Drei bis vier Wochen für Mittelamerika wären bei unserer derzeitigen Reisegeschwindigkeit zwar noch drin, aber der Transit über den Darien Gap, einen undurchdringlichen, weglosen Sumpf zwischen Panama und Kolumbien, würde für die Motorräder und uns fast so viel kosten wie der Rückflug nach Deutschland.

Über Ecuador wissen wir nicht viel. Wir haben längst aufgehört, Reiseführer zu studieren und verlassen uns lieber auf die Tipps anderer Reisender. Die Galapagos-Inseln wurden uns zwar empfohlen, ein Besuch ist uns aber zu teuer und kostet von hier aus kaum weniger als von Deutschland, das könnten wir also auch später irgendwann nachholen. Vulkane hatten wir in Chile schon reichlich, was also wird uns Ecuador außer dem Äquator bieten?

Plattfuß in der prallen Sonne

Gerade hatte ich Suse noch im Rückspiegel, aber auf einmal ist sie weg. Ich warte ein, zwei Minuten bevor ich umkehre und finde sie nach wenigen Kurven mit einem platten Reifen am Straßenrand stehen. Obwohl wir früh losgekommen sind, brennt die Sonne bereits unerbittlich und es gibt weit und breit keinen Schatten. Wir haben zwar mittlerweile Übung im Reifenflicken, aber der „neue" Hinterreifen sträubt sich vehement und will sich partout nicht ins Tiefbett drücken lassen. Bisher war meistens der Vorderreifen kaputt und den könnte Suse mittlerweile schon allein tauschen, aber heute will es nicht so recht laufen. Endlich kommt auch der Ersatzschlauch zum Einsatz, der seit 9 Monaten Platz wegnimmt. Flicken lässt sich der alte Schlauch nämlich nicht mehr. Diesmal ist es kein Loch, sondern nach nur 32.000 Kilometern hat sich das Ventil gelöst. Fast zweieinhalb Stunden mühen wir uns ab, bevor wir in der größten Mittagshitze weiter kommen.

Kurz vor der Grenze geben wir unsere letzten Soles noch für ein Mittagessen in einem kleinen Restaurant am Straßenrand aus und haben ein zweites Mal Pech. Nicht nur, dass es nicht besonders schmeckt. Nach nur wenigen Kilometern habe ich das dringende Bedürfnis, umgehend im Gebüsch zu verschwinden, und bis ich wieder auftauche kommt mir auch schon Suse, die die Motorräder bewacht hat, entgegen und reißt mir das Toilettenpapier aus der Hand. Bisher hatten wir alles Essen gut vertragen, aber die letzte Suppe stand offensichtlich schon zu lange bei tropischer Wärme herum.

Ecuador

Ermüdungserscheinungen an Mensch und Maschine

von Axel

An der Grenze läuft es zum Ausgleich besser. Die Ausreise bringen wir in wenigen Minuten hinter uns. Zumindest kommt es uns recht schnell vor. Es ist fast nichts los und so klappern wir die einzelnen Zoll- und Kontrollstationen eine nach der anderen ab, um der Bürokratie Genüge zu tun. Vielleicht haben wir uns auch nur an die hiesige Geschwindigkeit gewöhnt, vielleicht liegt es aber auch an der Klimaanlage im Zollhäuschen, dass die Zeit, trotz langwierig auszufüllender Computerformulare recht schnell vergeht. Auf der ecuadorianischen Seite werden wir, obwohl wir die einzigen „Kunden" sind, erst mal ignoriert und dann zuerst angewiesen, wie und wo wir unsere Motorräder zu parken haben. Normal bleibt immer einer von uns bei den Fahrzeugen, aber hier ist wenig los und die kleinen Grenzschalter liegen direkt an der Straße. Unsere Einreisestempel bekommen wir schnell, aber die Einfuhr der Motorräder wird komplizierter. Der Zollchef fordert alle möglichen Kopien von uns. Pass, Führerschein, Versicherung, Zulassung, von allem können wir ihm die Originale vorlegen, aber Kopien soll er sich gefälligst selber machen. Wenn er die braucht steht schließlich direkt hinter ihm auch ein Kopierer. Er will uns aber in den Copy-Shop nach Peru zurückschicken. Als wir dann aber meinen, dass wir unser letztes Geld bereits ausgegeben haben und nach einem hier natürlich nicht vorhandenen Geldautomaten fragen, dreht sich der faule Sack gnädigerweise auf seinem Stuhl um und macht uns die Kopien „aber nur ausnahmsweise" höchstpersönlich. Dass er in der ganzen Diskussion vergisst, uns nach einer Motorrad-Haftpflichtversicherung zu fragen ist uns ganz recht, da unsere längst abgelaufen ist.

Auf den ersten Kilometern in Ecuador ist von den viel gepriesenen guten Straßen wenig zu spüren, über einen bösen Schlaglochparcours tasten wir uns nordwärts. Der Grenzübertritt und der platte Reifen haben einiges an Zeit gekostet und so halten wir bereits wieder nach einem Übernachtungsplatz Ausschau. Dummerweise gibt es hier wieder überall Zäune. In der nächsten Stadt finden wir dann zwar eine Tankstelle und sind erstmal über den Benzinpreis erschrocken, bis wir herausfinden, dass hier pro Gallone abgerechnet wird, aber ein Hostal finden wir hier auch nicht. Die Nacht rückt näher und die Straße ist mittlerweile perfekt, allerdings haben die Straßenbauer nicht mit den Nöten von Motorradfahrern geplant. Rechts und links ist überall ein tiefer Abflussgraben vor einer hohen Begrenzungsmauer, da kommen wir nicht drüber und selbst wenn, befindet sich da dann noch lang kein geeigneter Zeltplatz, sondern ein steiler Abhang. So ist das halt im Gebirge. Überall wo es flach ist, wohnt auch schon jemand. Mit dem letzten Tageslicht finden wir dann doch noch ein sicht- und sogar windgeschütztes Plätzchen auf der ehemaligen, mittlerweile zugewucherten alten Straße, die hier auf einigen hundert Metern noch parallel zur Neubaustrecke verläuft.

Am nächsten Tag bläst es mich auf einem Bergkamm erst einmal in den Graben. Derart starke Windböen haben wir seit Patagonien nicht mehr erlebt. Die Abkürzung über den Bergrücken ist in einem schlechten Zustand. Überall werden hier gerade Windräder installiert und durch das schwere Baugerät hat die Schotterpiste arg gelitten. Die Landschaft ist seit dem

Grenzübertritt schlagartig wieder gebirgig und auch viel grüner als in Peru. Im Norden brauen sich dunkle Wolken zusammen und so fällt es uns leicht, die paar Kilometer nach Vilcabamba zurück nach Süden zu fahren. Den direkten Weg aus Süden haben wir uns aufgrund der schlammigen Piste nicht getraut, aber hin wollen wir trotzdem. Zum einen haben wir viel von der Itzcayluma Lodge gehört und gelesen und zum anderen haben wir die Hoffnung, dort Heidi und Bernd wieder einzuholen, die wir zuletzt in La Paz getroffen haben.

Die schmale, kurvige Straße führt uns durch ein enges, grünes Tal. Der tropische Wald reicht direkt bis zur Straße und es ist angenehm kühl. Die schwarze Gewitterfront haben wir hinter uns gelassen und nur ein paar Regentropfen sorgen für Erfrischung. In der unter deutscher Leitung stehenden Lodge treffen wir tatsächlich Heidi und Bernd wieder, die hier eine ganze Woche Urlaub eingeschoben haben. Auch wenn viele Leute meinen, so eine Reise wäre ein einziger Dauerurlaub, so brauchen wir doch immer wieder einige Tage Erholung und so bleiben wir übers Wochenende in diesem kleinen Paradies und genießen zur Abwechslung mal wieder die deutsche Küche. Die Übernachtungspreise hier liegen zwar deutlich über unserem Budget und eigentlich könnten wir uns gerade mal Betten im Schlafsaal leisten, aber wir haben mal wieder Glück: Eine der noblen Hütten wird gerade renoviert, aber übers Wochenende ruhen die Bauarbeiten und wir können dort einziehen. Als wir am Montag los wollen, bleibt Suse nach wenigen Metern gleich wieder stehen. Erst dachte sie noch, dass sich ihr Motorrad nur im tiefen Kies der Einfahrt so merkwürdig fahren würde, aber sie hat schon wieder einen Plattfuß, heute allerdings vorne. Diesmal hat sich allerdings nur ein alter Flicken gelöst und da die nächste Reifen-Werkstatt nicht weit weg ist, lassen wir den Schlauch für gerade mal 2 US$ lieber professionell neu vulkanisieren.

In Loja, der nächsten Stadt, verfahren wir uns prompt. Unser Navi weist uns nur grob den Weg und die vielen Baustellen tragen auch nicht gerade zur Orientierung bei und so brauchen wir einige Zeit, bis wir nach einigen schlammigen Fehlversuchen die richtige Straße nach Cuenca finden. Obwohl die Regenzeit schon längst vorbei sein sollte, fängt es plötzlich heftig an zu regnen. Bis wir auf der Landstraße aber einen Platz zum Stehenbleiben finden, sind wir bereits klatschnass. Trotz Regenzeug sind wir schnell völlig durchgefroren und die Fahrerei macht bei oft nur wenigen Metern Sicht in den dichten Wolken heute gar keinen Spaß. Wir würden ja gerne irgendwo anhalten und uns ein Zimmer nehmen oder unser Zelt aufstellen, aber wie es immer so ist, kommt halt am wenigsten, wenn man es am meisten bräuchte.

Bis wir in den verstopften Altstadtgassen von Cuenca dann endlich ein bezahlbares Zimmer gefunden haben, ist es längst finster und wir machen uns halb verhungert über eine Schnellimbiss-Pizza her. Am nächsten Vormittag bummeln wir dann auf Einkaufstour noch ein wenig durch die Gassen. Laut unserem Reiseführer soll hier eines der Zentren der Panama-Hut-Industrie sein, aber außer zwei einsamen Strohhüten in einem Supermarkt bekommen wir kein einziges Exemplar zu Gesicht. In Azogues, einer weiteren angeblichen Hut–Hochburg verlassen wir die Hauptstraße und finden wieder keinen Hut, dafür aber ein Mittagessen. Schon seit Kilometern hängen werbewirksam draußen vor den Restaurants knusprige Spanferkel am Grill.

Spanferkel zu Mittag

An einem jungfräulichen Exemplar bestellen wir uns zwei kleine Portionen und staunen nicht schlecht, als uns, abgesehen von Rösti und Mais, der an gedämpftes Popcorn erinnert, nur die glasige, knusprige Haut mit Soße serviert wird. Ob das Fleisch evtl. noch nicht durch ist und später separat gegart wird, haben wir nicht herausfinden können. Merkwürdigerweise wird es umso schwieriger ein sauberes und günstiges Hostal zu finden, je touristischer ein Ort ist. In Riobamba, das vielen Bergsteigern als Basislager für Vulkanexpeditionen dient, dauert die Suche mal wieder ewig. Vielleicht sind unsere Ansprüche auch zu hoch. Nicht allzu durchgelegene Matratzen, halbwegs sauber, vielleicht noch eine warme Dusche, nicht zu teuer und vor allem ein Stellplatz für unsere Motorräder.

Seit Tagen schon plagen mich Rückenschmerzen und seit gestern habe ich Kopfschmerzen. Als ich in der Früh aufwache, wird mir ganz anders als ich nicht mehr sprechen kann. Ich bekomme kein vernünftiges Wort heraus und stammele nur wirres Zeug. Am Laptop tippen und lesen klappt einwandfrei, nur vorlesen gelingt mir nicht. Die einzelnen Silben und Buchstaben wollen sich einfach nicht als ganze Wörter aussprechen lassen. Die Symptome sind eigentlich klar und sprechen für einen Schlaganfall, aber alle Bewegungsabläufe klappen zum Glück noch ganz normal. In Ermangelung eines vernünftigen Arztes – wir haben ja nur mit Mühe eine brauchbare Unterkunft gefunden – beginne ich erstmal mich im Internet schlau zu machen und finde nach einiger Suche immerhin eine Diagnose die mir besser passt. Ein eingeklemmter Nerv am Rücken könnte eventuell ähnliche Symptome hervorrufen. Suse, die auch etwas verunsichert ist und auch nicht so recht weiß was sie machen soll, kann ich etwas beruhigen, als so langsam die ersten Worte wieder zurückkommen. Ich kann viele Wörter erst nur umschreiben, da sie mir gar nicht erst einfallen aber nach vielleicht einer Stunde klappt es mit dem Reden schon wieder fast normal.

Wir beschließen, nach dem im Reiseführer hochgelobten, aber unserer Meinung nach eher durchschnittlichen Frühstück, noch die paar Kilometer bis nach Baños zu fahren. Die Rückenmassage, die ich mir in diesem kleinen Kurort gönne, bringt leider nicht die erhoffte Linderung. Erst als wir am nächsten Tag bei schönstem Sommerwetter eine zweistündige Wanderung zum Aussichtspunkt unternehmen und auch in Ecuador ein paar Geocache heben, ist mein Rücken mit einem Mal wieder völlig in Ordnung und auch das Kopfweh der letzten Tage ist wie weggeblasen. Was sich mit ein bisschen Bewegung nicht alles reparieren lässt.

Da wir vom kleinen Baños schnell genug haben und es mir auch wieder gut geht, kündigen wir uns für den Abend bei Leonardo an, den wir Monate zuvor in Patagonien am Straßenrand kennengelernt hatten. Zwischen uns und Guayaquil liegen über 300km kleine Landstraßen, für uns eine überdurchschnittlich weite Tagesetappe. Je näher wir dem Äquator kommen, desto kürzer werden außerdem die Tage und so haben wir einiges vor uns, aber immerhin erwartet uns für den Abend schon eine Unterkunft.

Es geht abwärts

von Axel

Der Vulkan Chimborazo

Die ersten fünfzig Kilometer bis zur nächsten Stadt bringen wir auf einer kleinen kurvigen Straße durch ein enges Gebirgstal schnell hinter uns. An der Markthalle besorgen wir uns noch frisches Brot und schon geht es durch weitläufige Täler mit kleinen Feldern und Äckern immer weiter in die Höhe, immer dem 6.300m hohen Vulkan Chimborazo entgegen. Immer weiter schraubt sich die einsame Landstraße in weiten Kurven die Flanke des Bergs hinauf. Die Vegetation wird immer spärlicher und trotz strahlenden Sonnenscheins wird es immer kälter. Kein Wunder, haben wir doch seit dem milden Baños in nur hundert Kilometern 2.300 Höhenmeter hinter uns gebracht. Wir sind immer wieder überrascht, wie schnell wir hier in den Anden größte Höhenunterschiede in so kurzer Zeit zurücklegen und das ganze meist ohne steile Anstiege oder gar Serpentinen.

Die nächsten Kilometer sollten aber alles bisher dagewesen in den Schatten stellen: Unterhalb des schneebedeckten Gipfels ist es uns trotz der Sonne für eine Pause viel zu kalt und windig. Weiter unten wird es dann zwar wärmer, dafür gibt es außerhalb der Dörfer keine Parkmöglichkeit für unsere Motorräder und so fahren wir immer weiter. Wind und Hunger nehmen stetig zu und schon beginnt der Abstieg ins Flachland. Durch die ersten Nebelschwaden tauchen wir noch hindurch, aber dann kondensiert die warme Luft aus den tropisch feuchten Niederungen derart stark an den letzten Ausläufern der Kordilleren, dass wir bei Sichtweiten unter zehn Meter schnell völlig durchnässt sind. Visier und Brille sind derart nass und beschlagen, dass wir halb blind nur noch im Schrittempo vorwärtskommen. Wenigstens wird es immer wärmer, so dass wir trotz der Nässe nicht mehr frieren. Gerade noch auf kalten viereinhalbtausend Metern, legen wir kaum drei Stunden und einige

Klimazonen später, bei unbarmherzig tropischer Hitze auf Meereshöhe endlich unsere Mittagspause ein.

Nicht nur die Temperaturen sind nach Wochen im angenehm kühlen Gebirge ungewohnt, auch der Verkehr nimmt immer mehr zu, je weiter wir uns Guayaquil, der größten Stadt Ecuadors nähern. Wären wir nicht eingeladen, hätten wir uns von diesem Moloch sicher ferngehalten, aber so quälen wir uns über die Einfallstraßen durch den Feierabendverkehr. Auf Teufel komm raus überholen sich, ungeachtet des Gegenverkehrs, LKWs und Kleintransporter, nur um wenige Meter weiter vorne wieder in der Kolonne zu stehen. Erst nach Einbruch der Dunkelheit erreichen wir unbeschadet unser Ziel, froh auch die dunklen und bis vor wenigen Jahren verrufenen Stadtviertel hinter uns gebracht zu haben. Leonardos Haus befindet sich in einem der sichereren Stadtteile und ist ein Riesenkasten. Im Erdgeschoss verkauft er Kolonialmöbel und Ramsch, im Obergeschoss hat er zwei Apartments zu einem überdimensionalen Loft zusammengefasst und jetzt 2 Küchen, 4 Bäder, ein richtig großes Wohnzimmer und reichlich Schlaf- und Gästezimmer.

Der eine Teil der Wohnung ist protzig eingerichtet, im anderen stapeln sich die Motorradklamotten und die Küche ist zur Modellbau-Werkstatt umfunktioniert. Wir beziehen ein Zimmer im „Gästetrakt" und begeben uns nach einer erfrischenden Dusche wieder ins auch nachts noch schwülheiße Draußen. Die Straße ist hell erleuchtet und vor den meisten Geschäftshäusern und Banken patrouillieren schwerbewaffnete Wachleute. Wir fühlen uns deswegen nicht unbedingt sicherer, Knarre bleibt Knarre, aber die Kleinkriminellen lassen sich angeblich davon abschrecken. Wie die proletigen Neureichen, die mit ihren Karossen hier auf und ab fahren, zu ihrem Geld gekommen sind, wollen wir lieber gar nicht wissen. Die ungewohnt teuren Restaurants und Bars veranlassen uns allerdings schnell, wieder auf die günstigeren Seitengassen auszuweichen. Dort genehmigen wir uns an einem Imbiss ein Shawarma, wobei uns auffällt, dass wir in ganz Südamerika noch keinen einzigen Döner gesehen haben, obwohl das für die grillverrückten Argentinier doch der ideale Imbiss sein müsste.

Leguan in Guayaquil

Leonardo, unser Gastgeber, hat in den nächsten Tagen leider keine Zeit für uns und so erkunden wir die Stadt, die mehr als erwartet zu bieten hat, auf eigene Faust. Guayaquil hat in den letzten Jahren große Anstrengungen unternommen, um sein Image aufzupolieren und sicherer zu werden und so spazieren wir unbehelligt durch die Innenstadt. Hier prallen Tradition und Moderne aufeinander und die Mischung aus moderner Architektur und Republikbauten des 19. Jahrhunderts erinnern mich an europäische Städte. Tagsüber ist in den Straßen und Kaufhäusern nicht viel los. Die schattigen Bänke in den Parks sind dagegen gut belegt.

Besonders interessant finde ich den kleine Parque de Iguana, in dem einige hundert bis zu zwei Meter lange Leguane frei herumkrabbeln und geduldig vor der Kamera posieren, während Suse sich weniger geduldig auf die Suche nach einem Tabakladen begibt. Entlang der erst vor wenigen Jahren neu gestalteten modernen Uferpromenade schlendern wir zum Cerro Santa Ana, einem mit bunten Holzhäuschen bebauten Hügel. Durch dieses frisch herausgeputzte, ehemalige Elendsviertel klettern wir eine Treppe mit genau 444 durchnummerierten Stufen hinauf, vorbei an zahllosen kleinen Kneipen, durch die brütende Nachmittagssonne – bis ganz oben zum Leuchtturm. Nachts ist hier wahrscheinlich die Hölle los, aber tagsüber haben leider nicht mal die Eisdielen geöffnet. Erst am Fuß des Hügels im Barrio Las Peñas, dem historischen Stadtkern, in dessen schön renovierten alten Kolonialvillen zahlreiche Galerien und Künstler untergekommen sind, bekommen wir in einem Hauseingang aus einem Waschzuber voller Flaschen etwas zu trinken. Überall ist es ausgesprochen sauber, aber die Container zur Mülltrennung überraschen uns dann doch ein wenig. Zum Abschluss gibt es obendrein noch ein Konzert auf dem Maleco, der Ufer-Promenade.

Leider treffen die Metal-Nachwuchsbands weder unseren Geschmack noch sind sie besonders gut und zu allem Überfluss gibt's keinerlei alkoholische Getränke und das auf einem Open Air!. Lediglich ein paar fliegende Wasser- und Eisverkäufer sowie eine Handvoll Kuttenträger teilen sich mit uns den Platz und so nehmen wir uns nach einem langen Wandertag durch die Stadt schon bald ein Taxi zurück. Nachdem uns das Bier selbst in der billigsten Kneipe mit 3$ dann doch zu teuer ist, müssen wir erst mühsam an einem Kiosk verhandeln, bis wir dort Bier kaufen dürfen – das Pfandsystem macht uns mal wieder fast einen Strich durch die Rechnung. Es ist wie die ewige Frage nach der Henne und dem Ei und nur das Versprechen, die Flaschen auch wirklich morgen früh wieder zurückzubringen, beschert uns ein kühles Feierabendbier auf unserer Dachterrasse.

Whale-Watching am Äquator

von Axel

Nach den letzten Monaten in Bolivien und Peru wollen wir mal wieder ans Meer und da wir in Argentinien die Walsaison verpasst haben, zieht es uns nach Puerto Lopez, wo sich die Meeressäuger jetzt gerade aufhalten sollen. Nach der drückenden Hitze der sumpfigen Niederungen kehren unsere Lebensgeister an der angenehmer temperierten Küste langsam zurück und als wir in Puerto Lopez ankommen, klappern wir erst einen Haufen überteuerter Hostals ab, bevor wir uns für eine billige Absteige entscheiden. Eigentlich wollen wir am nächsten Vormittag nur schnell eine Whale-Watching-Tour mitmachen, anschließend das für unsere Reisekasse teure „Backpacker-Paradies" schnellstmöglich wieder verlassen und uns an der Küste ein hübscheres und einsameres Plätzchen suchen. Aber Pläne sind ja bekanntlich da, um geändert zu werden.

Pelikan am Meer

Unser Ausflugsboot hat Verspätung, was an sich kein Problem wäre, aber unsere plötzlich recht unfreundliche Wirtin will auf einmal eine saftige Parkgebühr für unsere Mopeds und so bleibt uns nichts anderes übrig, als die Motorräder auf dem Hauptplatz, vor dem Büro unseres Veranstalters stehen zu lassen und uns darauf zu verlassen, dass dieser auch gut darauf aufpassen wird. In Puerto Lopez sind die Wale eigentlich für ihre akrobatischen Sprünge bekannt, aber heute sind sie faul und wollen sich nicht in voller Größe zeigen. Auf den 300 Bildern, die wir auf dem Törn schießen ist dann auch hauptsächlich Wasser und Himmel zu sehen, nur hin und wieder erwischen wir eine Fluke oder Rückenflosse. Obwohl die Wale sich teilweise recht nah an unseren Kahn herantrauen, hält sich meine Begeisterung in Grenzen. Irgendwie hatte ich mir die Viecher größer vorgestellt und in der Weite des Meeres wirken sie ein wenig wie große Delfine.

Auf dem Rückweg machen wir dann noch einen Abstecher in eine kleine Bucht. Hier gibt es Sandwiches für alle und eine Schnorchel-Ausrüstung für – fast alle. Es sind viel zu wenige Flossen und Masken an Bord. Enttäuscht tröste ich mich mit meinem Sandwich. Als nach vielleicht einer Viertelstunde die ersten Schwimmer zum Boot zurückkehren, bekomme ich dann doch eine Ausrüstung ab und die Pause dauert noch lange genug, dass ich im lauwarmen Wasser ein paar Runden drehen kann. Verwöhnte Taucher werden hier nicht begeistert sein, aber im Vergleich zu Kroatien gibt es hier viel zu entdecken und so bin ich versöhnt, als ich erschöpft wieder an Bord klettere. Das Motorradfahren ist zwar auf Dauer auch anstrengend, aber so ein bisschen ungewohnter Sport ist dann doch etwas Anderes.

Eigentlich wollten wir ja heute noch weiterfahren, aber da es etwas später als geplant geworden ist. lassen wir uns von unserer Ausflugs-Crew ein Hostal mit einer netteren Wirtin empfehlen und lassen nach einem exklusiven Abendessen den Tag noch an einer Strandbar ausklingen. Das Hostal ist zwar besser, aber gut schlafen kann ich wieder nicht. Zu oft klopft mitten in der Nacht jemand lautstark an der Eingangstür, die direkt neben unserem Zimmer liegt.

Der Fahrtag entlang der Küste ist heiß. Nur wenn die Straße direkt am Meer entlangführt, profitieren wir etwas von dem kühlenden Wind. Zu Mittag gibt es dann in allen Buden – wen wundert's – nur Fischgerichte. Suse isst Fisch ja höchstens in Stäbchenform, aber angeblich soll er auch hier paniert serviert werden. Sie bekommt dann auch tatsächlich ein schönes Stückchen zum obligatorischen Reis, der uns mittlerweile zu den Ohren raushängt. Meine

Portion lässt auf sich warten und besteht dann nur aus zusammengekratzten Panaderesten. Dafür ist zur Abwechslung der Reis völlig vertrocknet und unkaubar hart. Eigentlich hätten wir den Fraß zurückgehen lassen sollen aber für 2,5€ ist uns der Aufwand zu groß und mit Verständnis der Köchin rechnen wir ohnehin nicht.

Kaum von der Küste weg, ist es weiter im Landesinneren schlagartig wieder zu warm. Bei sengender Mittagshitze erreichen wir wenig später Montechristi, wo ich nun endlich einen Original Panama-Hut kaufen möchte. Zuerst freue ich mich aber über das Lubricentro und staune nicht schlecht, als ich einen ganzen Liter Motoröl in meine DR nachfüllen kann, bis sie wieder auf Maximum ist. Die große Höhe und die hohen Temperaturen fordern nicht nur bei mir ihren Tribut. Obwohl hier die Hauptstadt der Panama-Hut-Industrie sein soll, finden wir entlang der Durchgangsstraße nur Ramschläden mit vermutlich chinesischen Flechtkörben.

Mit meinem GPS finde ich dann aber doch noch einen Hutladen. Der teuerste "Super-Fino" der hier erhältlich ist, soll 80 € kosten. In Europa und den USA werden die feinsten dieser Stroh-Hüte aus Montecristi dann für über 1.000 € weiterverkauft! In meiner Preisklasse ist auch was dabei und nach kurzer Verhandlung wandert ein gerollter Panamahut samt zugehöriger Balsa-Holz Hutschachtel in meinen Rucksack. Auf unseren Motorrädern haben wir ja jede Menge Platz!

Als nächstes heißt es wieder einen Übernachtungsplatz finden. Dazu wollen wir wieder ins hier recht grüne Vorgebirge. Aber wie das mit Bergen oft so ist, gibt es kaum flache Stellen und zudem ist hier auch noch alles dicht besiedelt, mal wieder eingezäunt und zusätzlich mit dichtem Regenwaldgestrüpp zugewuchert. Es ist schwül-warm und ich werde trotz kurviger Strecke so müde, dass ich mich ein Viertelstündchen am Straßenrand hinlegen muss. Es kommt und kommt weder ein geeigneter Zeltplatz noch irgendeine andere Art von Unterkunft und so fahren wir bis in die Nacht, die bereits um halb sieben über uns hereinbricht. Von Fahrten bei Dunkelheit wird hier generell abgeraten und dementsprechend vorsichtig tasten wir uns vorwärts bis wir endlich in Enpalme doch noch ein Hotel finden. Zeugt irgendwie auch von besonders viel Kreativität, eine Kleinstadt "Einmündung" bzw. "Kreuzung" zu nennen. Da wir spät dran sind gestaltet sich auch die Essenssuche schwierig. Es ist zwar erst kurz vor 8, aber die meisten Restaurants haben schon geschlossen und so landen wir in einem China-Imbiss, der zu unserem Erstaunen fast keine China-Gerichte auf der Karte hat.

Am nächsten Tag geht es dann wieder hoch hinaus. Aus der tiefer gelegenen Küsten- und Waldebene kommen wir, vorbei an Bananen und Kakaoplantagen, wieder in die Anden. Auch dieses Mal wieder durch dichten und nassen Nebel, allerdings mit dem Unterschied, dass es nicht immer wärmer, sondern immer kälter wird. Als wir die Wolkendecke durchbrechen, ist es schlagartig saukalt und windig und ich halte sofort an, um mir wärmere Sachen anzuziehen. Die meiste Zeit fahre ich nur mit dünnen, mittlerweile schon ganz schön löchrigen Cross-Handschuhen, aber da unsere Motorräder keine Griffheizung haben, ziehe ich mir diesmal lieber rechtzeitig wärmere Handschuhe an. Sind die Finger erst mal durchgefroren, bekommt man sie kaum wieder warm und mit kalten klammen Fingern fährt es sich auch gleich viel unsicherer.

Unser nächstes Ziel ist der Quilatoa-Kratersee. Wir hatten eigentlich Abgeschiedenheit und ein paar Dörfer rundherum erwartet und sind überrascht, an einer Schranke mit Parkplatz abgezockt zu werden. Ausländer zahlen mal wieder den doppelten Eintrittspreis und das

Ganze für ein paar Restaurants und Souveniershops und natürlich die Aussicht auf den Kratersee. Eigentlich hatten wir gehofft, hier ein nettes Plätzchen für unser Zelt zu finden, aber nach ein paar Fotos brechen wir sofort wieder auf.

Geplant hatten wir den Quilatoa Loop, aber für noch mehr holprige Gebirgspfade fehlt uns heute die Lust und so nehmen wir die geteerte Straße und hoffen die nächste Stadt zur Abwechslung mal bei Tageslicht zu erreichen. Dass daraus nichts werden sollte, war aber irgendwie auch klar. Zwei Kurven weiter wird die Teerstraße erstmal zur Schlaglochpiste und nach weiteren zwei Kilometern müssen wir an einer Baustelle fast eine Stunde auf die Weiterfahrt warten. Das bedeutet die nächste Nachtfahrt – juhuu – und das letzte Stück hat es dann nochmal richtig in sich. Eine Umleitung kurz vor der Stadt führt ins Nirgendwo und auf der Suche zurück auf die Straße geraten wir direkt in die nächste Baustelle. Steile Serpentinen aus tief verspurtem, nassem Sand erinnern mehr an eine aufgeweichte Cross-Strecke als an eine Straße. Wie Suse es in der Dunkelheit schafft, nicht zu stürzen grenzt an ein Wunder. Mitten im Gewühl bleibt sie stehen. Ihr Motorrad blockiert den Verkehr, aber allein hat sie keine Chance weiterzukommen. Aus allen Richtungen kommen hupende LKW mit blockierten Rädern auf uns zugedriftet. Ich würde ihr gern helfen, muss aber erst eine Stelle finden, an der ich mein Motorrad abstellen kann. Auf der steilen, tief verschlammten Piste kein ganz einfaches Unterfangen.

Am nächsten Tag haben wir dann nur noch ein kurzes Stück nach Quito und erleben zum ersten Mal die Panamericana in ihrer vollkommensten Langweiligkeit. Den geplanten Abstecher zum Cotopaxi schenken wir uns, da der Himmel wolkenverhangen ist und wir uns nach den Strapazen der letzten Tage nach Ruhe sehnen. Kaum in der Stadt, werden wir auch schon an einer Polizeikontrolle gestoppt. Die Beamten sind aber freundlich und da wir ihrer Meinung nach genügend gestempelte Papiere mit uns führen, dürfen wir bald weiterfahren. Jetzt müssen wir nur noch die richtige Abfahrt von der Stadtautobahn finden. Da wo unser Navi links abbiegen möchte, ist eine hohe Mauer, aber leider keine Ausfahrt – aber irgendwie finden wir dann doch noch zu unserem Hostal. Die letzten Meter werden dann aber auch noch spannend, da die Straße derart steil ist, dass wir die Motorräder kaum vor der Garage abgestellt bekommen. Als Entschädigung haben wir dann aber auch von der Dachterrasse einen phänomenalen Ausblick über die Stadt.

Quito allerdings hält nicht, was die Aussicht versprochen hat. Der historische Kern hat wenig alte Häuser zu bieten und die Imbiss-Buden sind auch nicht besonders einladend. Die Besichtigung der modernen neogotischen Kirche ist durch die steilen Treppen und Leitern, die wir als Besucher erklimmen dürfen zwar spannend, aber die Stahlbeton-Gotik ist nicht ganz mein Ding und kann mit echter mittelalterlicher Steinmetzarbeit nicht mithalten.

Das Nachtleben in der Neustadt kann dafür problemlos mit Malle konkurrieren. Da war ich zwar noch nicht, aber genau so stell ich's mir da vor – nur ohne Salsa. Ein ganzes Stadtviertel mutiert zu einer einzigen großen Party. Hunderte von Kneipen und Clubs locken hier die Nachtschwärmer in Scharen, aber auch auf den Straßen vor den Lokalen wird Latino-like munter gefeiert. Für unseren Geschmack ist alles etwas zu grell, die Musik ist zu elektronisch und die Drinks sind zu teuer. Wir überlegen schon, ob wir uns nicht doch noch mit einem Taxi auf die Suche nach einem legendären, aber schwer zu findenden kleinen Punk-Schuppen mit Live-Musik machen sollen, als wir doch noch in einer der ruhigeren Seitenstraßen einen weniger hippen Laden nach unserem Geschmack finden.

Einen erholsamen Tag auf der Dachterrasse nutzen wir, um unsere Webseite zu aktualisieren. Unser Urlaubsbedürfnis ist aber trotz Sonnenbrand noch lange nicht gestillt und nachdem wir schon wieder genug von Städten haben zieht es uns nach Mindo, einem kleinen Urlaubsdorf, nicht weit entfernt im Wald. Kurz nachdem wir Quito verlassen haben folgt gleich das nächste unvermeidbare, aber reichlich unspektakuläre Highlight. Wir überqueren den Äquator.

Am Äquator

Mitten auf der Straße muss Suse einiges an Geduld beweisen, da ich mein Motorrad etliche Male hin und rangieren muss, bis mein GPS exakt auf Null steht und ich ein Foto davon machen kann. Neben der Straße gäbe es zwar das eine oder andere mehr oder weniger korrekte Äquator-Monument, aber annähernd richtig positioniert ist davon nur das Original aus der Vor-Inkazeit.

Im Parque el Angel

von Axel

Die gut ausgebaute Straße durchs satt grüne Gebirge wäre eigentlich ein Motorradfahrertraum, wären da nicht die vielen LKWs, die wir aufgrund der zahllosen Kurven nur schwer überholen können. So bleibt uns nicht viel anderes übrig als geduldig hinterherzuzuckeln, uns von todesmutigen Autofahrern überholen zu lassen und die wunderschöne Landschaft zu genießen – es könnte wahrlich schlimmer sein. Sobald wir die Hauptstraße verlassen, wird das sich schmal ins saftige Tal windende schmale Sträßchen schier von Bäumen und Sträuchern, Blumen und Blättern überwuchert. Hier wollen wir gar nicht mehr schneller fahren, so viel gibt es zu bestaunen.

Mindo selbst ist ein kleines Dorf. Die wenigen Straßen werden von Hotels und Restaurants gesäumt. Kein Wunder, liegt Mindo doch inmitten eines Naturschutzgebiets im tropischen Nebelwald. Obwohl hier reichlich Action, wie Seilrutschen, Rafting, Dschungelwanderungen, viele Vögel, Blumen, Schmetterlinge und ein Wasserfall geboten wären, können wir uns nicht motivieren, unser Luxus-Domizil zu verlassen. Stattdessen relaxen wir im Schatten, hüpfen hin und wieder in den Pool und raffen uns nur abends auf, um im Dorf etwas zu essen zu suchen. Der günstige und superleckere Grill, an dem außer uns nur Einheimische dichtgedrängt an den wenigen Tischen sitzen, hat leider nur am ersten Abend geöffnet und in den übrigen Restaurant erwischen wir natürlich wieder nur den durchschnittlichen, teuren

Touristenfraß – gepaart mit schlechtem Service. Gerne würden wir noch ein oder zwei Tage in diesem kleinen Paradies bleiben, aber der einzige Geldautomat im Dorf – und damit im Umkreis von hundert Kilometern – akzeptiert keine unserer Kreditkarten, und da wir aus Sicherheitsgründen nie allzu viel Bargeld mit uns herumschleppen und gleichzeitig das Hostal etwas über unserem üblichen Budget liegt, müssen wir weiter. Wieder zurück nach Quito und dann weiter über die Panamericana kommt für uns nicht in Frage, da riskieren wir doch lieber eine Abkürzung durchs Gebirge.

Eine lange Etappe liegt vor uns und so sitzen wir früh auf unseren Kisten. Losfahren können wir trotzdem nicht. Suses DR hat sich ja schon in den letzten Wochen immer mal wieder bitten lassen, aber heute will sie partout nicht anspringen. Alles orgeln hilft nichts und die schwache Motorradbatterie beginnt schon aufzugeben. Sprit hat der Motor, also muss es an der Zündung liegen und tatsächlich erkennen wir nicht den geringsten Zündfunken. Längst haben wir unsere warmen Motorradklamotten wieder ausgezogen, als wir die Mühle zurück in den spärlichen Schatten schieben. Zuerst muss das ganze Gepäck runter, bevor wir die Sitzbank und den Tank abmontieren, um an die Elektrik zu kommen. Wir kontrollieren alle Stecker und überbrücken versuchsweise den einen oder anderen aber nach wie vor kommt kein Zündfunke. Ratlos stehen wir vor dem halb zerlegten Motorrad und als wir zum x-ten Mal auf den Starter drücken, springt der Motor plötzlich an. Schnell das Gepäck wieder drauf und los geht's. Nachdem es in der Zwischenzeit aber längst Mittag ist und uns der Hunger plagt, fahren wir nur bis ins Dorf. Zum Trost hat immerhin unser Lieblings-Imbiss geöffnet und so bekommen wir noch einmal ein leckere Abschiedsmahlzeit bevor wir uns wieder ins Gebirge schlagen.

Fahrt durch hohes Graß

Obwohl die Straße auf unserer Karte als „befestigt" eingezeichnet ist, entpuppt sie sich in kürzester Zeit als holprige Schotterpiste, aber im Grunde ist es ja genau das, was wir suchen: Kleine einsame Straßen in schönster Natur. Lange hält das nur leider nicht an. Ganze Bergrücken sind weggesprengt und an anderer Stelle wieder neu aufgeschüttet. Auch hier machen die Bergwerke keinen Halt vor dem unberührten Gebirgswald und auch auf der Straße bleiben wir nicht lange allein. Zahlreiche LKWs haben den Weg in eine üble Wellblechpiste verwandelt und ziehen lange Staubfahnen hinter sich her. Wir kommen nur langsam vorwärts und finden erst zum Sonnenuntergang ein kleines verlassenes Häuschen nur wenige Meter oberhalb der Piste. Hier sind wir immerhin sichtgeschützt, aber dem Lärm und Staub der auch nachts hier noch langscheppernden LKW hat unser Zelt nur wenig entgegenzusetzen.

Zu unserem letzten Ziel in Ecuador, dem Parque el Angel nehmen wir bei kühlem Pisswetter die Panamericana, denn von Abkürzungen haben wir fürs Erste genug. Wir sind auf der Suche nach dem verzauberten, feenartigen, Papierbaum -Wäldern im „Herr der Ringe-Style" die es hier im El Angel Nationalpark geben soll. Empfohlen hat uns das ganze Thomas, ein Schweizer, der jahrelang in Ecuador Endurotouren durchgeführt hat. Der Wegbeschreibung unseres Reiseführers folgend brauchen wir trotzdem noch die Hilfe unserer GPS Geräte und unserer mittlerweile recht erfahrenen Spürnasen, um den richtigen Weg zu finden.

Im kleinen Ort El Angel tun wir uns trotz der sporadisch vorhandenen Beschilderung schwer, die Straße Richtung Nationalpark zu finden. Kurz nach dem Ort ist von der Straße auch nicht mehr viel übrig. Auf einem kleinen Feldweg fahren wir zwischen Mäuerchen vorbei an kleinen Höfen immer höher hinauf ins Gebirge. Mehr als einmal bezweifeln wir, noch auf dem richtigen Weg zu sein. Die Beschilderung hat längst aufgehört und an jeder Abzweigung müssen wir uns entscheiden und können oft überwucherte Hofeinfahrten kaum von der Hauptstraße unterscheiden. Wir sind fast ein wenig überrascht als wir irgendwann tatsächlich den Eingang zum Nationalpark erreichen. Der Posten macht einen verlassenen Eindruck, keiner der Ranger scheint da zu sein, vielleicht ist es einfach auch schon zu spät am Nachmittag.

Nur kurzzeitig blitzt die Sonne zwischen den grauen, tiefliegenden Wolken durch, aber immerhin hat es aufgehört zu regnen und auch der Weg ist nicht all zu glitschig. Meine Reifen sind schon wieder ganz schön abgefahren, da kann ich auf Schlamm gut verzichten. Seit Beginn des Jahres ist der Besuch aller Nationalparks Ecuadors, mit Ausnahme der Galapagos-Inseln, kostenlos und so können wir ohne schlechtes Gewissen unkontrolliert weiterfahren. Wir sind gespannt auf die verwunschenen kalten Nebelwälder und ich träume schon von einem hübschen Platz für die Nacht. Nur wenige Touristen verirren sich in diesen abgelegenen Park ganz im Norden des Landes.

Die Landschaft des Paramos ist für uns neu und eine willkommene Abwechslung. Weite, karge Grasflächen prägen die Hänge, aber von Bäumen ist weit und breit keine Spur. Bis zu 1.500 Jahre alt sollen die ältesten Bäume sein, deren dünne viellagige Rinde an Papier erinnert. Der einzige Hinweis, ein Schild zur Polylepis Lodge führt uns in eine Sackgasse und zu einer Luxuslodge mit Privatwald. Den Eintritt, bzw. die Übernachtung von 80$ Pro Person wollen wir uns nicht leisten, auch wenn bei jeder der Hütten ein feuergeheizter Whirlpool dabei sein soll. Trotz des Wucherpreises denken wir tatsächlich kurz darüber nach, da der steile Weg zur Lodge in einem katastrophalen Zustand ist und Suse ihn nach einem Sturz auf dem Heraufweg nur ungern gleich wieder zurück fahren möchte. Der schwäbische Geiz behält jedoch die Oberhand und prompt meistert sie den Weg bergab ohne Probleme. Da ich mich bei Bergauffahrten immer wohler fühle, ist es für mich ein Rätsel wie sie das angestellt hat, aber trotz der vielen Kilometer die wir mittlerweile zusammen gefahren sind, bin ich immer wieder überrascht welche Schwierigkeiten sie problemlos meistert und vor welchen Kleinigkeiten sie kapituliert.

Frailejones im Paramo

Nach einem Blick auf die Karte entschließen wir uns, den Weg durchs Gebirge zu wagen. Auf dem bisherigen Weg gab es keine geeigneten Übernachtungsplätze und – für einen Nationalpark völlig untypisch – sind die Wege eingezäunt. Wir hoffen, dass die Zäune weiter oben aufhören und bereits wenige Kurven später muss ich wieder anhalten. Wir befinden uns in einer völlig neuen Landschaft.

Bäume gibt es zwar immer noch keine, stattdessen wachsen überall eigenartige, bis zu 5 m hohe Stauden mit filzartigen Blättern in den Himmel. Diese Frailejones genannten Mönchsgewächse wirken ein wenig wie eine Kreuzung aus Yuccas und Königskerzen und verleihen der nebligen Landschaft etwas märchenhaft Urzeitartiges. Ich will mit Fotografieren gar nicht mehr aufhören aber Suse wird ungeduldig und so fahren wir weiter, immer höher in die kalten und feuchten Wolken. Durch die Nebelschwaden und Steinmauern fühle ich mich wie in den schottischen Highlands, die ich mir so ähnlich vorstelle. Es wird immer kälter und völlig durchfroren freuen wir uns, als es irgendwann wieder bergab geht. Seit der letzten Kreuzung, an der es unvermuteter Weise einige Wegweiser gab, haben wir wieder Hoffnung, tatsächlich auf dem richtigen Weg zu sein, auch wenn wir uns diesen besser wünschen würden: In schmalen und steilen Serpentinen kämpfen wir uns in Schrittgeschwindigkeit über eine wüste Piste durch grobes, loses Geröll nach unten. Immerhin wird es wärmer und wir kommen aus dem feuchten Nebel heraus, aber Suse ist total erschöpft. Alle paar Kehren müssen wir eine kurze Pause einlegen. Die Gefahr eines weiteren Sturzes wird immer größer, aber mitten auf der Straße können wir schlecht unser Zelt aufschlagen. Einige Male laufe ich zurück bergauf und fahre ihr das Motorrad über die schwierigsten Passagen.

Lange kann das so nicht weitergehen und als der Weg an einer Stelle nach einer halben Ewigkeit etwas breiter wird und Platz für die Motorräder und unser Zelt bietet, brechen wir für heute ab. Wir haben keine andere Wahl als direkt neben der Straße zu übernachten, auch wenn wir uns sonst so gut es geht verstecken, um unsere Ruhe zu haben und unliebsame Überraschungen zu vermeiden. Aber da dieses Tal derart abgelegen ist, kommt tatsächlich bis zum nächsten Morgen nicht ein einziger Mensch vorbei. Wäre uns hier etwas passiert, hätten wir lange auf Hilfe warten können.

Am nächsten Morgen sieht die Welt dann gleich ganz anders aus. Die Sonne lacht, der Nebel hat sich verzogen und laut GPS sind es nur noch 6 km Luftlinie zur nächsten wieder eingezeichneten und befestigten Straße. Bald nach dem Frühstück wird nach nur wenigen Kurven und ein zwei steilen Passagen der Weg endlich besser. Wir sind am Talgrund angekommen, rundherum wachsen Bäume, wir kommen uns fast vor wie in den Alpen. Am

Wegesrand kümmern sich ein paar bunt gekleidete Mädchen im Wasser des eiskalten Baches um die Wäsche und wir kommen an ersten Häusern vorbei. Gleich haben wir es geschafft, mache ich Suse Mut, um kaum zwei Kurven später am Ende der Straße zu stehen. Ein Bagger und eine Planierraupe stehen einsam auf einem Erdhügel der vor einem tiefen Bach aufgeschüttet ist.

Ich lasse Suse mit den Mopeds und einer Zigarette am Straßenrand stehen und mache mich zu Fuß auf, den weiteren Weg zu erkunden. Die größten Löcher im Bach kann ich mit ein paar Felsbrocken soweit auffüllen dass ich rüberkomme und auch die Mopeds rüberkämen. Den weiterführenden Trampelpfad muss ich mir aber erst noch anschauen. Fast eine halbe Stunde folge ich in immer tropisch werdender Hitze dem schmalen Trampelpfad bergab und verfluche meine warme Motorradhose. Immer wieder sehe ich die Spuren eines Motorradreifens im feuchten Lehmboden. An ein oder zwei Stellen führt der Weg so schmal zwischen den Felsen hindurch, dass wir unsere Alu-Koffer abnehmen müssten und an einer Stelle sind ein paar hohe Steinstufen. Hinunter würde ich die Mopeds da wohl bringen, aber wieder hinauf hätten wir zu zweit keine Chance. Ein Ende des Weges ist nicht abzusehen und so kehre ich um. Mit ein paar meiner Freunde würde ich die Strecke sicher probieren, aber voll beladen und mit der eh schon frustrierten und vom Vortag noch erschöpften Suse wäre das keine gute Idee. Suse ist alles andere als begeistert, die fiesen Serpentinen vom Vortag wieder zurück zu müssen. Zuerst wollen wir aber die Einheimischen fragen, auch wenn wir uns davon keine zuverlässige Auskunft versprechen, da wir schon viel zu oft „mit euren Motorrädern ist das überhaupt kein Problem" gehört haben.

Diesmal lautet die Antwort aber „Das geht nicht mal mit einem Motorrad" und wir sollen doch auf einen Tee reinkommen. Da zum Tee aber Fladenbrot gehört und das erst noch gebacken werden muss, führt uns der Hausherr erst einmal über seinen Hof und erzählt uns zu jedem Baum hinterm Haus eine Geschichte. Ich komme ganz schön außer Atem als ich dem alten Mann den Hang hinauf hinterherlaufe, offensichtlich sind wir immer noch auf 3.000 m Höhe. Der Rest der Familie beäugt uns etwas skeptisch, als wir alle gemeinsam in der verrauchten Küche sitzen. Mittlerweile hat es zu regnen begonnen, aber als wir das frisch gebackene Brot hungrig vertilgt haben, lehnen wir es trotzdem ab, uns für ein paar Tage hier zu einem Sonderpreis einzumieten und machen uns auf den Rückweg, die kniffligen Geröll-Serpentinen wieder hinauf. Trotz der fahrerischen Herausforderungen für Suse sind es genau solche Etappen, durch einsame, naturbelassene, vom Massentourismus bislang verschonte Gegenden, die uns immer aufs Neue faszinieren und den besonderen Reiz unserer Reise ausmachen. Abgesehen davon waren wir in den letzten Wochen ohnehin fast nur noch auf geteerten Straßen unterwegs und so ein kleiner Abstecher bringt da die richtige Abwechslung und sorgt dafür, dass uns nicht zu langweilig wird.

Nach dem abenteuerlichen Ausflug und regnerischen Wetter der letzten Tage fällt es uns nicht schwer, Ecuador zu verlassen – allerdings machen es uns die arbeitsfaulen Grenzer nicht gerade leicht: Die Schlange der Wartenden ist über hundert Meter lang. Die Sonne zeigt sich wieder und wir gehen in unseren Motorradklamotten fast ein. In dem unübersichtlichen Getümmel haben wir unsere Motorräder im Halteverbot vor der Grenzstation geparkt, um sie wenigsten halbwegs im Blick zu haben. Die Grenzer scheinen sich in einem Bummelstreik zu befinden und je ungeduldiger die Wartenden werden, um so langsamer scheint die Abfertigung vonstatten zu gehen. Als wir endlich unsere Ausreisestempel haben, machen wir uns noch auf die Suche nach dem Zoll, um auch die Motorräder offiziell wieder auszustempeln. Die Tür zum Zollbüro ist zwar offen, aber in dem kleinen Raum ist niemand zu finden. Auch die Uniformierten auf der Straße können uns nicht weiterhelfen und als wir schon drauf und dran sind, das Land einfach so zu verlassen werden wir doch noch unsere Einreiseformulare, die bei der Ausreise lediglich wieder abzugeben sind, wieder los.

Kolumbien

Zur Abwechslung mal Kultur

von Axel

Es ist Ende Juli als wir in Kolumbien einreisen und wir sind auf den Tag genau seit zehn Monaten unterwegs. Nur noch zwei Länder liegen vor uns und das Ende unserer Reise, das die ganze Zeit in weiter Ferne lag, rückt immer näher. Vor ein paar Wochen haben wir die Rückflüge gebucht und damit auch ein definiertes Ende. Zuvor konnten wir uns treiben lassen und hinfahren, wo wir wollten, uns spontan umentscheiden, Umwege in Kauf nehmen und auch mal irgendwo ein paar Tage länger bleiben. Diese Freiheiten haben wir jetzt nicht mehr. Wir wissen jetzt, dass wir in 6 Wochen in Cartagena sein müssen. Plötzlich müssen wir unsere Zeit wieder exakt planen. Auf dem direkten Weg wären es gerade mal gute tausend Kilometer. Die könnten wir bei unserem Schnitt in einer Woche schaffen, aber wir wollen ja auch noch nach Venezuela und den direkten Weg entlang der viel befahrenen Panamericana wollen wir auf keinen Fall nehmen. An einem Tag befürchten wir, dass uns die Zeit nicht reicht und am nächsten wissen wir gar nicht, was wir noch alles machen sollen.

Zuerst aber heißt es, eine neue Haftpflicht-Versicherung für unsere Mopeds abzuschließen. Im großen Kaufhaus der kleinen Grenzstadt Ipiales soll das möglich sein. Während sich Suse als Spanischexpertin in unserem Team auf die Suche nach der Versicherung begibt, bewache ich als Sicherheitsbeauftragter unsere Motorräder, die wir in Ermangelung eines Parkplatzes mitten auf dem Hauptplatz abgestellt haben. Nach einer halben Ewigkeit kommt Suse unverrichteter Dinge zurück. Sie hat zwar das Wunder vollbracht und tatsächlich den Stand für Motorradversicherungen gefunden, allerdings fehlt vom Vertreter jede Spur und der Mann vom Reifenstand nebenan empfiehlt ihr, in ein bis zwei Stunden noch einmal ihr Glück zu versuchen.

Um die Zeit zu überbrücken wollen wir gleich mal Kultur mit Essen verknüpfen und statten der nahegelegenen Wallfahrtskirche Las Lajas einen Besuch ab. In der Nähe hängen verlockend duftend unzählige kleine Schweinchen aufgereiht über heiß glühenden Grills. Nach unserem letzten, halb verhungerten, zäh-gekochten Nager würde uns die gegrillte Variante gerade recht kommen, aber leider ist noch keines der Meerschweinchen fertig, die in Kolumbien – wie wir gehört haben – zur einwandfreien Identifikation nur am Stück serviert werden. Schmal windet sich die Straße oberhalb eines steilen Tales und mehr und mehr Autos und Busse drängen sich um uns herum und parken jeden freien Meter zu. Nur ein paar wenige Häuser ducken sich zwischen Straße und Felswand. Wir fragen vergeblich in den paar wenigen Pensionen nach einer Unterkunft. Es ist alles ausgebucht, aber wir sollen es im Kloster versuchen, dort gäbe es sicher ein Zimmer für uns. Da dort aber nur eine steile Treppe hinführt, die Zufahrt streng bewacht wird und nur für Gäste erlaubt ist, bleibe ich mal wieder bei den Motorrädern und Suse macht sich zum zweiten Mal an diesem Tag vergeblich auf die Suche.

Es sind zwar alle Türen und Tore des Klosters geöffnet, aber auch hier wurden die Mönche scheinbar, genau wie der Versicherungsvertreter, vor uns gewarnt und haben die Flucht ergriffen. Da wir aber nun schon mal da sind, lassen wir die Motorräder auf dem gebührenpflichtigen und angeblich bewachten Parkplatz zurück und unternehmen die kleine Wanderung zum Grund der Schlucht, wo uns eine märchenhafte neugotische Kathedrale erwartet, die in Ihrer unerwarteten Wirkung Neuschwanstein in nichts nachsteht.

Wallfahrtskirche Las Lajas

Am nächsten Tag wird schnell klar, dass wir unser nächstes Ziel, den Indianermarkt in Silvia, der übernächsten Vormittag stattfinden soll, nicht rechtzeitig erreichen können. Seit wir in Kolumbien sind, hat der Verkehr beträchtlich zugenommen. Kein Wunder, sind wir doch momentan doch auf der Panamericana unterwegs. Die alternative Straße würde einen Umweg von 400km bedeuten, da das Fernstraßennetz auf dem ganzen Kontinent nicht mit dem in Europa zu vergleichen ist.

Außerdem fühlen wir uns in Kolumbien noch nicht so sicher, dass wir auf die kleinen Straßen ausweichen wollen, die möglicherweise durch unsichere Rebellengebiete führen. Alle anderen Reisenden, die uns bisher entgegenkamen, haben von Kolumbien in den höchsten Tönen geschwärmt, aber die Sicherheitshinweise auf der Seite des Auswärtigen Amtes und die Warnungen in unserem Reiseführer können wir auch nicht ignorieren. Große Teile des Landes stehen komplett unter der Herrschaft der FARC, andere sind umkämpft, aber wo genau die unsicheren Gebiete liegen, ist oft nicht ganz eindeutig. Pauschal wird vor den Grenzgebieten und auch dem Süden des Landes gewarnt, aber wie sollten wir denn dann ins Land kommen, wenn wir die Grenzen meiden sollen? Wir halten uns also auch deshalb erst einmal an die großen Hauptstraßen. Diese werden vom besonders an Brücken auffällig postierten Militär geschützt und sollen zumindest tagsüber sicher zu befahren sein.

Am ersten kilometerlangen Stau können wir dank unserer Motorräder bequem auf der Gegenfahrspur vorbeifahren und erreichen, perfekt getimed, gerade das Ende der Kolonne als die Fahrbahn wieder freigegeben wird. Zuerst können wir es noch genießen, nicht hinter den ganzen Lastern herbummeln zu müssen. An überholen denken wir bei den zahllosen Kurven in dem herrlich grünen Gebirge gar nicht erst. Da haben wir aber die Rechnung ohne die einheimischen Verkehrsteilnehmer gemacht. Obwohl wir mit unseren Mopeds recht flott unterwegs sind, tauchen hinter uns immer wieder Kamikazefahrer auf, die uns ohne Sicht und ohne Rücksicht auf Verluste überholen, wo sie nur können. Sobald dann doch Gegenverkehr auftaucht, ziehen sie einfach wieder nach rechts, ungeachtet der Motorradreisenden, die da halt dummerweise im Weg sind. Dass der Fahrspaß dabei irgendwie nachlässt, liegt auf der Hand. Als mein Moped auf einer langen Steigung dann unerwartet auf Vollgas hängen bleibt, darf Suse mal wieder eine Rauchpause einlegen während ich meinen herausvibrierten Gaszug am Vergaser wieder einhänge.

Wieder einmal sind wir langsamer als gedacht und geraten in die Nacht. Bereits seit über einer Stunde folgen wir in dieser pechschwarzen Finsternis den Rücklichtern des vor uns fahrenden LKWs als wir endlich an eine geöffnete Unterkunft kommen. Suse hat ihren Helm noch nicht ganz abgezogen, da halten wir auch schon jeder eine kalte Dose Bier in der Hand. Der einzige Gast des benachbarten Kiosk hat uns eingeladen und rettet unseren Abend. So lassen wir uns gerne willkommen heißen. Froh, überhaupt eine Unterkunft gefunden zu haben genießen wir sogar unsere fensterlose Kammer und den, der fehlenden Tür sei Dank, phänomenalen Blick auf die appetitliche Kloschüssel.

Aber nicht nur auf den Überland-Etappen führt uns die Herbergssuche oft zu interessanten Resultaten. Auch in Städten gestaltet sich die Suche nach einer Unterkunft oft schwierig. Sobald wir Tipps von anderen Reisenden haben, müssen wir nur irgendwie die richtige Straße finden. Ansonsten heißt es Suchen und wer jetzt meint, dass ja in jedem Reiseführer dutzende Unterkunft-Tipps enthalten sind, der vergisst, dass dabei die für uns entscheidende Info fehlt – ob es einen sicheren Stellplatz für Motorräder gibt oder nicht.

In Popayan besteht die Innenstadt mal wieder nur aus Stau und Einbahnstraßen. Während ich in der Sonne mal wieder die Mopeds bewache, schaut sich Suse ein Zimmer nach dem anderen an. Es grenzt schon an Unverschämtheit was da so alles vermietet wird und den Vogel schießt ein Hotelier ab, der uns erst ein ordentliches Zimmer zeigt und uns dann ein versifftes, mit durchgelegener Matratze und ohne fließendes Wasser im Bad vermieten will. Das andere sei sein eigenes, das könnten wir nicht haben, argumentiert er! Uns geht so langsam die Geduld aus und da in unserer Preisklasse nichts zu finden ist, gönnen wir uns ein mit antiken Möbeln ausgestattetes Luxus-Zimmer mit Blick auf die Plaza, das fast so groß ist wie unsere ehemalige Wohnung. Die dreckigen und versifften Motorräder bekommen ihren Platz auf Edelholz-Parkett im überdachten Patio und unser Geldbeutel ein Loch.

Hin und wieder ein bisschen Luxus muss dann auch mal sein, trösten wir uns und in Deutschland bekämen wir für den im Vergleich immer noch günstigen Preis vermutlich gerade mal ein Bett in einer Jugendherberge. Da im fast mikroskopisch kleinen Bad keine Chance besteht, unsere Wäsche zu waschen, machen wir uns zu Fuß auf die Suche nach einer Wäscherei. Im ersten halben Jahr haben wir unsere paar dreckigen Klamotten noch einmal die Woche selbst gewaschen, seit wir aber nicht mehr zelten, gönnen wir uns immer öfter diesen Luxus. Obwohl die Preise dafür im Vergleich zu Restaurants oder Unterkünften meist recht ordentlich sind und die Wäsche auch oft nicht so richtig sauber wird, sind wir mittlerweile zu bequem geworden.

In der Innenstadt von Popayan finden wir alles außer einer Wäscherei, aber dafür haben wir jetzt auch noch die letzten paar Gassen dieses hübschen Städtchens kennengelernt. Nachdem wir zumindest die nötigsten Sachen dann in unserer Faltschüssel in unserem Zimmer dann doch selber waschen mussten, machen wir uns, durch das kalte Waschwasser abgekühlt, nach der Hitze des Tages auf die Suche nach einer Kneipe, um den Abend ausklingen zu lassen. Für irgendwas muss so eine Stadt ja schließlich gut sein.

Wir finden einen kleinen schummrigen Laden, in dem nur zwei der wenigen Tische belegt sind. Wir fühlen uns in eine andere Zeit zurückversetzt. Die ganze Einrichtung ist noch im originalen Stil der 60er Jahre erhalten geblieben. Der Wirt, der diesen Schuppen schon seit über 40 Jahren betreibt, steht hier noch, wie er uns erzählt, jeden Abend selbst hinter der Theke und legt aus seiner riesigen Plattensammlung auf, die mehr Raum als die Getränke beansprucht. Passend zum Ambiente läuft alte kolumbianische Musik. Wir bestellen uns zwei Bier und beobachten die anderen Gäste, die sich jeweils zu zweit eine Flasche einer schnapsartigen Substanz und einen Krug Wasser bestellen und das Zeug dann recht zügig vernichten. Wir als Biertrinker kommen uns ein wenig vor wie Exoten, aber das Polar-Bier, das wir hier im Süden Kolumbiens bekommen, schmeckt zur Abwechslung mal wieder so richtig gut. Noch haben wir die erste, kleine 0,33er Flasche nicht ganz ausgetrunken, stehen schon zwei neue Flaschen vor uns.

Suse denkt zunächst, sie hätte endlich einen aufmerksamen Wirt gefunden, aber ich sitze besser und konnte beobachten, wie ein einsamer Gast an der Theke für uns geordert hat. Da müssen wir uns natürlich sofort bedanken. Einmal bei ihm, gibt er uns ein Bier nach dem anderen aus. Sein Redefluss ist kaum zu stoppen, so freut er sich, Zuhörer gefunden zu haben. Die Einladung in die Landwirtschaftsschule, in der er als Agraringenieur unterrichtet und das Angebot, uns noch durch die mittlerweile späte Nacht zu unserem Hotel zu begleiten, können wir nur mit Hilfe des Wirtes ablehnen. Alleine fühlen wir uns in der ruhigen und hell erleuchteten Stadt dann doch sicherer als in Begleitung eines unbekannten Betrunkenen.

Den Indiomarkt haben wir zwar verpasst, aber um unser plötzlich erwachtes Interesse an Kultur zu stillen, machen wir uns auf den Weg nach San Agustin, einer Prä-Inka-Ausgrabungsstätte. Da in dieser Gegend immer wieder FARC-Aktivitäten gemeldet werden und wir keine sowohl zuverlässigen als auch aktuellen Informationen über den Straßenzustand bekommen konnten, haben wir auf den direkten Weg aus dem Süden verzichtet und stattdessen die Panamericana genommen. Von Popayan aus sind es nun nur noch 130 Kilometer durchs Gebirge und angeblich soll sich die Straße in einem guten Zustand befinden.

Zuerst brauchen wir aber Geld. Wir müssen unser Hotel bezahlen und auch für die nächsten Tage vorsorgen. Da gerade Monatsanfang ist, bilden sich vor fast allen Geldautomaten unfassbar lange Schlangen, da sich hier scheinbar jeder sofort seinen Monatslohn auszahlen lässt. Auf stundenlanges Warten haben wir gar keine Lust, aber nach einiger Suche finden wir dann doch noch eine Bank, die scheinbar keine Konten an Arbeiter vergibt und auch noch unsere Karten akzeptiert.

Suse lässt sich ihr Moped noch von mir die hohe Eingangsstufe auf die Straße herausfahren. Immerhin ist die Tür breit genug, so dass wir wenigstens drinnen alles fertig beladen konnten und so starten wir unsere Kultur-Tour. Trotz der Verspätung sollten die 130km gut zu schaffen sein. Wir finden auf Anhieb den richtigen Weg durch das halbwegs logisch aufgebaute typische Einbahnstraßen-Gewirr der südamerikanischen Kolonialstädte, an das wir uns längst gewöhnt haben und kommen recht schnell aus der Stadt.

Fast übergangslos befinden wir uns in einer anderen Welt: Nur vereinzelt stehen kleine Hütten am Straßenrand, ansonsten fahren wir auf einer überraschend guten und wenig befahrenen Straße durch schroffe, grüne Täler. Nach kaum einer halben Stunde müssen wir aber abbiegen und von der angekündigten „guten" Straße ist weit und breit nichts zu entdecken. Möglicherweise wird es hier demnächst eine gute Straße geben, noch aber ist die ohnehin schon schmale Straße mit Baustellen gespickt und kilometerweise kämpfen wir uns durch losen Schotter und frisch gepflügte Erde. Die Hitze der Stadt haben wir längst hinter uns gelassen und als es zu allem Überfluss auch noch zu regnen beginnt, verwandelt sich der Schotter der Baustellen in eine tiefe schlammige Pampe.

Schlammige Baustellenpiste

Wir trauen uns nur noch im Schritttempo voran, meist mit beiden Füßen am Boden um die schlingernde Fuhre in der Senkrechten zu halten. Als wir die schlimmste, von schweren Baustellen-LKWs tief zerpflügte Passage hinter uns haben, gehört die Straße dann wenigstens uns allein. Wir sind mit dem immer noch schmierigen Untergrund genug beschäftigt und heilfroh, nicht auch noch auf andere Verkehrsteilnehmer achten zu müssen. Auf weites Hügelland folgt Nebelwald und der macht seinem Namen alle Ehre. Wenigstens wird es wieder wärmer, aber ungemütlich bleibt es weiterhin und bei unserer besseren Schrittgeschwindigkeit brauchen wir eine gefühlte Ewigkeit bis wir unser Ziel San Agustin erreichen.

Bei unserem ersten Stopp im Ort werden wir gleich von ein paar penetranten Schleppern belagert. Als wir fluchtartig das Weite suchen, verfolgt uns einer dieser lästigen Gesellen bis zu unserem nächsten Halt und erst ein Wutausbruch meinerseits schlägt ihn in die Flucht. Müde von der Fahrt, genervt vom Wetter und hungrig wie ich bin, hätte er auch keine langen Überlebenschancen gehabt. Einem Bett für die Nacht sind wir jetzt zwar nicht nähergekommen, aber diese Art von Leuten hab ich dermaßen dick, dass mir der Kragen platzt. Völlig orientierungslos packen wir auf dem ruhigen Hauptplatz vor der Kirche erstmal unseren E-Reader aus und suchen uns aus dem gespeicherten Reiseführer die empfohlenen Hostels heraus. Hier in dieser ländlichen Gegend sollte jedes davon Platz für unsere Motorräder haben. So ein E-Reader ist so gesehen recht praktisch, da wir auf diese Weise auf kleinstem Raum ein paar hundert Bücher mitnehmen konnten, aber zum schnell mal durch einen Reiseführer blättern, sind gedruckte Ausgaben einfach besser zu handhaben und wesentlich übersichtlicher.

Das Hostal erster Wahl liegt etwas außerhalb des Ortes und trotz Wegbeschreibung durchkämmen wir erst alle Gassen, bis wir die richtige Straße und nach einiger Zeit sogar einen Wegweiser finden. Dieser führt zu Suses Leidwesen allerdings von der geteerten Straße ab und einen schmalen, schottrigen Weg steil nach oben. Ich bedeute Suse zu warten und fahre voraus. Stehen zu bleiben wäre auf den steilen nassen Steinen schwierig, wieder anzufahren unmöglich und so muss ich hoffen, dass mir auf der schmalen Auffahrt kein Fahrzeug entgegenkommt. Die Rampe kommt mir vor wie eine der Steilauffahrten in der Kiesgrube bei mir ums Eck, in der ich vor Jahren meine ersten Enduro-Erfahrungen gesammelt habe. Oben angekommen suche ich gerade eine Stelle, an der ich mein Motorrad abstellen kann, da schießt völlig unerwartet Suse um die Ecke. Mit schlotternden Knien schafft sie es gerade so vom Motorrad zu steigen. Sie hatte mein Handzeichen unten zu warten missverstanden, ist mir gefolgt und hat instinktiv richtig reagiert und an den schwierigen Stellen Gas gegeben. Dumm nur, dass das ganze umsonst war. Die guten Zimmer sind alle belegt und in der mückenverseuchten, feuchten und überteuerten Strohhütte wollen wir wirklich nicht bleiben. Von einem Hostal unter Schweizer Leitung hätten wir nicht nur Schweizer Preise sondern auch Qualität erwartet.

Trotz einer großen Portion Angst meistert Suse die Steilabfahrt, nachdem ich vorgefahren war und so den Weg für den Gegenverkehr schonmal gesperrt hatte. Bei Gegenverkehr auf dem steilen schmierigen und auch noch schmalen Weg anzuhalten, wäre unmöglich gewesen. Auf dem Weg hatten wir ein Camping-Schild gesehen und da wir nach diesem anstrengenden Tag eine Belohnung verdient haben, bekommen wir dort sogar ein kleines, feines Zimmer und die Überraschung ist groß als wir an der Tür des Nachbarzimmers einen Aufkleber von Heidi und Bernd, den beiden KTM-Fahrern entdecken, die erst vor wenigen Tagen auch hier übernachtet haben. Nach einem Begrüßungskaffee auf der Terrasse ist auch das Wetter endlich besser und so machen wir uns zur Abwechslung einmal zu Fuß auf ins Dorf um jetzt, nach Sonnenuntergang, endlich unser Mittagessen nachzuholen. Obwohl, oder vielleicht gerade weil die touristische Infrastruktur hier recht gut ist, tun wir uns schwer, ein Restaurant zu finden, das uns gefällt und nicht den obligatorischen, überteuerten Einheitsbrei verkauft.

Wir scheitern grandios und landen in einer hässlichen Burgerbude und ordern Hamburger con Patacones. Statt Pommes hoffen wir auf leckere gebratene, gepresste Kochbananenscheiben aber die Überraschung ist groß, als dann das gebratene Hackfleisch zwischen den Patacones serviert wird. Lecker ist er trotzdem, der Bananenburger. Da uns die Pferdetouren zu den verschiedenen Ausgrabungsstätten zu teuer sind, laufen wir am nächsten Morgen zu Fuß zum Archäologischen Park. Bei tropischen Temperaturen ist es hier im exotischen Regenwald halbwegs erträglich und so erkunden wir für einige Stunden den historischen Komplex mit seinen riesigen, teils diabolisch grinsenden, teils aberwitzige Grimassen schneidenden Steinskulpturen.

Präkolumbianische Steinskulpturen in San Agustin

Tierradentro, die einen halben Fahrtag weiter nördlich gelegene Archäologische Stätte ist dann ganz anders. San Andrés de Pisimbalá besteht nur aus einigen wenigen Hütten und ist vom Tourismus bisher weitgehend verschont geblieben. Zwischen den wenigen Unterkünften müssen wir uns nicht lange entscheiden, das Luxus-Resort fällt aus, beim nächsten ist grad niemand da und beim dritten und letzten müssen wir nur für die Durchfahrt durch die schmale Tür die Mopeds abpacken.

Auf dem Rundwanderweg zu den verschiedenen unterirdischen und zum Teil reich bemalten Grabhöhlen muss ich, wie ich Suse keuchend hinterher trotte, ein weiteres Mal feststellen, dass es um meine Kondition nicht mehr allzu gut bestellt ist.

Das Land der Drogen und des Kaffees

von Axel

Auf der Fahrt zurück zur Panamericana erwischt es uns wieder. Zum Regen gesellen sich erneut lange Baustellenabschnitte bei denen selbst Geländewagenfahrer einige Steigungen nur mit Schwung bewältigen, aber gleichzeitig vorsichtig fahren müssen, um bei dem glitschigen, lehmigen und aufgeweichten Untergrund nicht seitlich in den ungesicherten Abgrund abzurutschen.

Die Stadt Cali begrüßt uns mit einem beinahe italienischen Verkehrsgewühl und die rote Welle auf der Hauptstraße geht uns bei den subtropischen Temperaturen gewaltig auf die Nerven. Cali überrascht uns aber auch: Noch nirgends in Südamerika haben wir bis jetzt so viel Armut und Elend gesehen. Manche der kläglichen Gestalten die unter den Brücken liegen und in den dreckigen, verlassenen Seitengassen im Müll wühlen, haben sich lediglich aus Plastiktüten einen Lendenschurz gebastelt. An ein paar Ampeln in einer besonders dubiosen Gegend überlege ich mir, einfach bei Rot weiter zu fahren, da ich nicht länger als unbedingt nötig stehen bleiben will. Bis in die 90er Jahre war Cali, neben Medellin noch die Drogenhauptstadt Kolumbiens und auch wenn die Kartelle zerschlagen wurden sind wir etwas verunsichert.

In unserem Wunsch-Hostal ist dummerweise keines der günstigeren Zimmer mehr frei, aber bei der Hitze wollen wir auch nicht weitersuchen und so bekommen wir wenigstens viel Platz und eine Klimaanlage. Abends machen wir uns dann auf die Suche nach einer Salsa Bar, in Cali soll dieser Tanz und Lebensstil erfunden worden sein. Laut unserem Reiseführer soll auch sonntags einiges los sein, aber schon in unserem Hostal sind die Mädels an der Rezeption da eher skeptisch. Die Kneipenstraße liegt wie ausgestorben vor uns und als wir die Pizzapreise sehen, vergeht uns der Hunger. Unglaublich wie nah hier Armut und Reichtum beieinander liegen.

Am nächsten Tag geht es erstmal in die Werkstatt. Ich habe den Verdacht, dass mein Kettenrad-Lager schon wieder defekt ist. Wie sich herausstellt ist es diesmal nicht kaputt, sondern nur locker. Dafür sind jetzt die Radlager fällig.

Zu unserer Überraschung kann die kolumbianische Motorradwerkstatt bis zum Nachmittag die neuen Lager und sogar einen neuen Wellendichtring bestellen und da die Gelegenheit günstig ist, spendiere ich der Suzi für die letzten paar tausend Kilometer auch gleich noch einen neuen Hinterreifen. In Argentinien mussten wir in Salta noch selbst 3 Tage sämtliche Ersatzteilläden abklappern um mit Müh' und Not passende Teile zu finden, und in Kolumbien bekommen wir über Mittag sogar SKF-Lager geliefert. Wir sind beeindruckt! Die Rechnung befindet sich zwar auf deutschem Niveau, dafür müssen wir für die Werkstatt nichts bezahlen, die mich zwar viel selber machen ließ, mir aber auch einiges helfen musste.

Langsam stellt sich für uns auch die Frage, was wir mit unseren Motorrädern, die uns bislang so zuverlässige Dienste geleistet haben, nach der Reise anfangen sollen. Mit all den improvisierten Umbauten ist meine DR zwar mittlerweile perfekt auf die Bedürfnisse eines Reisenden abgestimmt, aber in Deutschland käme ich so niemals durch den TÜV. Außerdem merkt man ihr die Strapazen des letzten Jahres langsam auch an. Der Motor läuft zwar noch einwandfrei, aber der Ölverbrauch ist mittlerweile deutlich messbar und der Rücktransport würde den Restwert bei weitem übersteigen.

Erstaunlicherweise habe ich ausgerechnet zu diesem Motorrad, das mich das ganze letzte Jahr so treu begleitet hat, keine allzu große emotionale Bindung aufgebaut und so habe ich mich durchgerungen, das Motorrad in Kolumbien zu verkaufen, falls ich einen Käufer finden sollte. Obwohl der Import bzw. der Verkauf von ausländischen Gebrauchtfahrzeugen in allen südamerikanischen Ländern offiziell untersagt ist, haben wir unterwegs immer wieder Angebote von Einheimischen bekommen, die Interesse an unseren Mopeds gehabt hätten. Durch die hohen Zölle für Neufahrzeuge hätten wir dabei fantastische Preise erzielen können, aber auch unter Reisenden werden Fahrzeuge immer wieder mal weiterverkauft und so hoffe ich, dass sich die Reparatur noch bezahlt machen wird. Da es sich Suse auch noch überlegt, inserieren wir beide Motorräder und rufen für den Anfang einen Preis aus, der uns den Trennungsschmerz versüßen würde. Zuerst aber wollen wir unsere Reise zu Ende bringen und so verlassen wir das teure Cali wieder und fahren recht unspektakulär durch ein weites Tal nach Norden.

Da Kolumbien aber nicht nur für Kokain sondern auch für exzellenten Kaffee bekannt ist, wollen wir uns doch wenigstens diesen näher anschauen. Wir wollen nach Salento, einem kleinem Dorf inmitten der sogenannten Kaffeezone. Auf den schlecht ausgeschilderten Landstraßen zahlt sich unser gutes Kartenmaterial auf dem GPS mal wieder aus und so finden wir recht zügig durch die eine oder andere auf dem Weg liegende Kleinstadt. Vom fehlenden Fahrtwind aufgeheizt wollen wir uns am Straßenrand einen frisch gepressten Obstsaft genehmigen, aber auch direkt an den Obstständen gibt es hier leider keine frischen Jugos.

Stattdessen wird tiefgekühltes (hoffentlich wenigstens selbstgemachtes) Konzentrat in den Mixer befördert und dann eiskalt serviert. Lecker ist es trotzdem.

Die Straße nach Salento erinnert uns dann an die nach Mindo: Schmal, kurvig und grün überwucherte steile Wände auf der einen und Wald auf der anderen Seite, gepaart mit viel Ausflugsverkehr. Wir haben diesmal allerdings den falschen Tag erwischt. Es ist zwar Montag, aber leider ein Feiertag und so ist hier alles mit Tages- und Wochenendausflüglern aus den umliegenden Städten überfüllt. Das ganze Dorf ist gerammelt voll und selbst mit den Motorrädern ist ein Durchkommen nur schwer möglich. Also müssen wir in 3. Reihe anhalten, um uns nach einer Unterkunft umzuschauen. Das Gewimmel ist uns zu viel, die Hostals sind zu teuer oder ausgebucht und wir wollen fast schon wieder umkehren, als uns ein Mofafahrer anspricht und uns eine Unterkunft zu einem fairen Preis anbietet. Der einzige Haken ist, dass es kein Parkplatz gibt, aber er hat nichts dagegen, dass wir die Motorräder mit zu uns ins Zimmer stellen. Zuvor müssen wir nur eine 50cm Stufe überwinden und die Mopeds auf einem schmalen Absatz an der Hauswand entlang bis zur Tür bugsieren. Nicht nur beim Campen schlafe ich gern direkt neben meinem Motorrad und so stört es mich nicht im Geringsten, auch vom Bett aus direkten Zugriff auf die am Moped befestigten Kisten zu haben.

Das bunte Salento

Am nächsten Tag hat sich der Feiertagsrummel verzogen und Salento gefällt uns gleich um einiges besser. Nach einer kleinen Migräne wollen wir eine nahegelegene Kaffee-Finca besichtigen, aber als ich Suses Moped aus unserem Zimmer schieben will, ist mal wieder der Vorderreifen platt. Einer der alten Flicken ist porös geworden aber 300m weiter gibt's praktischerweise wieder einen Vulkanisator, der das Loch professionell stopft. Da Suse durch ihre vielen Plattfüße mittlerweile geübt ist, brauche ich ihr nur beim Einbau etwas assistieren. Den Vorderreifen kann sie schon ganz allein wieder aufziehen.

Als wir mit etwas Verspätung los wollen springt ihre Kiste dann mal wieder nicht an. Kein Zündfunke! Also Tank runter und alle Kabel nochmal ein und ausgesteckt und tatsächlich läuft die Karre wieder. Nach einer kurzen Irrfahrt durchs Dorf – egal wen wir fragen, werden wir immer wieder in die entgegengesetzte Richtung geschickt – finden wir doch noch zur Kaffeeplantage und bekommen nach einer kurzen Wartezeit eine fast private Führung und einen Einblick in die mühsame Produktion. Die abschließende Tasse Kaffee ist der erste „echte" Kaffee, den wir in den letzten Monaten serviert bekommen. Seit Bolivien – also seit dem ersten Land, das selbst Kaffee anbaut – gibt's eigentlich nur noch löslichen Nescafé!

Zu Suses Glück gibt es wenigstens in den größeren Supermärkten noch echten Pulverkaffee zu kaufen, so kann sie fast jeden Morgen ihr Lieblingsgetränk genießen. Seit Chile hat sie dafür einen „Kaffeestrumpf", in den das grob gemahlene Pulver gefüllt und mit kochendem Wasser begossen wird.

Um zügig nach Medellin zu kommen, müssen wir wieder auf die Panamericana und sind positiv überrascht. Die Straße führt schön kurvig durch ein bewaldetes, kleines Gebirge und auch der Verkehr hält sich in Grenzen. Nur wenige Raser und Überholer gefährden uns und die Fahrlaune steigt stetig. Bei einem Abstecher nach Manizales zum Geld abheben fühlen wir uns auf der zweispurigen Kurvenstrecke wie auf einer ligurischen Gebirgsautobahn und wir werden in der Überzeugung bestätigt, dass Kolumbien von den Straßen und der Landschaft her eines der besten Motorradreviere Südamerikas ist.

Trotz einer ewig roten Baustellenampel machen wir ordentlich Etappe und kurz vor Medellin freuen wir uns mal wieder, auf Motorrädern unterwegs zu sein. Der Stau, den ein in einer Kehre liegengebliebener Sattelschlepper verursacht, ist sicher 10km lang, aber für uns ist das kein Hindernis, da wir einfach auf der Gegenspur an den wartenden Autos vorbeifahren können.

In Medellin sind wir mit Mike verabredet, der in Kolumbien Motorradreisen veranstaltet und uns zu sich nach Hause eingeladen hat. Die Stadt selbst besichtigen wir am nächsten Tag. Es ist das berühmte Blumenfest, aber trotz eifriger Suche können wir davon nichts finden. Was wir finden, ist eine ganz normale moderne Großstadt ohne besonderen Charme. Lange hält es uns hier nicht. Heidi und Bernd sind mittlerweile in Venezuela und wir versuchen ja bereits seit Ecuador, die beiden einzuholen. Die zweitägige Querung nach Osten führt uns aus dem angenehmen Gebirge in die heiße Tiefebene des Rio Magdalena, wo wir knapp vor Einbruch der Dunkelheit an einem riesigen Truck Stop nächtigen. Sicherlich fünfzig blankpolierte, bunte und chromglänzende Trucks stehen hier auf dem riesigen, staubigen Parkplatz neben der einzigen Tankstelle weit und breit. Stundenlang sind wir durch eine schwülheiße, flache sumpfige Ebene gefahren. Nur hin und wieder kamen wir an ein paar armseligen Hütten vorbei.

Schwere Maschinen am Truck Stop

Der plötzlich in die grüne Hölle platzierte Rasthof erscheint uns da wie ein gelandetes Ufo, aber immerhin bekommen wir ein heißes Zimmer und aus dem Rohr in der sauna-artigen, dampfigen und stickigen Dusche kommt auch tatsächlich etwas Wasser, wobei der kühlende Effekt leider ausbleibt. Die Erfrischung folgt dann dafür am nächsten Morgen: Als wir am Kiosk frühstücken wollen, schüttet es wie aus Kübeln. Die Hitze hat nachgelassen, aber schwül-warm ist es trotzdem noch. Wir warten ab und sehen zu, wie das Wasser auf dem Parkplatz immer weiter steigt und schon fast unseren noch trockenen Tisch erreicht. Als der

Regen irgendwann leicht nachlässt, quälen wir uns trotz der Hitze in unsere Regenklamotten und verlassen den im Schlamm versinkenden Parkplatz. Nach nur wenigen Kilometern lassen wir die Wolken hinter uns und fahren bei der erstbesten Gelegenheit rechts ran, um uns wieder aus unseren Regenkombis zu schälen – warmer Regen ist auch nicht besser als kalter.

Nach einer langweiligen Etappe durch bizarres, hügeliges Grasland wird die Straße erst wieder interessanter als wir auf die kolumbianische Route 66 abbiegen. Da uns der Hunger plagt und unsere Vorräte erschöpft sind, kommt uns ein riesiges Einkaufszentrum in Bucaramanga gerade recht. Die Gegensätze sind mal wieder gewaltig. Nach den kleinen „Holzhütten-Supermärkten" der letzten Tage kommt uns die glitzernde Einkaufswelt ungewohnt unwirklich vor, aber immerhin gibt es in der Tiefgarage einen bewachten Motorradparkplatz und so können wir zur Abwechslung mal gemeinsam die Klimaanlage eines Supermarktes genießen.

Kaum sind wir ein paar Kilometer weiter im Gebirge, fängt es zu allem Überfluss wieder heftig an zu schütten. Nachdem ein Übel selten allein kommt, will jetzt natürlich auch mal wieder partout keine Unterkunft kommen und so fahren wir bei Eiseskälte und Dunkelheit über eine Stunde die Route 66 entlang, bis wir endlich ein Zimmer für die Nacht finden. Zum ersten Mal müssen unsere Motorräder auf der Straße bleiben, aber weiter schaffen wir es nicht und der Wirt verspricht uns, dass das angeschlossene kleine Café die ganze Nacht geöffnet hat und so immer jemand aufpassen wird.

Venezuela

Riskante Einreise

von Suse

Spritschluckende Rostlaube in Venezuela

Uns fehlen nur noch rund 100 km bis zur venezolanischen Grenze. Da wir nachts unter den dünnen Decken ganz schön frieren, sind wir morgens trotz der anstrengenden und langen Etappe gestern früh wach. Nach 2 Kaffee zum Aufwärmen sitzen wir schon um 9 Uhr auf den Böcken und machen uns auf ins Tal. Die Sonne scheint uns angenehm auf den Rücken, das kurvige Sträßle schlängelt sich an einem Bergrücken entlang, schön! Kurz vor der Grenze kommen wir wieder auf eine Hauptstraße, auf der der Verkehr auch gleich viel dichter wird. Das hat aber auch seine Vorteile, am Straßenrand finden sich haufenweise kleine Läden, darunter auch ein Lubricentro. Es ist nämlich mal wieder höchste Zeit, unseren malträtierten Motoren etwas Öl zu gönnen. Auch unser Kettenfett neigt sich dem Ende zu, Kettensprays wie wir sie von zu Hause kennen, scheint es in ganz Südamerika nicht zu geben. Aber der Ladeninhaber hat einen anderen Tipp: Die hiesigen Mofafahrer benutzen eine Art Kerzen aus Schafstalg (wenn ich das richtig verstanden habe), um ihre Ketten zu pflegen. Da wir im Moment keine Alternative haben und auch nicht sicher sind, ob wir im sozialistischen Venezuela alles Nötige bekommen, greifen wir zu.

Vor der Grenzstation staut sich der Verkehr, die Straße ist voll mit riesigen 70er- und 80er-Jahre-Amischlitten mit venezolanischen Kennzeichen. Ich vermute, es handelt sich hauptsächlich um Taxis, die Busreisende von Kolumbien zu ihrem Anschluss in Venezuela chauffieren, da es keinen grenzübergreifenden Busverkehr gibt, soviel ich weiß. Die Formalitäten zur Ausreise dauern ewig, die Schlange ist lang und die Beamten sind nicht gerade übermotiviert, aber nach etwa 1,5 Stunden haben wir Stempel im Pass. Irrigerweise glauben wir, die Zollangelegenheit schneller zu absolvieren. Der zuständige Beamte füllt zwar erstmal das nötige Formular aus und paust sogar noch unsere Fahrgestellnummern vom Rahmen ab, aber dann geht's nicht weiter. Wir brauchen angeblich eine Kopie des Ausreise-Formulars mit Unterschrift vom Chef, der gerade aber nicht auffindbar ist. Wir haben die anwesenden Beamten gerade schon fast überzeugt, dass wir keine Kopie brauchen, als der Chef endlich doch noch heranschlappt. Für die Kopie braucht er noch eine weitere halbe Stunde, dann können wir endlich wieder los.

Zwischen den ganzen Spritschleudern komm ich mir winzig vor. Wenige hundert Meter weiter taucht die venezolanische Grenzstation auf, es ist inzwischen fast halb eins. Juhu, hier stehen nur 4 Leute an der Passkontrolle an! Zu früh gefreut, just als wir dran wären, kommt ein Beamter auf einem Mofa angebraust und befiehlt den Schalterbeamten, für die Mittagspause zu schließen. Hinter uns steht niemand mehr, aber uns noch abzufertigen ist offensichtlich zu viel verlangt. Als wir den Mofa-Beamten fragen, ob wir dann wenigstens während der Pause schonmal irgendwo die Zollformalitäten abwickeln könnten, bedeutet er uns, ihm zu folgen. Also schnell rüber zu den Mopeds, Jacke, Helm und Handschuhe an und ihm hinterher. Der gute Mann rast wie ein Wilder durch die überfüllten Straßen, nur mit Glück verlieren wir ihn nicht. Statt am Zoll kommen wir an einem weiteren Einreisebüro raus, das aber immerhin über Mittag geöffnet hat. Nach der üblichen Ausfüll-Prozedur und mit neuen Stempeln im Pass müssen wir wieder zurück zur Grenze, da sich doch dort der Zoll befindet. Hier ist immer noch Mittagspause und so lassen wir uns erstmal im klimatisierten Wartesaal nieder und versuchen unseren nagenden Hunger mit Müsliriegeln zu vertreiben.

Ich komme mit dem einzigen anderen Wartenden, einem bolivianischen Motorradreisenden ins Gespräch. Er berichtet, dass er schon seit heute Morgen um 8 Uhr mit dem Zoll beschäftigt ist: Zunächst musste er sich an einer Wechselstube oder einer Bank Geld besorgen, damit dann eine überteuerte Versicherung kaufen und außerdem noch Kopien von allen möglichen Papieren im Copyshop machen lassen. Hat man das alles beisammen, fehlen noch irgendwelche „Sellos", was auch immer das ist, wörtlich übersetzt heißt das Stempel oder Marken, die wieder in einem Laden in der Stadt zu „kaufen" sind. Puh, das hört sich mühsam an. Wir überschlagen kurz: wir wollen nur ca. eine Woche im Land bleiben, mit den Kosten für die Versicherung und sonstigen Gebühren könnten wir uns in der Zeit sicher 3-4 Mal leisten, Strafzettel zu bezahlen oder zur Not Verkehrspolizisten was zuzustecken, falls sie uns kontrollieren sollten. Wir verabschieden uns schnell von dem Bolivianer und machen, dass wir wegkommen, bevor das Zollbüro wieder öffnet. Die Soldaten an der Kontrollstation halten uns nicht auf und wenn doch hätten wir ja sagen können, dass wir uns auf den Weg machen, die Versicherung zu kaufen.

Insgesamt fahren wir jetzt zum dritten Mal über die Grenze ohne auch nur im Geringsten beachtet zu werden. Axel hat vorhin auf unserem Ausflug zum Passbüro eine Wechselstube entdeckt, zu der wir uns jetzt wieder aufmachen. Banken gibt's hier zwar auch, aber die haben einen nur halb so guten Kurs wie die Wechselstuben. Es gibt hier einen offiziellen (schlechten) Tauschkurs und einen schwarzen. Der ist aber so etabliert, dass er sogar in Zeitungen neben dem offiziellen Wechselkurs angegeben und überall außerhalb der Banken angewendet wird! Da ich mir aber dann doch nicht ganz sicher bin, ob der Wechselkurs an dieser grenznahen Bude der Beste ist, tausche ich nur etwa ein Drittel unserer kolumbianischen Pesos – was sich in den nächsten Tagen noch als Fehler herausstellen wird. Nächstes Ziel ist eine Tankstelle. Da wir uns schon seit Tagen auf die venezolanischen Spritpreise freuen, sind wir natürlich mit fast leeren Tanks eingereist. Zunächst müssen wir aber gleich nach der Grenzstadt den ersten Polizei-Kontrollposten im Stil einer Mautstelle meistern. Ich hab so gar kein gutes Gefühl dabei, da wir die Mopeds ja illegal dabei haben. Zum Glück interessiert das den Kontrolleur absolut nicht, er will nur Reisepass und Führerschein sehen. Puh! Das wird für die nächsten Tagen bei weitem nicht die letzte

Kontrolle gewesen sein, zumindest auf den Straßen ist das hier ein ordentlicher Überwachungsstaat.

Aber zurück zum Tanken: In Venezuela ist der Sprit massiv durch die Regierung subventioniert, was Teil der Sozialpolitik ist: Wenn Ihr schon keine oder nur schlecht bezahlte Arbeit habt und kaum was zu essen, dann sollt Ihr wenigstens viel Auto fahren können! Dumm nur, dass man in den an Kolumbien grenzenden Bundesstaaten nur mit Berechtigungschip tanken darf! Hier gab es (und gibt es sicher immer noch) einen regen Benzintourismus, da in Kolumbien der Sprit etwa 30Mal teurer ist. Und was jetzt? An einer Tanke mit langer Warteschlange an der wir mal wieder fragen wollen, wird der Tankwart auf uns aufmerksam. Er winkt uns hektisch heran und wir haben Mühe durch die kreuz und quer anstehenden Amischlitten durchzukommen. Wir sollen unsere Tanks aufmachen. Kaum haben wir das geschafft, zieht er ohne abzuschalten, den Tankrüssel aus einem anderen Moped und füllt unsere Tanks wenigstens zum Teil, bevor der Spritstrom versiegt. Der Kunde vor uns hat wohl im Voraus so und so viel Liter bestellt, aber nicht alles abnehmen können. Da die ca. 6 oder 8 Liter die wir abgekriegt haben nur wenige Cent (!!) kosten, winkt uns der nette Tankwart einfach weiter, als wir zahlen wollen. Ich fürchte, das wird das erste und einzige Mal in meinem Leben sein, dass mir sowas passiert.

Wenig Spaß in Mérida

von Suse

Die Straßen hier sind in ziemlich üblem Zustand, die geteerten Stücke wechseln sich häufig mit ausgedehnten Schlaglochfeldern ab. Die Einheimischen haben offensichtlich eine höllische Angst, dass ihre Klapperkisten auseinanderfallen – wahrscheinlich nicht ganz zu Unrecht. Und so wird in dem dicht gedrängten Verkehr vor jedem Schlagloch nahezu auf Null abgebremst und mit weniger als Schrittgeschwindigkeit durchgewackelt. Das verursacht Staus ohne Ende, schließlich sind hier mehr Autos auf den Straßen unterwegs als sonst irgendwo in Südamerika. Kein Wunder: bei den Spritpreisen lohnt es sich einfach nicht, irgendwo hin zu Fuß zu gehen. Jedenfalls hab ich echte Mühe, bei diesen geringen Geschwindigkeiten nicht umzufallen, vor allem, da mir bei dem unebenen Untergrund die Füße ausgehen...

Für die 25 km bis zur angestrebten Abzweigung brauchen wir ewig, aber ab dann wird's besser. Eigentlich wollten wir heute noch bis Mérida kommen, haben aber an der Grenze so viel Zeit verloren, dass das unrealistisch geworden ist. Als es kurz vor einer Pilgerstadt zu tröpfeln anfängt, beschließen wir Feierabend zu machen. Mit Hilfe eines Anwohners finden wir nach mehreren Anläufen ein Hostel mit Parkplatz. Nur über den Übernachtungspreis erschrecken wir ziemlich: rund 20 Euro (40 nach offiziellem Tauschkurs!) für ein Doppelzimmer, bei dem es sogar reinregnet, ohne Abendessen oder Frühstück! Die folgende Suche nach Internet wird auch schwierig. Wir wollen eigentlich nachschauen, ob Werner und Claudi oder Heidi und Bernd sich gemeldet haben, mit den vieren wollen wir uns in den nächsten Tagen treffen. Hier im Ort werden aber scheinbar bei Sonnenuntergang die Bürgersteige hochgeklappt, kein Laden außer ein paar Kiosken hat mehr offen. Auch ein Abendessen finden wir nur mit Glück, dafür ist es aber auch wirklich lecker. Endlich haben wir mal gefüllte Arepas (Maisfladen) probiert, auch in Kolumbien eine Spezialität, dort sind wir aber nie dazu gekommen und hier sind sie köstlich.

Auf der Nebenstraße, auf der wir jetzt unterwegs sind, ist zum Glück etwas weniger los, auch der Zustand ist besser. So müssen die hiesigen Klapperkisten nur an den zahlreichen Bremsbuckeln innerhalb der Ortschaften stark abbremsen, was uns aber immer wieder gute Möglichkeiten bietet, auf den sonst engen und unübersichtlichen Strecken zu überholen. So kommen wir die restlichen 100km bis Mérida gut durch, wo wir wieder mindestens eine Übernachtung einlegen wollen. Angeblich gibt es hier ein paar Sachen zu sehen und außerdem eine berühmte Eisdiele mit den angeblich weltweit meisten Eissorten. Der entspannte Verkehr ist aber mit dem Ortsschild vorbei. Anscheinend sitzt gerade jeder einzelne Einwohner der Großstadt in seinem Auto und praktiziert den Nationalsport: im Stau stehen. Wir verbringen Stunden mit der Suche nach einem bezahlbaren Hostel mit Parkmöglichkeit oder alternativ wenigstens einem Internetcafé um herauszufinden, ob Heidi und Bernd vielleicht auch noch hier sind und uns ihre Unterkunft empfehlen können. Mit einer Durchschnittsgeschwindigkeit von vielleicht 5 Metern in der Minute kämpfen wir uns voran, als wir es in einer Parallelstraße versuchen, werden wir noch langsamer. Mit den breiten Kisten an den Mopeds kommen wir kaum zwischen den Autos durch, wir zerfließen buchstäblich in unseren warmen Klamotten.

Schließlich platzt Axel der Kragen, er fährt auf den Bürgersteig und weg ist er. Ich sehe gerade noch in welche Richtung er abbiegt, dann stehe ich alleine da. Eigentlich mach ich sowas gar nicht gern, aber inzwischen bin auch ich so genervt, dass ich nach kurzem Zögern den gleichen Weg hinterherfahre, auf die nächste Straße abbiege und es mir dabei völlig egal ist, ob ich irgendwem eine Beule reinfahre oder nicht. Anscheinend ist das der richtige Fahrstil, nach wenigen Minuten hab ich mehr Strecke zurückgelegt als in den letzten zwei Stunden und treffe Axel an der nächsten Kreuzung, wo er sich gerade die Klamotten vom Leib reißt und mich ganz überrascht anguckt. Ich glaube vor Ablauf einer Stunde hätte er nicht mit mir gerechnet. Endlich finden wir wenigstens ein Internetcafé aber wir haben keine Mails von den anderen bekommen.

Unser weniges bis jetzt getauschtes Geld ist fast weg, dummerweise findet sich hier keine Wechselstube. Zwar tauscht fast jedes Hostel Geld, aber immer nur Dollar. Wir haben aber die Taschen voller kolumbianischer Pesos, die wir nicht loswerden. Unsere Dollarreserven sind auch nicht mehr üppig und mit unseren Euros können wir hier nichts anfangen. Immerhin hab ich in dem Internetcafé gerade von meinem Nebensitzer noch ein paar Tipps bekommen, wo wir Hostels finden könnten. Beim dritten Versuch landen wir an einer relativ günstigen Unterkunft, die von einem Italiener geführt wird. Wir können unsere Mopeds in den Innenhof stellen, nebenan im Laden gibt's eisgekühltes Bier in putzigen Mini-Fläschchen und der Chef tauscht uns sogar ein paar von unseren Notfallreserve-Euros zu einem vernünftigen Preis. Die Welt ist wieder in Ordnung. Es gibt sogar WLAN und inzwischen ist auch eine Nachricht von den Anderen da: Sie sitzen an der Küste im 600km entfernten Coro und warten bereits auf uns. Da uns Mérida so übel begrüßt hat, haben wir eh keine Lust länger hierzubleiben, also machen wir aus, dass wir zwei Tage später zu den anderen stoßen.

Gegenüber unseres Hostels ist ein Laden, in dem man günstig ins Ausland telefonieren kann, so kann ich mich endlich darum kümmern, warum meine Kreditkarte seit zwei Wochen nicht mehr funktioniert. Die Dame am Telefon kann mir auch schnell erklären, dass meine Karte gesperrt ist, da ich sie mehrmals am selben Automaten in Kolumbien benutzen wollte. Dass die Automaten hier oft umgerechnet nur 100€ auf einmal ausspucken und ich Geld brauchte um Ersatzteile und neue Reifen zu bezahlen, war da egal. Jedenfalls kann mir die gute Frau die Karte problemlos wieder entsperren und ich bin beruhigt.

Jetzt kann es weitergehen Richtung Küste. Aber erstmal müssen wir aus dieser Stadt raus. Es zeigt sich wieder das gleiche Bild wie gestern: Stoßstange an Stoßstange stehen die Autos minutenlang, bevor es wieder ein paar Schritte weitergeht. Offensichtlich sind manche Verkehrsteilnehmer der Meinung, dass alles viel schneller geht, wenn man dem Vordermann so dicht auffährt wie nur möglich. Einer übertreibt es ein bisschen und fährt mir hinten rein. Auf den plötzlichen Impuls nicht vorbereitet, falle ich einfach um wie ein Baum und stoße mir auch noch ordentlich das Knie an. Als ich mich unter meinem Motorrad herausgeschält hab, sitzt der Unfallverursacher immer noch in seiner Karre und rührt sich nicht, obwohl er genau sieht, dass ich das Moped nicht alleine aufheben kann. Da reißt mir die Hutschnur und ich brülle den Fahrer durch die Scheibe mit allen mir bekannten spanischen Flüchen an. Als einzige Reaktion ernte ich ein pampiges „Tschuldigung"; aufheben müssen das Moped trotzdem Axel und ich. Wenigstens ist mein Umfaller glimpflich ausgegangen, am Moped ist nichts kaputt, außerdem ist es nur Zentimeter an einem Neuwagen vorbei gefallen.

Straßen mit Tiefgang nach Coro

von Suse

Als wir gefühlte Stunden später die Stadt endlich hinter uns gelassen haben, wird der Verkehr zum Glück weniger. Schnell geht es den Berg hoch und es wird auch endlich wieder kühler. An einer Kreuzung müssen wir uns mal wieder zwischen der kürzeren und der schnelleren Alternative entscheiden. Nachdem über der kurzen Richtung dunkelschwarze Wolken hängen, ist die Entscheidung aber schnell getroffen. Uns erwischt nur ein kurzer Regenschauer, anschließend führt uns eine kurvenreiche Straße gemütlich wieder den Berg hinunter. Wir müssen zwar an einer Baustelle ein Weilchen warten, bei dem inzwischen wieder angenehmen Wetter und der hübschen Waldgegend mit ausreichend Schatten ist das aber nicht weiter schlimm. Wie sich das für Motorradfahrer gehört, haben wir uns in der Warteschlange ganz nach vorne gedrängelt, so ist vor uns kein bremsender Verkehr mehr, als es dann weitergeht. Manchmal haben Zwangspausen auch Vorteile und so kann ich auch mal eine Zigarettenpause einlegen. Mit einem nichtrauchenden Vorausfahrer alles andere als ein häufiges Vergnügen.

Wir haben uns ja für die schnelle Route entschieden, dafür kommen wir jetzt auf die Autobahn. In 2 Stunden spulen wir geschwind 170km runter, es ist nur nicht ganz einfach, bei der Wärme und der langweilig geradeaus führenden Straße nicht einzuschlafen. Nachdem uns die nächste Polizeikontrolle wieder aufgeweckt hat, beschließen wir, in der nächsten Stadt Feierabend zu machen. Hostels suchen wir vergeblich und die Hotels, die wir sehen sind schweineteuer, alle irgendwo bei 40 bis 50 Euro die Nacht. Zum Glück erinnern wir uns daran, dass uns andere Reisende von einer weiteren Möglichkeit erzählt haben: Außerhalb jeder etwas größeren Stadt gibt's in fast ganz Südamerika Stundenhotels, in denen man aber auch oft die ganze Nacht bleiben kann. Warum? Es ist hier üblich, dass junge Leute bis zur

Hochzeit zu Hause wohnen. Da Sex vor den Ohren der Eltern aber tabu ist, muss also eine andere Lösung her. Weil es bereits dunkel ist, wählen wir das nächstbeste dieser Etablissements und werden positiv überrascht: Das Apartment im eigenen, gepflegten und klimatisierten Reihenhäuschen kostet nur 18 Euro (für dieses Land anscheinend tatsächlich billig, weniger haben wir bisher noch nicht bezahlt), ist riesig, hat eine eigene Garage und ein luxuriöses Badezimmer. Das Gelände ist außerdem umzäunt und bewacht und Abendessen kann man sich ins Zimmer liefern lassen. Das passt!

Uns fehlen noch 330km bis Coro, wo hoffentlich schon ein kaltes Bierchen auf uns wartet. Es ist schon morgens richtig heiß und wir machen uns früh auf den Weg. Landschaftlich unspektakulär führt die Straße durch die Halbwüste, unsere Wasservorräte haben schon bald Duschwassertemperatur. Seit Bolivien gab es am Straßenrand eigentlich immer und überall in der Nähe von noch so kleinen Ansiedlungen Jugo-Stände, also Büdchen, wo man für kleines Geld frisch gepresste Säfte oder Milchshakes bekommen hat. So etwas wäre jetzt exakt das Richtige zum Leben retten, aber Fehlanzeige. In dieser Gegend gibt es NICHTS. Einen Kiosk sehen wir, aber der ist natürlich um 10 Uhr vormittags geschlossen. Nicht mal ein Mittagessen finden wir, obwohl die Ortschaft, die wir gerade passieren, gar nicht so klein ist. Haben die hier alle keinen Geschäftssinn? Oder hat hier keiner das Geld, um sich ein Mittagessen zu kaufen? Wie auch immer, wir bleiben hungrig und fahren weiter.

Die Straße, die bis hierher eigentlich ganz in Ordnung war, wird schlechter und das Wort „Schlagloch" bekommt eine ganz neue Bedeutung. Zum Teil ist die halbe Straße auf 20 oder mehr Metern weggebrochen, das ganze 2 oder 3 Meter tief. Die venezolanische Lösung dafür: Man male einen gelben Strich um das „Schlagloch" und definiere es als „neben der Straße". In dieser Gegend wird dringend davon abgeraten, nachts zu fahren, jetzt ist mir auch klar, warum. Im Dunkeln hast du keine Chance diese Löcher zu sehen, Warnschilder oder ähnliches gibt es nicht.

Ein „Schlagloch"

Je näher wir der Küste kommen, desto wüstenhafter und heißer wird es. Inzwischen liegt überall am Straßenrand massenhaft Müll herum. Dass man hier nicht mal EINE Müllkippe aufmacht, sondern den Abfall fein säuberlich verteilt, damit es überall furchtbar aussieht, verstehe ich nicht. Da wir ja (leider) keine Pause machen, sind wir schon am frühen Nachmittag in Coro im Hostel. Erstmal aus den Klamotten raus und dann zisch, ein kühles Bierchen in der Hand. So hab ich mir das Wiedersehen mit Werner, Claudi, Bernd und Heidi vorgestellt!

Auch den nächsten Tag verbringen wir faul im Schatten, viel Bewegung ist bei den Temperaturen nicht drin. Ich hatte gedacht, dass die Stadt direkt am Meer liegt und ich vielleicht einen Strandtag einlegen könnte, aber bis zum Wasser sind es doch noch ein paar Kilometer. Außerdem gibt es hier ja kaum Bäume, so dass man sich in die pralle Sonne legen müsste – keine gute Idee. Lediglich einen kurzen Gang zum Markt und einem kleinen Supermarkt kriege ich hin, Obst und Milch kaufen. Wenn mir hier keiner einen Jugo verkaufen will, mach ich mir eben selber einen! Der Supermarkt erinnert mich ein bisschen an die ehemalige DDR, manche Regale sind gähnend leer, schön hergerichtet ist hier nichts, die Kühlschränke sind dreckig und niemand scheint dafür zuständig zu sein, aufzuräumen oder sauber zu machen. Sozialismus pur!

Zu sechst wollen wir wieder zurück nach Kolumbien. Bis zur Grenze sind es fast 400km, es sollte aber zu schaffen sein, wir müssen alles auf Quasi-Autobahn fahren. Es wird ein langweiliger Fahrtag, es gibt kaum Abwechslung und von traumhafter Karibikküste ist auch noch nichts zu sehen. Kurz vor der Grenze wollen wir nochmal tanken, aber es tut sich natürlich dasselbe Problem auf wie am Anfang der Venezuela-Etappe: Sprit bekommt man nur mit Berechtigungschip. An einer Polizeikontrolle fragen wir noch, ob wir so einen Chip kriegen könnten, dort heißt es dann aber, dass das entsprechende Büro schon fürs Wochenende geschlossen habe. Es ist Freitagnachmittag um 2, warum soll es denen anders gehen als uns in Deutschland? Also hoffen wir auf die Gnade eines Tankwarts und tatsächlich erbarmt sich einer nach nur kurzer Diskussion. Wir müssen nur zu einer anderen Zapfsäule fahren (da diese vermutlich nicht videoüberwacht ist) und schon geht's los. Der Reihe nach betankt der gute Mann 6 Reisemotorräder mit reichlich großen Tanks, am Ende stehen 100Liter und gerade mal 1,20€ auf der Uhr! Ein Traum und weil es so schön ist, spendiert uns Werner die ganze Runde. Eigentlich hatten wir vor, noch vor der Grenze irgendwo zu übernachten, aber außer einem verfallenen Cabaña-Dorf finden wir nichts. Am Straßenrand liegt mittlerweile so viel Müll, dass es gotterbärmlich stinkt und der Wind hat Tüten und andere leichte Bestandteile in jedem einzelnen Strauch verteilt. Selbst in den „Gärten" vor den Wohnhäusern liegt das Zeug verteilt, ich hätte mir ja längst ein paar Jugendliche geschnappt und zum Aufräumen verdonnert!

Die letzten Wochen

Regen und Sonne in Taganga

von Suse

Da wir keine Übernachtungsstelle finden, müssen wir den Grenzübergang doch noch heute hinter uns bringen. Die Ausreise ist unproblematisch, da zum Glück keiner unsere nicht vorhandenen Moped-Einreisepapiere sehen will, einzig die Einreise nach Kolumbien wird mühsam. Wir erwischen gerade noch eine Dame am Schalter, die eigentlich schon Feierabend machen wollte und können sie überreden, uns noch dran zu nehmen. Dass sie zusammen mit ihrem Kollegen insgesamt über 2 Stunden für die 6 Fahrzeuge braucht, hätte sie sich vermutlich auch anders vorgestellt. Das kommt davon, wenn man die 4 oder 5 Formulare erstmal per Hand ausfüllen lässt, um sie dann hinterher mit dem Einfinger-Such-System abzutippen. Auch das Abpausen der Fahrgestellnummern von den Rahmen gestaltet sich schwierig, da unsere Mopeds alle umgebaut sind und man nur sehr schwer an die Schlagzahlen rankommt. Wie auch immer schaffen es die Beamten dann auch kurz nach Sonnenuntergang und entlassen uns in die Nacht.

Fischerboote in Dibulla

Jetzt wollen wir aber wirklich in die Karibik! Immer gen Westen führt uns eine tierisch langweilige Autobahn, nur gelegentliche Militärkontrollen bieten etwas Abwechslung. Fast wähnt man sich auf einer Militaria-Ausstellung, von der Handfeuerwaffe über Automatikgewehre bis zum ausgewachsenen Panzer ist hier alles zu sehen. Laut Reiseführer sind die nördlichsten Provinzen Kolumbiens und Venezuelas Drogen-Schmuggelgebiet und durchaus nicht ungefährlich. Zum Glück können wir schnell fahren, sonst wäre die Hitze nicht auszuhalten. Etwa zur Mittagszeit gönnen wir uns wenigstens eine kalte Cola am Straßenrand, flüchten aber bald wieder: jeder der ca. 10 Kioskbesitzer hier hat offensichtlich sein halbes Erspartes in eine Musikanlage investiert und will das jetzt auch zeigen. Und vor allem will jeder seinen Nachbarn bzgl. Lautstärke noch übertrumpfen. Auf meinem letzten Motörhead-Konzert konnte ich mich noch besser verständigen als hier.

Keine halbe Stunde weiter werden wir endlich abgekühlt: Der Himmel macht die Schleusen auf. Wobei – so richtig abkühlend ist das nicht, wenn der Regen mindestens 30 Grad warm ist und so verzichten wir alle freiwillig auf das Anziehen der Regenklamotten. Wenn es hier regnet, dann richtig, wenige Minuten später ist die Straße überflutet. Als ich in den

Rückspiegel schaue, sehe ich nichts, wo doch da Claudi und Werner sein sollten! Erst warten, dann beunruhigt umdrehen, wenige Kilometer die Straße zurück dann Erleichterung. Niemandem ist etwas passiert, nur Werners BMW ist in einer mächtig tiefen Pfütze abgesoffen. Es dauert ein bisschen, bis sie wieder läuft, aber bald können wir weiter.

In Taganga – einem pseudo-alternativen-Touri-Küsten-Nest – mieten wir uns erstmal in einem Hostel ein. Ganz einfach ist das nicht: wir sind zu sechst, es ist Wochenende und daher das ganze Dorf mit Ausflüglern aus der Region überfüllt – und wir brauchen ja auch noch sechs sichere Parkplätze. Schlussendlich ergattern wir aber doch noch drei passable Zimmer. Gerade als wir uns etwas zu essen besorgen wollen, bricht das tropische Unwetter wieder los und innerhalb kürzester Zeit verwandeln sich die Straßen in reißende Bäche. Und jetzt sehen wir auch, warum die Zimmer vergleichsweise günstig waren: Bei uns tropft es durch das Dach aufs Bett, bei den anderen fließt das Wasser einfach unter der Tür durch. Wie man sich das in den Tropen vorstellt, ist das Spektakel recht bald wieder vorbei.

Wir ergattern in einem winzigen Schuppen einen superleckeren Grillteller, den wir beim wieder einsetzenden Regen beim Nachbarn freundlicherweise auf der überdachten Terrasse im Trockenen genießen können. Nach dem einen oder anderen Bier zum Feierabend wollen wir uns zur wohlverdienten Nachtruhe begeben, als ein dumpfes Wummern beginnt und schnell lauter wird. Die Disco direkt neben unserem Hostal hat die Pforten geöffnet und da die Anlage kräftig und die Wände dünn sind, wird das mit der Nachtruhe heute nichts.

Leicht gerädert sitzen wir morgens zusammen, um die weiteren Pläne zu besprechen. Die anderen vier wollten eigentlich noch einen Tag hier bleiben, doch nach der Disco-Erfahrung letzte Nacht haben sie keine rechte Lust mehr dazu. Wir müssen eigentlich nur eine Stadt weiter: Gestern hat Axel endlich Nachricht von einem Kaufinteressenten für sein Motorrad bekommen. Schon vor ein paar Wochen hatte er die Suzi auf ein Fernreisenden-Portal gestellt, es hat sich aber kaum jemand gemeldet. Ben aus England hat nun aber ernsthaftes Interesse und ist in der Nachbarstadt eingetroffen. Während die anderen also Richtung Cartagena weiterfahren, treffen wir uns mit Ben und seiner Freundin in Santa Marta zur Probefahrt. Leider verläuft das Treffen nicht ganz so toll: Erst will er 500 Dollar weniger zahlen als der Axel haben will, dann will er das Motorrad auch noch sofort. Dabei stand in der Anzeige eindeutig, dass wir das Moped noch mindestens 2 Wochen brauchen. Gerade als wir uns durchgerungen haben, ihm das Motorrad doch schon für in zwei Tagen anzubieten, sagt er dann ganz ab.

Wir haben uns sagen lassen, dass Taganga unter der Woche sehr viel angenehmer sei, also fahren wir die paar Kilometer wieder zurück, suchen uns ein neues Hostel und geben dem Ort eine zweite Chance. Da hier ein Tauchschul-Mekka ist, will Axel das ausnutzen und einen Open-Water-Kurs mitmachen. Das finde ich super, dann kann ich mich so lange in Ruhe an den Strand legen. Während sich meine bessere Hälfte also in einen Neoprenanzug quetscht, schnappe ich mir Handtuch, Sonnencreme und Buch und setze mich in den Sand. Nach etwa 10 Sekunden wird's mir allerdings in der Sonne schon zu heiß und der spärliche Schatten ist bereits komplett belegt. Ich hocke mich kurzerhand bis zum Bauchnabel ins angenehm temperierte Meer und lese weiter. Ganz schlechte Idee. Erst nach zwei Stunden komme ich darauf, mir mal meine Haut anzuschauen, ich könnte jedem Engländer auf Mallorca Konkurrenz machen. Das war's also schon mit meinem Strandtag und ich verzieh mich auf die Hostel-Terrasse in den Schatten. Wir kriegen jetzt so richtig mit, was Karibik bedeutet:

Nachts lässt es sich nur ohne Decke und mit Ventilator überhaupt aushalten, dann ist es aber immer noch zu warm zum Schlafen. Die Fenster zu schließen steht außer Diskussion, die Mücken freuen sich.

Ein karibischer Traumstrand

von Suse

Axel macht sein Tauchlehrgang Spaß, obwohl er jeden Abend Theorie büffeln muss, außerdem können wir uns nach wochenlanger Zwangsdiät aus trockenem Fleisch mit trockenem Reis endlich mal wieder lecker satt essen.

In dieser Zeit nehme ich auch noch Kontakt mit Sander auf, der Fahrzeugtransporte von Cartagena nach Europa vermittelt. Wir überlegen ewig rum, um eine halbwegs günstige Möglichkeit zu finden, aber es hilft alles nichts: Unter 1.200 Euro krieg ich mein Zweirad nicht nach Deutschland. Dafür wird Sander die Hafen- und Zollformalitäten übernehmen, was in Kolumbien wohl einige Zeit in Anspruch nehmen kann. Axel will sein Bike immer noch hier lassen, ob er es verkaufen kann oder nicht. Er hat schon recht: der Transportpreis übersteigt den Restwert deutlich. Für nur wenige Euros mehr bekommt man das gleiche Moped mit 40.000km weniger auf dem Tacho in Deutschland wieder zu kaufen. Ich mag mich aber trotzdem nicht von meiner Suzi trennen, sie hat mir im letzten Jahr treue Dienste geleistet und mich immer nur bei Schrittgeschwindigkeit abgeworfen.

Die vier Tage, die wir bleiben, lohnen sich wirklich, aber dann haben wir die Nase von den vielen Backpackern auch schon wieder voll. Kurz vor dem Wochenende schauen wir dann, dass wir weiter kommen, nicht dass uns die Disco wieder erwischt.

Nur 30km weiter liegt eine weitere Kaffee-Plantagengegend mitten im Dschungel und laut verschiedenen Aussagen soll es da ganz nett sein. Nachdem wir uns bei der Bankensuche und dem Einkauf im Supermarkt fast noch den Hitzetod geholt haben, freuen wir uns, als die Straße sich langsam den Berg hinauf windet und es allmählich etwas abkühlt. Der Weg war ursprünglich vermutlich mal geteert, inzwischen sind aber große Stücke weggebrochen, was daraus eine recht rumpelige Partie macht. Aber wir haben es ja nicht weit und schon mittags sitzen wir in einer etwas zerlotterten Finca knappe 2km oberhalb der Kaffestadt Minca. Wir treffen Markus aus Deutschland, der sich noch etwa 15km weiter den Berg hinauf eine Hütte zugelegt hat. Er hat uns schon fast überredet, ihn am nächsten Tag zu besuchen, als er so nebenbei erwähnt, dass die Straße bis zu seiner Finca fast nicht mehr existent ist. Obwohl er sie wie seine Westentasche kennt, braucht er bei Regen für die Strecke um die 4 Stunden. Da es ziemlich nach Regen aussieht, lassen wir den Ausflug lieber.

Eigentlich hatten wir ja gedacht, dass wir langsam unterwegs sind, doch er erzählt, dass er schon über 3 Jahre gebraucht hat, um nur den Norden Südamerikas zu bereisen. Naja, der Mann hat Erfahrung mit dem etwas längeren Urlaub: Wenn ich's richtig verstanden habe, ist er schon seit 15 Jahren fast ununterbrochen mit seiner Frau auf Motorrädern unterwegs! Klar, dass da immer wieder auch eine längere Pause eingelegt werden muss. Geschickterweise kennt sich Markus auch ganz gut hier an der Küste aus und kann uns noch einen Tipp für unseren Traum-Abschluss-Urlaub geben: ein einsamer weißer Sandstrand mit Palmen, abseits von allen Touristen, kein Strom, kein fließend Wasser, kein Nichts. Klingt wunderbar!

Obwohl wir für den Abend ja eigentlich noch eingekauft hatten, sind wir zu faul zum Kochen und gehen mal gucken, was im Dorf so geboten ist. Am ersten Kiosk müssen wir dreimal hingucken, bis wir erkennen, was da vor uns liegt: ein Hotdog-Würstchen in der Banane! Dass es hier kein essbares Brot gibt, wussten wir ja schon, aber ein Weißbrötchen durch geplättete, gebratene Kochbananen zu ersetzen, erscheint uns seltsam. Wobei, vor ein paar Wochen hatten wir ja schon das Vergnügen mit dem Hamburger zwischen „Patacones" – war erstaunlich lecker und sättigend. Leider ist das das einzige kulinarische Highlight, obwohl das eine oder andere Restaurant vorhanden ist.

Bald hab ich aber von Minca schon wieder genug, ich will jetzt endlich meinen Urlaub am weißen Palmenstrand. Wir machen uns auf in die angegebene Richtung und finden ca. 1,5 Stunden später und 100km weiter tatsächlich schon nach dem zweiten Mal dran vorbeifahren die richtige Abzweigung. Ohne den Tipp hätten wir das nie entdeckt, das Meer ist noch Luftlinie 4km weg von der Straße. Ganz am Ende des Rumpelweges stehen ganze 3 Häuser, bei einem davon erfragen wir den Weg zu „Mono", dem Eigentümer unseres auserwählten Strandes und lassen uns den Schlüssel für das Gatter geben. Jetzt müssen wir nur noch durch einen Kokospalmenwald und vorbei an einigen Sumpfstellen und schon öffnet sich der Blick auf die karibische Bucht! Die Einrichtung für Touristen besteht aus einer Cabaña auf Stelzen, einem Strohdach, unter dem Hängematten baumeln und einer im Bau befindlichen Toilette.

Palmhütten am Karibikstrand

Ob ein WC hier Sinn macht, wo es noch nicht mal fließend Wasser geschweige denn Abwasserrohre gibt, weiß ich nicht. Aber es unterstützt natürlich etwas die Privatsphäre. Wir mieten uns unterm Strohdach ein und stellen hier auch gleich unser Innenzelt und die Motorräder mit drunter, um Schäden durch Kokosnüsse zu vermeiden. Kaum sind wir damit fertig bemerken wir einen Haufen Männer am Strand, die offenbar ein riesiges Netz einholen. Da wir nicht so faul in der Hängematte liegen wollen, während andere schuften (und natürlich weil wir uns eventuell einen klitzekleinen Anteil am Fang erhoffen), hängen wir uns spontan mit in die Seile. Das ganze stellt sich als ziemlich schweißtreibende Geschichte heraus. Als das Netz nach etwa einer halben Stunde immer näher an den Strand rutscht, springen noch einige glückliche Fischlein raus, bevor es dem Rest vollends an den Kragen geht. Leider muss heute irgendwas schief gegangen sein, das Netz ist nur sehr dürftig gefüllt. Die beiden Obermuftis dürfen sich zuerst bedienen, dann stürzt sich die restliche Menge auf den übriggebliebenen Fang. Da bestimmt 25 Männer anwesend sind und nicht viel mehr Fische, bleibt für uns am Ende nichts übrig. Schade, aber wir müssen im Gegensatz zu den anderen auch nicht vom Fischfang leben.

Keine 30 Meter von unserem Strohdach entfernt fließt ein Bach zuerst in eine Lagune und dann ins Meer. Die Lagune ist die einzige Frischwasserquelle in der Nähe und auch die einzige Waschgelegenheit. Das ist mir dann doch ein bisschen suspekt, zum Glück haben wir einen kleinen Wasservorrat dabei. Ansonsten ist alles genau so, wie ich es mir vorgestellt habe: die Wellen rauschen nur wenige Meter vor uns an den Strand, gelegentlich huscht ein laues Lüftchen durch die Palmwedel. Und wenn wir Hunger haben, kochen wir uns was auf der aus Lehm gemauerten Feuerstelle. Das einzige, was noch fehlen würde, wäre ein Kühlschrank voller kaltem Bier.

Die nächsten Tage verbringen wir dann auch hauptsächlich mit Nichtstun. Ab und zu schlendern wir mal über den Strand und suchen neues Feuerholz, das hier in Massen angeschwemmt wird. Wenn das erledigt ist, ist schon wieder Zeit für ein kleines Bad in der Lagune. Wie es sich für die Karibik gehört, wachsen überall um uns herum riesige Kokospalmen. Immer wieder ertönt ein dumpfer Schlag, dann ist wieder eine Kokosnuss im Sand gelandet. Seit Peru hat Axel ja eine Machete und so versucht er sich auch am Öffnen der robusten Früchte. Mit der doch recht stumpfen Machete erweist sich das als nachmittagsfüllende Beschäftigung, aber schlussendlich gibt die Kokosnuss nach und überlässt uns ihr Fruchtfleisch. Wenn man „Mono" bei derselben Beschäftigung beobachtet, sieht das etwas anders aus: mit 2-3 routinierten Schlägen hat er die Nuss geöffnet.

Gelegentlich – vor allem abends – ziehen Gewitter über unsere Köpfe, wir genießen das Naturschauspiel in unseren Hängematten, der ganze Himmel um uns herum scheint zu glühen.

Alle paar Tage fährt Axel ins nächste Dorf, um einzukaufen. Nur ein einziges Mal bewegen wir uns für längere Zeit von unserem Strand weg, wir wollen nämlich in einem Indio-Reservat in der Nähe eine handgeknüpfte Hängematte erstehen. Dafür müssen wir aber erstmal ins 90km entfernte Riohacha, dort steht der nächste Geldautomat. Wo wir schonmal dort sind, checken wir auch gleich noch unsere Mails. Und siehe da: Ben, der englische Moped-Interessent, hat sich wieder gemeldet. Er fragt – inzwischen nach schon drei Mails mit leicht panischem Unterton -, ob das Moped denn noch zum Verkauf stünde. Er zahle auch den geforderten Preis, wenn es denn nur noch klappen würde. Super, wäre das auch noch geschafft. Wir verabreden uns für 3 Tage später in Cartagena, wo wir eh unsere letzten Tage auf dem südamerikanischen Kontinent verbringen werden.

Die letzten zwei Strandtage vergehen wie ein Wimpernschlag und schon ist es Zeit zum Aufbruch. Vor elf Monaten erschien mir die Zeit für unsere Reise fast ewig und jetzt ist sie so gut wie vorbei. Ich könnte schwören, dass wir erst vorgestern aus Buenos Aires aufgebrochen sind und doch haben wir in der Zwischenzeit ganz schön viel gesehen und erlebt. Klar habe ich auch etwas Heimweh und freue mich auf zu Hause. Aber mit der Idee, jetzt wieder in den Alltag einzusteigen, kann ich mich gerade nach den letzten Tagen so gar nicht anfreunden.

Abschluss in Cartagena

von Suse

Carthagena – Alt und Neu

In Cartagena mieten wir uns in ein Hostel mit Platz für die Mopeds ein. Es ist unerträglich heiß und auch wenn die Stadt am Meer liegt, so fehlt uns doch zwischen den Häusern der leicht kühlende Wind von unserem Strand. Sander, der meine DR verschiffen soll, ist auch eingetroffen und im selben Hostel abgestiegen. Ich bin so froh, dass er und nicht ich sich die nächsten Tage die Hacken abläuft, um alle notwendigen Papiere, Stempel und Unterschriften zu bekommen. Währenddessen sitzen wir die meiste Zeit im Innenhof des Hostels, trinken kalte Getränke und verharren möglichst reglos vor dem Ventilator. Die Altstadt von Cartagena ist Weltkulturerbe und wirklich ein schönes Beispiel für die hiesige Kolonialarchitektur. Allerdings ist es in den engen Gässchen eigentlich nur nachts und höchstens noch kurz nach Sonnenaufgang auszuhalten. Ben und seine Freundin Maria sind inzwischen auch in der Stadt. Nachdem die beiden Männer den Verkauf soweit abgewickelt haben, gehen wir noch zusammen einen in der Altstadt trinken. Oben auf der alten Stadtmauer lassen wir uns ein paar kalte Biere aus der Dose von einem der fliegenden Händler schmecken, die Preise im Cafe del Mar sind uns dann doch zu heftig. Der Himmel leuchtet durch das aktuelle Gewitter immer wieder spektakulär auf, so viele Blitze hab ich noch nie auf einmal gesehen. Nur die erhoffte Abkühlung bleibt aus, der Regen geht irgendwo anders runter.

Auch nachts fallen die Temperaturen kaum unter 30 Grad, so richtig gut schlafen können wir nicht. Morgens bin ich schon kurz vor Sonnenaufgang wach, da würde sich jetzt eigentlich ein Bummel durch die Altstadt anbieten. Nur Axel geht es gar nicht gut. Erst denke ich noch, es ist vielleicht ein Kater gepaart mit Migräne, und so ziehe ich alleine los um ein paar Fotos zu schießen. Leider bin ich nicht wirklich talentiert und ich kehre mit etwas magerer Ausbeute ins Hostel zurück. Axel liegt immer noch im Bett, jetzt mit Schüttelfrost, und will weder etwas trinken noch essen. So bleibt es auch die nächsten zwei Tage, es muss so was wie eine „Hitzegrippe" sein, ich habe Mühe, ihm wenigstens ein wenig Wasser aufzuzwingen.

Wir hatten mit Ben ausgemacht, dass wir ihm noch eine neue Kette aufs Moped ziehen, da er selbst überhaupt keine Ahnung vom Schrauben hat und die alte Kette nur noch wenige hundert Kilometer schaffen dürfte. Außerdem sind am letzten Fahrtag noch an beiden Mopeds die Tachowellen kaputt gegangen (lustig – innerhalb von 10 Minuten bei beiden Maschinen das gleiche Teil!), also mache ich mich auf die Suche nach einem Ersatzteilladen. Der erste ist schnell gefunden, hat aber keine Tachowellen für unser Modell. Wie auf diesem Kontinent üblich, wird mir aber in jedem Laden, der keine Teile für mich hat, gleich der nächste gesagt, wo es sowas eigentlich geben müsste. Nach zwei Stunden lande ich tatsächlich an einem Büdchen, wo mir das Gewünschte verkauft wird. Jetzt muss ich nur noch meine, noch gute Kette auf Axels Moped aufziehen. Die ist noch fast neu und daheim finde ich leichter eine Neue als hier.

Da Axel immer noch flach liegt, bleiben die Schraubarbeiten an mir hängen. So knapp bekleidet wie nur irgend möglich mache ich mich an die schweißtreibende Aufgabe. Durchzustehen ist das nur mit regelmäßigen Pausen unter der kalten Dusche, aber irgendwann ist es geschafft.

Am nächsten Morgen hat sich Axel zum Glück endlich wieder einigermaßen erholt. Jetzt müssen wir nur noch all unseren Kram, der vorher auf zwei Mopeds verteilt war, an einem einzigen Bike unterbringen. So einiges können wir ausmisten, aber am Schluss sieht meine Suzi eher aus wie ein Packesel, jeder Millimeter ist genutzt. Dass der Zoll und die Drogenbehörde nach ihren Untersuchungen kaum wieder so liebevoll packen werden, ist mir zu dem Zeitpunkt irgendwie nicht bewusst.

Werner und Claudi sind nach einem Karibik-Segeltörn inzwischen auch wieder in Cartagena eingetrudelt und täglich tauchen neue Motorradreisende auf. So können wir unseren letzten Urlaubstag noch mit Gleichgesinnten verbringen, bevor wir endgültig in Richtung Heimat aufbrechen müssen. Ich könnte heulen, als wir in den Flieger nach Bogotá steigen. Diese Reise war – wenn auch so manches Mal anstrengend oder auch frustrierend – doch eine einzigartige Erfahrung. Schon im Flieger nach Hause beschließen wir, dass dieses Abenteuer nicht das erste und einzige Mal bleiben wird, dass wir uns eine längere Auszeit nehmen.

Tipps und Tricks

Vorbereitung

Lass Dir alle Auskünfte von Versicherungen, Arbeitgebern usw. schriftlich bestätigen. Betriebsrenten verfallen ganz gern mal oder werden nicht zu denselben Konditionen fortgeführt.

Entgegen der Angaben beim ADAC wird für kein Land in Südamerika ein Carnet de Passages benötigt. An allen Grenzen muss lediglich eine Zollerklärung ausgefüllt werden, die bei der Ausreise wieder abgegeben werden muss.

Visa werden ebenfalls keine benötigt. Sicherheitshinweise und Einreisebestimmungen gibt es beim Auswärtigen Amt.

Startpunkt und Motorradtransport

Es hängt davon ab wie lange Du Zeit hast und was du alle sehen möchtest. Nimm Dir lieber weniger vor, wenn Du nicht viel Zeit hast. Wir haben allein für Argentinien und Chile fast ein halbes Jahr gebraucht, haben aber kaum längere Pausen gemacht und längst nicht alles gesehen. Allein auf der Carretera Austral hätten wir auch gut noch eine Woche dranhängen können.

Wer zu viel Geld hat, der lässt sein Motorrad am einfachsten per Luftfracht zu jeder beliebigen Hauptstadt transportieren. Wesentlich günstiger ist der Transport mit Seefracht. Dafür musst Du allerdings eine Transportkiste bauen.

Mögliche Starthäfen sind:

- Buenos Aires in Argentinien: sehr teure Hafengebühren, viel Bürokratie.

- Valparaiso in Chile: Zollabwicklung am einfachsten über Martina von der Villa Kunterbunt möglich (der Service kostet natürlich etwas), Transportkisten für den Rückweg können hier eingelagert werden.

- Montevideo in Uruguay: wird neuerdings auch von einigen Containerschiffen angefahren, mögliche Alternative zu Buenos Aires.

Speditionen / Motorradtransport: In Time, Mafra Tours, ODS Orient, Schenker, Hamburg Süd

Ausrüstung

Verwende nur Ausrüstungsgegenstände mit denen Du bereits Erfahrung gesammelt hast und die sich bewährt haben. Es ist ungeschickt wenn sich erst unterwegs herausstellt, dass Du mit deiner neuen Ausrüstung nicht zurechtkommst. Da auf einer Langzeitreise aber fast alles verschleißt und kaputtgeht, kauf Dir ruhig altbewährte Produkte neu – nach einem Jahr kannst Du dann sicher einiges davon auf Garantie umtauschen.

Wasserdichte Funktionsbekleidung – die Motorradkombi oder Schuhe bleiben meist nicht lange dicht. Nimm also extra Regenklamotten mit. Regenkombis sind unpraktisch: einzelne Regenjacken können auch so als Jacke getragen werden. Abgesehen davon trocknen nasse Motorradkombis nachts im Zelt schlechter als Regenklamotten, werden schwer und wärmen nicht mehr so gut. Wasserdichte Innenfutter halten wir für Unsinn. Die Jacke saugt sich außen noch mehr voll und sie sind unten meist zu kurz.

Bei der Wahl der Kleidung muss man sich für alle Klimazonen eindecken. Empfehlen würden wir keinesfalls mehr, als man auch für eine Woche Urlaub in Europa mitnehmen würde. fünf T-Shirts, ein Pulli, ein Langarmshirt, eine kurze und eine lange Hose, Unterwäsche, Badeschlappen, eine warme Mütze usw. – wenn möglich, alles multifunktional. Also lieber eine Fließjacke als eine Motorrad-Innenjacke oder Motorrad-geeignete Stiefel mit denen man auch Wandern kann.

Aufblasbare Isomatten neigen dazu, Löcher und Blasen zu bekommen – bieten aber den besten Liegekomfort. Wir hatten eine Reserve-Isomatte dabei, die auch zum draußen am Feuer sitzen gut ist.

Schlafsäcke hatten wir zwei verschiedene dabei – einen extrem warmen Daunenschlafsack und eine Kombination aus einem dünneren Kunstfaserschlafsack mit einem zusätzlichen Fließ-Innenschlafsack – und waren beide zufrieden. Gerade in den Anden kann es nachts empfindlich kalt werden. In der Karibik reicht dann allerdings das Baumwollinlet.

Unser Zelt war eine schwierige Entscheidung. Wir haben uns für ein Geodätisches Zelt entschieden, das extrem windstabil ist. Unterwegs haben wir viele verschiedene Zelte vergleichen können und fast jeder Reisende hatte an seinem Zelt, egal welcher Preisklasse, dieselben Problemstellen: die Reißverschlüsse. Empfehlenswert ist es, einen Reservezipper mitzunehmen. So gut wie jedes Markenzelt sollte mit den Wind- und Wetterbedingungen zurechtkommen, wenn es denn gut abgespannt ist. Je kleiner, desto windschnittiger; je größer, desto komfortabler und schwerer. Kuppelzelt oder Tunnelzelt (mit größerer Apsis)? Das ist eine Frage der persönlichen Vorliebe.

Grundsätzlich gilt: Weniger ist mehr. Zu voll beladene Motorräder lassen sich schlechter handeln und führen eher zu Stürzen. Außerdem empfiehlt es sich, genügend Freiraum für Lebensmittel und Wasser zu haben.

Werkzeug & Ersatzteile

Wir hatten dabei: Kupplungs- und Bremshebel, Kupplungszug, Bremsbeläge und Ersatzschläuche. Davon haben wir auch alles gebraucht!

Wir haben vermisst: Lenkkopflager, Radlager, Gabelsimmerringe, Ölfilter, Zündkerzen, Kettenclipschloss, Sicherungen, Benzinschlauch. Ketten und Reifen konnten wir nachkaufen; die wären uns ohnehin zu schwer gewesen zum Mitnehmen.

Außer dem Bordwerkzeug hatten wir dabei: Flickzeug, Feile, Metallsäge, Multimeter, Rohrzange, Luftpumpe, Mini-Ratsche, Reifendruckprüfer, Starthilfekabel, Ventilausdreher, Montagehebel, Dirko, diverse Ersatzschrauben. Einen Ketten-Niet und -Trenner haben wir nachgekauft. Kettenfett ist mitunter schwierig zu bekommen; kleiner als Dosen sind Tuben. Motoröl geht genauso gut, saut nur und muss oft nachgefettet werden.

Navigation

Wir hatten bereits Karten für alle Länder zu Hause gekauft. Die Karten von Reise Know-How sind wasserfest, aber oft fehlerhaft. Nelles-Karten waren gut.

Unterwegs die nächste Route zu planen – ohne Karte und nur mit dem Navi – ist mühsam und gelegentlich sind die GPS-Karten nicht so toll. Die guten alten Papierkarten sind also ein Muss.

Als GPS hatten wir ein Etrex und ein GPS Map 60, jeweils mit Touratech-Halterungen dabei.

Gute kostenlose GPS Karten:

– Mapear	Argentinien, Chile, Paraguay und Uruguay
– Conosur	Argentinien, Chile, Paraguay, Uruguay Peru und Bolivien
– TRC Brazil	Brasilien
– Venrut	Venezuela
– PERUT	Peru
– Colrut	Kolumbien
– Bolmap	Bolivien
– Proyectoecuador	Ecuador

Motorräder

Grundsätzlich ist jedes Motorrad geeignet. Die Straßenverhältnisse sind nirgends so schlecht, dass man nicht auch mit einer Vespa fahren könnte. Viel Leistung ist nicht wichtig: Die Einheimischen fahren dieselben Strecken oft mit kleinen chinesischen 125ern, und das ebenfalls voll beladen.

600er werden überall als übermotorisiert angesehen Da in Höhen ab 3000 m die Leistung rapide nachlässt, lohnen sich hier mehr PS oder man fährt halt langsamer. Wir waren selten mit mehr als 90 km/h unterwegs. Die Hindernisse auf den Straßen sind zu unvorhersehbar und es gibt genug zum Schauen. Umbedüsungen am Vergaser sind in großer Höhe nicht notwendig. Bei den meisten Motorrädern reicht es, das Standgas hochzudrehen. Einspritzer regeln das selbst, Vergasermodelle verfetten etwas.

Ersatzteile sind je nach Land unterschiedlich schwer zu bekommen. Suzuki-Händler gibt es außer in Kolumbien z.B. fast nirgends. Ersatzteile für neuere Modelle sind grundsätzlich besser erhältlich. Ausnahme Argentinien: Da gibt's fast keine Importware.

Wichtig für Patagonien: Hier haben wir eine Tank-Reichweite von bis zu 500 km gebraucht.

Gebrauchte Motorräder findet man z.B. im Horizons Unlimited Forum. Bei der Motorradkarawane finden sich im Forum auch viele Antworten zu Südamerika.

Reifen

Wir können zwei Reifen in Puncto Langlebigkeit empfehlen. Den Mitas E07, der etwas besser für Schotter geeignet ist, und den Heidenau K 60 (Scout), der sich auf der Straße runder abfährt. Beide haben wir ausführlich getestet.

Sprache

Für alle, die länger und abseits der Touristischen-Hot Spots unterwegs sein wollen, empfiehlt sich ein Spanischkurs vor der Reise. Mit Englisch kommt man nicht weit und besonders der Kontakt zu Einheimischen wir um einiges erleichtert.

Veranstalter

Für alle, denen die Zeit für eine längere Südamerika-Reise fehlt oder die sich alleine nicht trauen, die aber dafür über das nötige Kleingeld verfügen, können eine geführte Tour buchen. Bei Overcross kann man z.B. eine Harley-Tour mit Alberto durch Argentinien unternehmen, Urlaub bei Don Francho in Patagonien machen, sich von Mika Kolumbien zeigen lassen oder mit Bruno Peru unsicher machen.

Geld und Finanzen

Empfehlenswert sind Kreditkarten verschiedener Anbieter. Auch wenn Aufkleber am Geldautomaten den Eindruck vermitteln, dass sowohl Master als auch Visa akzeptiert werden, klappt das häufig nicht. Die Limits pro Auszahlung und Automat sind immer begrenzt und oft recht niedrig. Bargeld für Hafengebühren oder ähnlich hohe Ausgaben erfordern mehrere Abhebungen. Daher ist es wichtig, dass die Auszahlungen möglichst gebührenfrei sind wie z.B. bei DKB Karten.

Euro können in Banken und Wechselstuben getauscht werden. Dollar werden häufig akzeptiert und evtl. auch privat getauscht; sie entwickeln sich in Venezuela und Argentinien zu Parallelwährungen. In Ecuador sind Dollar die offizielle Landeswährung.

Man sollte immer genug Bargeld für ein paar Tage dabei haben, da funktionierende Automaten nicht immer da sind, wo man sie gerne hätte.

Reisebudget

Wir waren sehr sparsam unterwegs, haben in Argentinien und Chile fast ausschließlich gezeltet und selbst gekocht. Ab Bolivien haben wir oft in sehr günstigen „Fernfahrerunterkünften" (Alojamentos) übernachtet. Essen ist ab Bolivien, in den Restaurants in denen auch Einheimische verkehren, für europäische Verhältnisse fast geschenkt.

Am teuersten waren unsere Flüge und der Motorradtransport, die fast 50% des Budgets für das ganze Jahr verschlungen haben.

Ganz genau können wir unsere Ausgaben nicht mehr nachvollziehen, haben aber vermutlich unter 10.000 Euro pro Person für das Jahr ausgegeben – und bei einem von uns beiden war da sogar das Motorrad inklusive.

Diverses

Für Raucher, die selber drehen, wird es mitunter schwierig Nachschub zu bekommen. Also entweder Du hörst vorher auf, oder du deckst dich ein, sobald Tabak und Blättchen zu finden sind. Gleiches gilt für Tampons.

Die Pille ein ganzes Jahr durch die Gegend zu fahren, ist nicht empfehlenswert, da die starken Temperaturschwankungen der Wirksamkeit abträglich sind. Hier sind andere Langzeit-verhütungsmethoden besser geeignet.

Bildnachweis

Alle Bilder innerhalb dieses Buches stammen von:

- Axel Viertlböck und Susanne Schneider
- OpenStreetMap und Mitwirkende, CC BY-SA
  www.openstreetmap.org